Knack Dein Gehirn für Deinen Erfolg!

AF074578

Nevriye A. Yesil

Knack Dein Gehirn für Deinen Erfolg!

Nevriye A. Yesil
Andalusia, AL, USA

ISBN 978-3-662-59195-6   ISBN 978-3-662-59196-3   (eBook)
https://doi.org/10.1007/978-3-662-59196-3

Die Deutsche Nationalbibliothek verzeichnet diese Publikation in der Deutschen Nationalbibliografie; detaillierte bibliografische Daten sind im Internet über http://dnb.d-nb.de abrufbar.

© Springer-Verlag GmbH Deutschland, ein Teil von Springer Nature 2019
Das Werk einschließlich aller seiner Teile ist urheberrechtlich geschützt. Jede Verwertung, die nicht ausdrücklich vom Urheberrechtsgesetz zugelassen ist, bedarf der vorherigen Zustimmung des Verlags. Das gilt insbesondere für Vervielfältigungen, Bearbeitungen, Übersetzungen, Mikroverfilmungen und die Einspeicherung und Verarbeitung in elektronischen Systemen.
Die Wiedergabe von allgemein beschreibenden Bezeichnungen, Marken, Unternehmensnamen etc. in diesem Werk bedeutet nicht, dass diese frei durch jedermann benutzt werden dürfen. Die Berechtigung zur Benutzung unterliegt, auch ohne gesonderten Hinweis hierzu, den Regeln des Markenrechts. Die Rechte des jeweiligen Zeicheninhabers sind zu beachten.
Der Verlag, die Autoren und die Herausgeber gehen davon aus, dass die Angaben und Informationen in diesem Werk zum Zeitpunkt der Veröffentlichung vollständig und korrekt sind. Weder der Verlag, noch die Autoren oder die Herausgeber übernehmen, ausdrücklich oder implizit, Gewähr für den Inhalt des Werkes, etwaige Fehler oder Äußerungen. Der Verlag bleibt im Hinblick auf geografische Zuordnungen und Gebietsbezeichnungen in veröffentlichten Karten und Institutionsadressen neutral.

© Holmessu//stock.adobe.com//ID: 165167335

Springer ist ein Imprint der eingetragenen Gesellschaft Springer-Verlag GmbH, DE und ist ein Teil von Springer Nature.
Die Anschrift der Gesellschaft ist: Heidelberger Platz 3, 14197 Berlin, Germany

Für meine Engel Tamara und Matthew, in Liebe

Vorwort

Knack dein Gehirn für deinen Erfolg – das ist das Ziel dieses Buches. Es wird deinen Willen in puncto Zielverfolgung stärken, diesmal wird dich nichts und niemand von deinem Weg abbringen. Keine Ausreden werden mehr geduldet. Endlich wirst du das machen, was du immer vorhattest.

Ich – die schüchterne kleine Türkin, die sich in der Vorschule nicht einmal zu sagen traute, dass sie auf die Toilette muss – habe mich von einem Fluchttier zu einem Raubtier entwickelt. Dieser Ratgeber ist für DICH und alle, die mehr vom Leben erwarten, die vom Opfer zur Siegerin oder zum Sieger werden wollen. Ich werde dir zeigen, wie stark du eigentlich bist und dass du das Potenzial besitzt, dein Leben in die richtige Richtung zu lenken. Wenn du mit deinem Leben zufrieden bist und dir deine Zukunft und Weiterentwicklung egal sind, dann klappe dieses Buch gleich wieder zu und führe dein Leben so weiter wie bisher. Solltest du stattdessen dein Leben gegen eines tauschen wollen, das von Wachstum und Fortschritt geprägt ist, dann bist du hier genau richtig. Du wirst lernen, wie du die Kontrolle über deinen Körper und Geist selbst in die Hand nehmen und damit dein Gehirn auf absolute Spitzenleistungen programmieren kannst.

Dieser Ratgeber wird dich dazu bringen, dich auf dein Ziel zu fokussieren, es förmlich zu riechen und zu schmecken. Es geht hierbei nicht um richtig oder falsch, es geht hier um DEINEN Weg, und ich werde dir zeigen, wie du ihn finden kannst. Wenn wir unsere Denkweise und unser Gehirn besser verstehen, erkennen wir auf einmal, warum wir das eine oder andere nicht schon längst gemacht haben. Unterstützt durch viele Forschungsergebnisse wirst du lernen, Macht über deine Gedanken und dein Gehirn zu erlangen und so den Gipfel zu deinem Erfolg zu erklimmen.

Genau darum geht es hier. Nichts wird mehr dem Glück oder Zufall überlassen. Du wirst deine Stärken herausfinden und genau analysieren, wo es Verbesserungsbedarf gibt. Dieses Buch zeigt dir die meist unbewussten Hindernisse, die wir uns selbst in den Weg legen und die nur in unseren Köpfen existieren. Viele Träume und Ziele lösen sich in nichts auf, weil wir uns nicht trauen oder uns nicht wirklich anstrengen.

Warum ist es so, dass manche Menschen kurz vor der Ziellinie aufgeben? Warum, wenn wir schon so weit gekommen sind? Oder warum tun wir uns so schwer, endlich ein Ziel zu formulieren und es anzugehen? Was unterscheidet uns, die wir alle über die gleichen Gehirnhälften mit Milliarden von Nervenzellen verfügen, voneinander? Warum zeigen einige Schülerinnen und Schüler starke und andere schwache Leistungen in der Schule? All diesen Fragen werden wir gemeinsam auf den Grund gehen.

Menschen, die einen Traum verwirklichen, und diejenigen, die es nicht können, unterscheiden sich meistens in Bezug auf viele Faktoren, darunter auch bei Eigenschaften wie Motivation, Ehrgeiz, Selbstdisziplin, positiven Gewohnheiten, Willenskraft oder einfach nur Ausdauer. Menschen, die diese Eigenschaften besitzen, werden letztendlich ein anderes Leben führen als die, die sie nicht besitzen. Die Kluft zwischen diesen beiden Gruppen ist groß und zeigt sich in Gegensätzen wie Armut und Wohlstand, einem zufriedenen Leben und einem unzufriedenen, besseren Arbeitsbedingungen und schlechteren, einer schönen großen Wohnung in einer guten Gegend und dem Gegenteil. Ich könnte hier noch viele weitere Unterschiede auflisten – aber du weißt, was gemeint ist. Wir brauchen uns daher nichts vorzumachen und uns die Fakten schönreden. Dass alle Menschen die gleichen Rechte und Pflichten haben und daher gleich behandelt werden müssen, ist eigentlich nur eine Wunschvorstellung. Respekt, gerechte Behandlung, Selbstachtung und Anerkennung kommen nicht aus heiterem Himmel, sondern müssen durch harte Arbeit erkämpft werden – und genau dafür brauchst du Eigenschaften wie Selbstdisziplin, Ehrgeiz und Hartnäckigkeit. Die gute Nachricht: Diese Eigenschaften kann jeder von uns durch Bemühung und Anstrengung erlernen. Ob du dein Wunschleben führen oder weiterhin nur davon träumen wirst, entscheidest nur du allein. Zu welcher der beiden Gruppen möchtest du gehören? Du kannst dich und dein Leben nicht ändern, wenn du es nicht wirklich, unbedingt und dringend willst. Nur wenn der Wunsch groß genug ist, bist du auch bereit, alles dafür zu tun, um dein Ziel zu erreichen. Jeder hat eine Vorstellung von einem glücklichen Leben, aber wenn du nichts dafür tust, bleibt dein Ziel für immer ein schöner Traum.

Ich möchte hier meine Einstellung und meine Prinzipien rund um das Thema Zielverfolgung weitergeben, die für mich enorm hilfreich waren und mein Leben verändert haben. Wendest du sie an, kannst auch du in Kürze von den Tipps und Weisheiten profitieren, die ich in mehr als zwei Jahrzehnten gesammelt habe.

Du wirst außerdem in diesem Buch viele hilfreiche Methoden und Tipps fürs alltägliche Leben finden. Wie ein Raubtier seine Beute aufspürt, wirst auch du dein Ziel erkennen und Fährte aufnehmen. Bist du wunschlos glücklich? Wunderbar! Ich freue mich für dich! Doch auch wenn du ein zufriedenes Leben führst oder dich auf dem Zenit deiner Karriere befindest, gibt es immer Spielraum für Verbesserungen. Hast du dein Ziel erreicht und Erfolge gefeiert, wirst du lernen, mit Niederlagen, Stress und Angst umzugehen, denn auch Erfolgreiche bleiben von den Herausforderungen des Lebens nicht verschont. Überdurchschnittliche Ergebnisse werden durch überdurchschnittliches Handeln erzielt. Der entscheidende Unterschied zwischen erfolgreichen und weniger erfolgreichen Menschen besteht darin, dass erfolgreiche Menschen nie aufgeben, auch wenn sie mal ins Stolpern geraten und fallen. Sie kleben ein Pflaster auf die Wunde und kämpfen weiter. Misserfolge sind willkommen und sogar erwünscht. Aufgeben steht nicht im Wörterbuch der Erfolgreichen. Aufgeben ist immer die einfachste Option. Übernimm Verantwortung und wähle die schwere Route. Es ist höchste Zeit, deine Ziele in Angriff zu nehmen!

Alabama, USA Nevriye A. Yesil
im Juni 2019

Inhaltsverzeichnis

Teil I   Auf die Plätze ...

1	Ziele setzen und Träume verfolgen	3
2	Du kannst viel mehr, als du denkst!	13
3	Auswirkungen von Mitmenschen	27
4	So kannst du deine Motivation erhöhen	47
5	Dein Gehirn kann wachsen!	57
6	Sport macht schlau!	71
7	Gesunde Ernährung statt Fast Food	83

Teil II   Fertig ...

8	Verantwortung übernehmen	99
9	Selbstdisziplin ist die Zauberformel	107
10	Angst vor dem Unbekannten ist dein größter Feind ... oder nicht?	117

11	Stress als Hindernis oder Treibstoff?	133
12	Selbstgespräche, aber bitte nur, wenn sie positiv sind!	145
13	Wenn du es erwartest oder es dir vorstellst, ist es schon fast geschehen!	153

Teil III Los!

14	Alltägliche und nützliche Gewohnheiten sind Gold wert	165
15	Umgang mit Niederlagen und Schwierigkeiten	187
16	Aufschieben … Jetzt und nicht später!	201
17	Planung und Umsetzung für den großen Tag … und die Reise beginnt!	211
18	Mehr Erfolg mit mehr Selbstbewusstsein und Kompetenz	227
19	Geschafft … und jetzt?	235

Über die Autorin

Nevriye A. Yesil wuchs direkt am Hamburger Fischmarkt auf. Im Jahr 2000 kündigte sie ihre Stelle bei einer Hamburger Bank – zunächst, um ein Au-pair-Jahr in den USA zu verbringen. Sie fand dort ihren neuen Lebensmittelpunkt und lebt mittlerweile mit ihrem Ehemann und zwei Kindern in Alabama. Mit ihrer alten Heimat Hamburg fühlt sie sich nach wie vor verbunden und verbringt regelmäßig Zeit in Altona mit ihrer Familie und Freunden.

Ihren Bachelor in Psychologie absolvierte Nevriye A. Yesil an der Middle Tennessee State University, ihren Master in Forensischer Psychologie an der University of North Dakota. Momentan unterrichtet sie Psychologie und Entwicklungspsychologie am Lurleen B. Wallace Community College in Andalusia, Alabama und verbringt auch darüber hinaus gerne Zeit mit ihren Studentinnen und Studenten, wie es damals auch ihr Lehrer und Vorbild Rolf Freitag machte.

In ihrer Freizeit ist Nevriye A. Yesil in ihrer Kommune aktiv und hält unter anderem Vorträge über Drogensucht. Daneben arbeitet sie ehrenamtlich mit Gefängnisinsassinnen in Alabama, die sie während ihrer Haftzeit und nach ihrer Entlassung betreut. Sie spricht mit ihnen über Themen wie Zielsetzung und Achtsamkeit und hilft ihnen, ihr Selbstwertgefühl zu stärken. Dabei kommen auch viele der in diesem Buch enthaltenen Tipps und Methoden zum Einsatz. Ihr Ziel besteht darin, den Drogenkonsum und die Ruckfallquote ehemaliger Inhaftierter in ihrer Stadt zu senken.

Nevriye A. Yesil treibt leidenschaftlich Sport, unter anderem Jogging, Spinning und CrossFit.

Teil I

Auf die Plätze …

1
Ziele setzen und Träume verfolgen

Inhaltsverzeichnis

Das nächste Mal 10
Die Herausforderung 11
Fazit 11
Literatur 12

> **In diesem Kapitel …**
>
> erfährst du, was unsere Ziele und Träume mit einem Eimer zu tun haben (die „Bucket List"!). Hast du auch schon einmal darüber nachgedacht, wie du den Rest deines Lebens verbringen möchtest? Sich ein Ziel zu setzen ist der allererste Schritt, sich einem Lebenstraum zu nähern. Ziele sind ein notwendiger Bestandteil für ein zufriedenes Leben. Sie geben unserem Leben Sinn und Bedeutung, aber auch Form und Gestalt. Ein Ziel zu haben, auf das man hinarbeitet, ist ein bedeutender Grund, sich auf die Zukunft zu freuen. Ein Leben ohne ein Ziel ist bedeutungslos; es ist, als ob du planlos durch das Leben irrst und in den Tag hineinlebst, ohne eine Richtung für Zeit und Energie. Möchte nicht jeder ein besseres und erfülltes Leben haben? Welche Tätigkeiten begeistern dich, was ist dein größter Wunsch, zu welchen Themen oder Tätigkeiten fühlst du dich hingezogen? Lass uns gemeinsam herausfinden, wo deine Stärken und Interessen liegen, damit du dir ein sinnvolles Ziel setzen kannst.

Unter „Erfolg" und „Ziel" versteht jeder etwas anderes. Einige meinen damit eine tolle Karriere, hohe Lebensqualität, finanzielle Ressourcen oder einen tollen Körper. Für andere bedeutet Erfolg eine geeignete Lebenspartnerin oder ein geeigneter Lebenspartner, Gesundheit oder einfach ein glückliches Leben. Vielleicht ist es dein Ziel, eine Sucht zu durchbrechen oder von einer Abhängigkeit loszukommen. Jeder verfolgt in unterschiedlichen Lebensphasen und Altersabschnitten andere Ziele und hat andere Träume, egal ob im persönlichen oder beruflichen Bereich. Während einige Menschen schon recht früh ganz genau wissen, was sie im Leben wollen, sind andere planlos oder auf der Suche nach ihrer Bestimmung. Mit diesem Buch hast du schon den ersten Schritt in die richtige Richtung getan, denn damit zeigst du deine Bereitschaft, dich zu fordern und weiterzuentwickeln.

Ganz egal, wofür du dich entscheidest: Es geht hier hauptsächlich um deine Fortschritte, damit du im Leben vorwärtskommst. Es ist auch ein Anfang, um deine Zukunft so zu gestalten, wie du sie schon immer haben wolltest. Ich kann dir nicht sagen, was ein zufriedenes und erfolgreiches Leben für dich bedeutet. Das musst ganz allein du definieren. In welchem Bereich deines Lebens bist du unzufrieden? Was muss geschehen, damit du glücklich wirst? An welches Thema, an das du dich noch nicht gewagt hast, musst du ständig denken? Welche Dinge oder Aktivitäten würden dich glücklich machen? Vielleicht bist du musikalisch begabt oder überdurchschnittlich gut in einer Sportart. Vielleicht bist du anderen aufgefallen und mehrfach darauf angesprochen worden, wie gut du etwas Bestimmtes kannst. Hast du überhaupt keine Vorstellung, was du mit deinem Leben anfangen sollst, musst du es nach dem „Versuch und Irrtum"-Prinzip herausfinden. Mit anderen Worten: Du musst einfach in viele Aktivitäten, Branchen oder Hobbys reinschnuppern, andere beobachten und schauen, was dir Spaß machen könnte.

> **Tipp**
>
> Da du noch am Anfang dieses Ratgebers bist, möchte ich dir ans Herz legen, alle Punkte zu unterstreichen, die dich ansprechen. Das meiste, was du liest, wirst du leider wieder vergessen. Wenn du Wichtiges markierst, kannst du diese Aspekte immer wieder nachschlagen und sie dir dann besser merken.

Praktika oder Kurzzeitjobs sind fantastische Gelegenheiten, um mal schnell in eine Branche reinzuschnuppern und neue Möglichkeiten zu entdecken. Woher kannst du zum Beispiel wissen, dass du handwerklich begabt bist, wenn du noch nie die Gelegenheit hattest, mit Werkzeugen zu experimentieren? Und wie kannst du wissen, dass dir das Verkaufen einen Riesenspaß macht, wenn du noch nie eine Kundin oder einen Kunden bedient hast? Vielleicht musst du, um dein Ziel zu erreichen, deine Stärken nutzen und deine Fähigkeiten zum Ausdruck bringen, oder vielleicht musst du Schwächen besiegen, die dir im Wege stehen. Wenn du nicht weißt, was genau du beruflich machen möchtest, und du Ideen brauchst, dann sind Ratschläge von Berufsberaterinnen und -beratern, Eltern, Freundinnen und Freunden oder Lehrerinnen und Lehrern auch sehr hilfreich – aber eben nicht so gut wie deine eigenen Ideen. Bei einer Berufsberatung in der Mittelstufe wurde mir der Beruf der Technischen Zeichnerin ans Herz gelegt, weil ich in einem Eignungstest gut nachgezeichnet hatte. Das kam für mich aber gar nicht infrage, weil ich absolut kein Interesse daran hatte und es mich überhaupt nicht reizte. Deswegen darfst du nicht jeden Ratschlag unkritisch annehmen.

Du kennst dich selbst am besten, weißt, was dir Spaß macht, und kennst deine Wünsche, Leidenschaften oder Interessen so gut wie kein anderer. Was immer du auch im Leben erreichen willst, finde heraus, was dir wichtig ist und worauf es sich lohnt hinzuarbeiten. Hast du dein Interessengebiet identifiziert, dann musst du die Außenwelt von deiner Existenz, deinem Können und Willen in Kenntnis setzen. Interessen und Fähigkeiten sind selten von außen erkennbar – es sei denn, du bist zwei Meter groß, schlank und wunderhübsch: In einem solchen (seltenen) Fall sieht natürlich die ganze Welt dein Potenzial als Topmodel. Auf die Mehrheit der Bevölkerung trifft dies jedoch nicht zu, und wir stehen meist allein da, um uns zu beweisen. Deshalb dürfen wir nicht darauf warten, entdeckt zu werden, sondern müssen selbst Maßnahmen ergreifen und auf unsere Fähigkeiten hinweisen. Dass du als Sozialarbeiterin oder Sozialarbeiter in der Dritten Welt arbeiten, den Kilimandscharo erklimmen oder dich für Tier- oder Menschenrechte einsetzen willst, wird man dir nicht an den Augen ablesen können.

Man konnte es auch Susan Boyle, der schottischen Sängerin aus der Castingshow *Britain's Got Talent,* im Jahr 2009 nicht ansehen. Aus ihrem Alter und ihrem Aussehen konnte keiner schließen, dass sich dahinter eine solch großartige Stimme verbarg. Vielmehr wurde sofort, als sie die Bühne betrat, ein Urteil über sie gefällt. Sie wurde ausgelacht, weil sie nicht dem klassischen Bild eines Superstars entsprach (Leyland 2009). Umso verblüffender ist das Ende der Geschichte: Nach der Vorstellung waren viele zu Tränen gerührt, weil Susan Boyle einfach ausgezeichnet war und ihre Stimme einzigartig. Jetzt ist sie eine Berühmtheit und gilt vielen als Vorbild. Sie erteilt uns dabei einige wichtige Lektionen, zum Beispiel: Anders zu sein und nicht in eine Schablone zu passen ist völlig in Ordnung; wie alt du bist, spielt keine Rolle; es ist nie zu spät für einen Traum; man sollte Menschen nie nach ihrem Aussehen beurteilen; auf die Meinung anderer sollte man nicht allzu viel Wert legen. Susan Boyle zeigt dir, dass es völlig ausreicht, an dich und dein Können zu glauben und dafür zu sorgen, dass andere es auch tun. In etwas gut zu sein ist nicht immer ein angeborenes Talent. Wenn dir etwas Spaß macht und du eine Leidenschaft dafür hast, dann kannst du es mit Übung zu deiner Stärke machen und ein Geschick dafür entwickeln. Komponenten wie Talent, Stärke, Leidenschaft, spezielle Fähigkeiten und Freude spielen bei der Zielsetzung eine zentrale Rolle.

> **Tipp**
>
> Analysiere deine aktuelle Lebenssituation und finde heraus, ob du in einem Aspekt deines Lebens so unzufrieden bist, dass du ihn gerne ändern möchtest. Wenn du nicht weißt, wo du stehst, kannst du auch schlecht bestimmen, wohin du möchtest.

Etwas wollen ist nicht gut genug; du musst ganz genau wissen, worauf du hinarbeiten möchtest, und dementsprechend handeln. Falls du kein Ziel hast und nicht weißt, in welche Richtung du dein Leben lenken sollst, können dir die folgenden Fragen beim Einstieg helfen. Sie dienen dazu, deine Wünsche und Interessen zu identifizieren und so dein Lebensziel herauszufinden.

- Was willst du im Leben? Was willst du auf keinen Fall?
- Was ist das erste, das dir in den Sinn kommt, wenn du an deine Zukunft denkst?
- Wofür würdest du alles geben?
- Welche Träume hast du, an die du oft denken musst?
- Was würdest du machen wollen, wenn du sicher wärst, dass es funktionieren würde?
- Was für ein Mensch willst du werden? Wie willst du nicht werden?
- Nach welcher Veränderung in deinem Leben sehnst du dich?
- Was macht dich glücklich? Was unglücklich?
- Mit welcher Tätigkeit willst du dein Geld verdienen?
- Wie willst du werden? Wovon willst du dich lösen?
- Was möchtest du unbedingt lernen oder sehr gut beherrschen?
- Fühlst du eine Leere in dir? Wie könnte diese gefüllt werden?
- Was ist deine Leidenschaft, was ist deine Begabung?
- Worin liegen deine Stärken?
- Was liegt dir am Herzen und wofür würdest du dich gerne einsetzen?
- Was bewunderst oder respektierst du an anderen? Was hättest/wärst du selbst gerne?
- Was ist deine Bestimmung, deine Aufgabe im Leben?
- Was würde sich in deinem Leben ändern, wenn …?

Sei realistisch und ehrlich, denn nur du allein kannst dich und deine Wünsche wirklich analysieren. Auch wenn du ein fantastisches und glückliches Leben führst, gibt es sicherlich etwas, das du noch im Hinterkopf hast und schon immer machen wolltest. Finde es heraus. Eines kann ich dir mit Sicherheit sagen: Wie jeder andere Mensch auch, hast du das Potenzial und das Zeug, Lebensziele zu erreichen und Träume zu verwirklichen. Woher ich das weiß? Du hast recht – ich kenne dich nicht. Ich kann dir nicht sagen, wie wunderbar und toll du bist. Ich weiß aber eines ganz sicher: wozu dein Gehirn imstande ist – und das allein ist schon absolut erstaunlich. Es ist höchste Zeit, dass du das auch erfährst.

In den nächsten Kapiteln werde ich viele wissenschaftliche Erkenntnisse und Informationen über unser Gehirn so darlegen, dass auch dir die Augen geöffnet werden, solltest du noch Zweifel an dir haben. Auch wenn das Gehirn bei allen Menschen gleich strukturiert ist, bist du doch anders als jeder andere, ein Unikat, dich gibt es kein zweites Mal. Niemand besitzt dieselbe Persönlichkeit und dieselben Eigenschaften wie du. Am besten setzt du dir Ziele, die deine Stärken zur Geltung bringen. Sorge dafür, dass dein Ziel etwas ist, das dir einigermaßen Spaß macht und deine Neugierde weckt. Hast du eine Abneigung gegen eine Beschäftigung, wirst du auf Dauer keine Lust darauf haben und dich später in irgendeiner Umschulung wiederfinden.

Notiere all deine Ziele und Pläne, damit du sie auch schriftlich siehst. Dann stehen sie schwarz auf weiß da und dienen dir zur ständigen Erinnerung. Das geht wunderbar in einem Tagebuch, Terminkalender oder irgendwo, wo du ständig, am besten täglich, hineinschaust. Was du dauernd siehst, kannst du auch nicht vergessen oder verdrängen, und dies wird dich eher zum Handeln bewegen. Frage dich täglich: „Was habe ich heute gemacht, um meinem Ziel näherzukommen?" Formuliere deine Ziele auf den Punkt genau und nicht allgemein. Je spezifischer, desto besser. Zu sagen, dass du einfach nur glücklich sein willst, ist schlichtweg nicht konkret genug. Bis wann willst du dein Ziel erreichen? Was genau musst du täglich oder wöchentlich tun und wie lange, um ans Ziel zu kommen? Es ist nicht nur wichtig, was du im Leben willst; genauso wichtig ist es zu wissen, was du NICHT willst, oder anders formuliert, wie du nicht leben möchtest. Gibt es Bereiche in deinem Leben, die dich unglücklich machen? Dann kümmere dich darum. Nimm dir zum Ziel, deinem Leben eine neue Richtung zu geben, damit du deinem Unglück und Leid ein Ende setzt. Nachdem du die Unzufriedenheit in deinem Leben beseitigt hast, kannst du dich auf weitere für dich bedeutende Ziele konzentrieren. Du musst eventuell deine Lebensweise so ändern, dass sie in Einklang mit deinen Zielen steht. Lass das Leben nicht einfach so an dir vorbeiziehen.

Ich möchte keinen Druck ausüben, doch eines muss ich unbedingt erwähnen: Wenn du dir im Leben keine Ziele setzt und tagein, tagaus immer das Gleiche tust, wirst du auf Dauer ganz bestimmt unzufrieden sein. Das kann ich dir aus eigener Erfahrung versichern! Wieso sollst du nicht auch das erreichen, was du dir wünschst? Oder denkst du, die anderen verdienen es mehr, ihre Träume zu verwirklichen und ihre Ziele zu erreichen? Scheue dich nicht davor, dir anspruchsvolle, aber realistische Ziele zu setzen, und bestimme die nötigen Schritte, und du wirst sehen, wie weit du kommen wirst! Zu einfach darfst du dir diese Aufgabe allerdings nicht machen. Deine Ziele müssen schon einen gewissen Anspruch haben und dich herausfordern.

Erreichbare, aber schwere Ziele erhöhen die Motivation, führen zu mehr Zufriedenheit und höheren Leistungen (Locke und Latham 2006). Ist dein Ziel wichtig und sinnvoll, stellt es gewisse Anforderungen an dich. Erreichst du ein schwieriges Ziel, sorgt dies für Stolz und mehr Selbstvertrauen, weil es Anstrengung erfordert hat und du hart dafür gearbeitet hast.

Dein Ziel soll anspruchsvoll sein, aber auch realistisch. Man sollte sich nicht unterschätzen, doch genauso wichtig ist es, die eigenen Fähigkeiten nicht zu überschätzen. Unrealistische Ziele führen nicht zum Erfolg, sondern zu Frustration. Wenn du bis ins Erwachsenenalter eine Sportart nie aktiv betrieben hast, wirst du durch Training besser, aber du wirst es höchstwahrscheinlich nie zu den Olympischen Spielen schaffen. Genauso wenig wirst du ohne eine Karriere in der Raumfahrt ins All fliegen können, es sei denn, du bist Multimillionär und kannst ohne Probleme 20 Mio. US$ für ein Flugticket als Weltraumtourist aufbringen (Wall 2011).

Leider höre ich Menschen öfter sagen, sie seien zu alt, um noch einen Schulabschluss zu machen oder noch zu studieren, nach dem Motto: „Der Zug ist schon längst abgefahren". Auch wenn du schon älter bist, kommst du nicht ein zweites Mal auf die Welt und hast keine Rückspultaste. Die Vergangenheit können wir leider nicht ändern, doch die Zukunft liegt in unseren Händen. Solange wir atmen, ist es nie zu spät, Träume zu verwirklichen. Du kannst dir immer noch Wünsche erfüllen und Ziele setzen. Auch im Alter ist unser Gehirn formbar und passt sich unseren Anstrengungen und Bemühungen an. Verbringe deine Freizeit mit sinnvollen Aktivitäten, die dich glücklich machen und mental stimulieren. Du kannst ja nicht sagen: „Das nächste Mal, wenn ich wieder 18 bin, dann mache ich das so und nicht so." Diese Möglichkeit hat leider niemand, und wir müssen das Beste aus dem machen, was wir jetzt haben. Lass dich von nichts abhalten, sei es wegen deines Alters, deiner Lebensumstände, deiner finanziellen Situation, der Meinung anderer oder aus sonstigen Gründen. Halte keine Wünsche zurück, denn solange du die Willenskraft hast, ist ziemlich alles möglich! Denke an all die Dinge, die du in diesem Leben unbedingt noch machen möchtest.

Am besten erstellst du eine Lebenswunschliste, eine sogenannte „Bucket List" (engl. „bucket" = Eimer). Wie das geht? Am besten so: Schreibe dir all deine Wünsche auf kleine Zettel, knülle diese zusammen und bewahre sie in einer schönen Glasvase (unsere Träume sind wertvoll und verdienen ein hübsches Gefäß!) auf. Die Liste kann alles beinhalten, was dein Herz begehrt. Von Reisezielen, Liebe, Marathonläufen, neuen Sprachen oder anderen Fertigkeiten bis hin zu irgendwelchen verrückten Erlebnissen, Abenteuern oder Ideen. Das Gefäß soll keine Dekoration für die Vitrine sein, sondern dient der ständigen Erinnerung an unsere Träume und verdient daher einen Ehrenplatz. Jedes Jahr (gerne auch öfter) greifst du dann hinein und erfüllst dir diesen einen Wunsch oder Traum oder leitest ihn wenigstens in die Wege. Nach und nach realisierst du deine Wünsche und fügst gleichzeitig immer wieder neue hinzu. Das macht wirklich riesigen Spaß.

Überfordere dich nicht mit zu vielen großen Zielen, denn dass du dich vielen großen Vorhaben gleichzeitig widmen kannst, ist unwahrscheinlich. Das würde auch bedeuten, dass du dich nicht intensiv auf eine Sache oder einen Bereich konzentrieren kannst, da Zeit und Energie in mehrere Richtungen fließen. Man hat ja schließlich nur eine begrenze Anzahl von Stunden pro Tag zur Verfügung. Setze deine Prioritäten richtig. Verteile lieber das große Ziel auf viele kleine verdauliche Teilziele, weil diese dich letztlich in der Summe zum großen Ziel oder zu deinem Lebenstraum führen werden. Nicht nur das Erreichen des finalen Ziels bringt mehr Zufriedenheit, sondern auch der Weg dorthin. Auch Fortschritte machen einen zufriedener, besonders wenn es sich um ein anspruchsvolles Gesamtziel handelt (Wiese und Freund 2005). Freu dich daher über jeden Fortschritt, den du machst, und sei stolz auf deine harte Arbeit. Hast du ein lang ersehntes Ziel schon erreicht? Super! Dann weißt du, wie toll sich das anfühlt. Dann greif doch einfach nach dem nächsten Ziel. Wir müssen uns ständig neue Ziele setzen, denn während wir auf bestimmte Ziele hinarbeiten, haben wir schon etwas, worauf wir uns in Zukunft freuen können. Baue dir deine Zukunft so, wie du sie haben möchtest, denn du bist dafür verantwortlich und bist damit der Architekt bzw. die Architektin deines Lebens.

Das nächste Mal …

wenn du dir unsicher bist, ob du ein bestimmtes Ziel verfolgen sollst, tu Folgendes: Stell dir dein Ziel so vor, als hättest du es schon erreicht. Was fühlst du allein schon bei der Vorstellung? Stolz? Glück? Gleichgültigkeit? Wo siehst du dich in einem, in fünf oder in zehn Jahren? Ergänze folgende Sätze:

Wenn ich die Möglichkeit hätte, würde ich jetzt _____
Nächstes Jahr wird mein Leben _____
In fünf Jahren bin ich/werde ich _____
Mein Leben in zehn Jahren wird _____

Die Herausforderung ...

Gehe auf Entdeckungsreise und denke bewusst über dein Leben nach. Was ist deine Definition von Erfolg? Was willst du eigentlich vom Leben? Was sind deine Vorlieben, und welche Tätigkeit könntest du stundenlang ausüben? Wozu fühlst du dich hingezogen? Was bereitet dir schon beim Gedanken daran Freude? Gib deinem Leben den Wert und schenke ihm die Beachtung, die es verdient! Schreibe hier deine „Top 3"-Ziele und -Wünsche auf!

Ziel 1: _____
Ziel 2: _____
Ziel 3: _____

Fang am besten heute noch an, Pläne zu schmieden, wie du diese Ziele am besten erreichen kannst. Führe noch heute, am besten jetzt gleich, eine kleine Recherche durch und mache dir ein Bild davon, wie andere Menschen gleiche oder ähnliche Ziele erreicht haben.

Fazit

Sich einen Traum zu verwirklichen beginnt mit den richtigen Zielsetzungen. Ziele zeigen uns wie ein Kompass die Richtung an für unser Glück. Sie ermöglichen uns, als Mensch zu wachsen, denn auf dem Weg zum Ziel strecken und dehnen wir uns in Richtungen, die uns vorher unbekannt waren. Lass dich nicht von unerheblichen Gründen demotivieren und akzeptiere keine Ausreden. Ein Ziel ist nie zu groß, wenn man es auf einen längeren Zeitraum aufteilt. Letztendlich werden sich die kleinen Schritte zu einem Ganzen addieren und zum großen Ziel oder zu deinem Lebenstraum führen. Auch ist es nie zu spät, mit Neuem zu beginnen, denn solange wir leben, haben wir die Zeit dazu. Möchtest du anderen nicht nur dabei zuschauen, wie sie ihre Träume verwirklichen und ein besseres Leben führen, dann musst auch du wichtige und bedeutende Ziele setzen und ihnen nachgehen. Wie ein Rohdiamant musst du an dir schleifen und putzen, bis du den erwünschten Glanz erreichst. Auch wenn du wunschlos glücklich bist, müssen Ziele gesetzt werden, auf die du langsam hinarbeiten kannst. Sie geben dir einen Grund, dich auf die Zukunft zu freuen, und wecken Gefühle, die nicht käuflich sind, wie zum Beispiel Stolz und Selbstachtung.

Deine Aufgabe ist es herauszufinden, wo deine Leidenschaft, Begabung und Bestimmung liegen, was dir dann dabei helfen kann, die Richtung oder einen Fahrplan für deine Ziele zu ermitteln. Ist die Route erst festgelegt, heißt es nur noch los in Richtung Zieladresse.

Literatur

Leyland D (2009) Susan Boyle – Britain's Got Talent 2009 Episode 1. https://www.youtube.com/watch?v=RxPZh4AnWyk. Zugegriffen: 7. Okt. 2018

Locke EA, Latham GP (2006) New directions in goal-setting theory. Curr Dir Psychol Sci 15(5):265–268. https://doi.org/10.1111%2Fj.1467-8721.2006.00449.x

Wall M (2011) First space tourist: how a U.S. millionaire bought a ticket to space. Space.com. https://www.space.com/11492-space-tourism-pioneer-dennis-tito.html. Zugegriffen: 26. Sept. 2018

Wiese BS, Freund AM (2005) Goal progress makes one happy: or does it? Longitudinal findings from the work domain. J Occup Organ Psychol 78(2):287–304. https://doi.org/10.1348/096317905x26714

2

Du kannst viel mehr, als du denkst!

Inhaltsverzeichnis
Das nächste Mal 24
Die Herausforderung 24
Fazit 24
Literatur 25

> **In diesem Kapitel …**
>
> beweise ich dir, dass wir zu viel mehr fähig sind, als wir uns zutrauen. Du wirst lernen, dass das Einzige, was dich aufhält, dein beschränkter Glaube an deine Fähigkeiten ist. Die Begriffe Genie, Intelligenz und Talent sind überbewertet und vermitteln die Illusion von Perfektion und den falschen Eindruck, dass viele Träume und Ziele unerreichbar sind. Die gute Nachricht für uns alle: Unsere aktuelle Intelligenz und derzeitigen Fähigkeiten sind nicht in Stein gemeißelt. Unser Denkorgan hat nämlich die Kapazität, sich zu verändern. Mit Eigeninitiative und Engagement kann jede Schwäche behoben werden. Wie kannst du deine Kenntnisse und Fähigkeiten erweitern und dich selbst zu einer Expertin oder einem Experten machen? Welche Rolle spielt die Einstellung zu dir selbst und deinem Können? Dieses Kapitel wird dir mehr Vertrauen in dich selbst geben und Zuversicht, was dein Potenzial anbelangt. Wie? Dazu komme ich gleich!

Ja, wirklich. Du kannst viel mehr, als du denkst. Ich bin davon überzeugt, dass jeder Mensch mit speziellen Fähigkeiten und Talenten geboren wird. Nur machen sich viele nicht die Mühe, ihre verborgenen Talente zu finden und zu nutzen. Oft unterschätzen wir unsere eigenen Fähigkeiten und unser Potenzial, wenn wir andere sehen, die viel besser zu sein scheinen als wir selbst. Kein Wunder, denn Internet, Fernsehen, Werbung und Zeitschriften sind voll von scheinbar makellosen Menschen. Man vergleicht sich automatisch mit ihrem Aussehen, ihrem Erfolg und ihrem Wohlstand und wird ein Opfer der Illusion, dass sie perfekt sind und über eine überdurchschnittliche Intelligenz oder herausragende Fähigkeiten verfügen – und wir nicht. Wir sehen einen kurzen Moment, einen klitzekleinen Ausschnitt, in dem diese Menschen eine Fertigkeit präsentieren. Nie denken wir an die Jahre der harten Arbeit und Vorbereitung, die hinter der kurzen Vorstellung, dem Bild oder Video stecken. Es kommt uns auch nicht in den Sinn, dass sie wie andere Menschen auch mit Problemen und Niederlagen kämpfen, ohne Make-up genauso öde aussehen wie wir, morgens genauso Mundgeruch haben und an Blähungen und Fußpilz leiden können. Wir demotivieren und lähmen uns, indem wir denken, dass die Konkurrenz oder Freundinnen und Freunde besser, erfolgreicher, talentierter und klüger sind. Sie sind die Glückspilze, wir die Pechvögel, und wir sind rasend vor Eifersucht.

Eines müssen wir akzeptieren: Es wird immer Menschen geben, die besser, hübscher, jünger und erfolgreicher sind als wir selbst. Doch dich mit anderen zu vergleichen, die es weit gebracht haben, führt zu einem Teufelskreis, also lass es lieber! Du bist der Mittelpunkt deines Lebens, also tritt in den Wettbewerb mit dir selbst, indem du den Fokus auf dich richtest und von anderen wegnimmst. Lerne von ihren Eigenschaften und ihrer Arbeitsmoral und nutze sie als Motivation für deine eigenen Ziele.

Es gibt einen großen Unterschied zwischen deinem „Ist"- und deinem „Könnte"-Zustand. Wir sind uns manchmal unseres Potenzials gar nicht bewusst und wissen nicht, wozu wir und unser Gehirn alles fähig sind. Deine Aufgabe ist es, deine Stärken zu identifizieren, deine Fähigkeiten zu verbessern und sie so weiterzuentwickeln, dass du nicht im „Ist"-Zustand steckenbleibst. Wenn du denkst, dass du nicht schlau genug bist, um dies oder jenes zu schaffen, liegst du völlig falsch. Denn um einen Traum zu verwirklichen oder ein Ziel zu erreichen, braucht es keine überdurchschnittliche Intelligenz und kein besonderes Talent. Den Menschen, die wir als supertalentiert bezeichnen und die große und bedeutende Erfolge erzielt haben, kann jeder nacheifern, und durch viel Übung in einer Sache kann jeder herausragend, ja sogar genial werden. Diese Menschen sind nicht als Supergenies auf die Welt gekommen, sondern haben sich, wenn man sich ihre Laufbahn einmal ganz genau anschaut, erst durch harte Arbeit zu solchen entwickelt.

> **Beispiel**
> K. Anders Ericsson, eine bekannter Forscher, der seit Jahren das Thema Spitzenleistungen untersucht, bestätigte mit seinen Kolleginnen und Kollegen genau diese These mithilfe eines Experiments. Die Wissenschaftlerinnen und Wissenschaftler nahmen Geigerinnen und Geiger an der Universität der Künste Berlin (damals noch die Akademie der Künste) unter die Lupe, um zu ermitteln, was genau die Besten, die Guten und die Mittelmäßigen unter ihnen voneinander unterschied. Dabei fanden sie Folgendes heraus: Die Besten hatten bis zu ihrem 20. Lebensjahr verteilt auf 10 Jahre mehr als 10.000 Übungsstunden absolviert, während die Guten bei 8000 und die Mittelmäßigen bei 4000 h lagen (Ericsson et al. 1993). Abgesehen von der Anzahl an Übungsstunden fand sich kein Anzeichen von Talent, das die Besten von den anderen beiden Gruppen unterschied.

Mit anderen Worten: Die Besten der Besten gehören in diese Gruppe, weil sie am meisten und am längsten geübt und trainiert haben. Talent ist also kein Ersatz für den langen und mühsamen Weg nach oben. Die 10.000 Übungsstunden der Besten dienen nun als eine Art Faustregel und Voraussetzung für eine einzigartige und außergewöhnliche Leistung und exzellentes Know-how auf einem Gebiet. Es gibt keine Abkürzung auf dem Weg zum Erfolg und keinen Zaubertrick, sondern nur regelmäßiges und engagiertes Üben.

Sicherlich spielen auch die Gene eine wesentliche Rolle, insbesondere für bestimmte Sportarten. Möchte man zum Beispiel Profibasketballer oder -ballerin werden, ist eine gewisse Körpergröße Grundvoraussetzung. Da können leider auch die Gehirnzellen nichts bewirken. Und sich an eine Stange zu hängen regt leider das Wachstum auch nicht an – das habe ich schon probiert. Wenn du klein und zierlich bist wie ich, dann musst du dir eben etwas Neues aussuchen. Doch abgesehen von Größenanforderungen für bestimmte Sportarten kann laut Ericsson (2007) jedes gesunde Kind mit intensivem Training ein Spitzensportler oder eine Spitzensportlerin werden. Es wurden keine Gene gefunden, die für die Spitzenleistung verantwortlich sind.

Das ergibt Sinn, wenn man beispielsweise bedenkt, dass auch der ehemalige legendäre Boxer Mohammed Ali sicherlich nicht von Geburt an ein toller Boxer war. Wie andere bekannte Sporttalente und Kunstschaffende auch, hat er sich seine Spitzenleistung durch viele Jahre und Tausende von Stunden harten Trainings erarbeitet. Vielleicht hatte er eine genetische Veranlagung, die seine Schnelligkeit und Muskelkraft förderte, doch ohne jahrelanges hartes Training wäre auch diese natürliche Begabung nutzlos und wären die Arme schwach geblieben.

Ich möchte die Bedeutung von angeborener Intelligenz und Talenten auf keinen Fall herunterspielen. Eine genetische Veranlagung ist natürlich sehr wertvoll und nützlich, wenn sie für eine gute Gedächtnisleistung, blitzschnelle Informationsverarbeitung sowie logisches und schnelles Denken sorgt. Genau diese Fähigkeiten sind ja in Intelligenztests gefragt. Schneidet man besser ab als die anderen, wird man als intelligent bezeichnet. Ohne die richtig Schlechten wären die Intelligenten wertlos, weil sie niemanden hätten, mit dem sie sich vergleichen könnten. Der Durchschnitts-IQ liegt bei 100. Alles darüber ist besser als der Durchschnitt und ein Zeichen dafür, dass die Gehirnzellen eine bessere und schnellere Arbeit verrichten als die vieler anderer Gehirne. Ich selbst halte von diesen Tests nicht viel, da nicht jeder unter Druck diese teilweise seltsamen Fragen mit geometrischen Kästchen beantworten kann. Zweifellos gibt es hochbegabte Menschen, die beispielsweise ein ganzes Telefonbuch auswendig lernen können, während die meisten von uns gerade einmal eine neue Telefonnummer nur wenige Sekunden im Gedächtnis behalten können. Doch Hochbegabte sind in der Minderheit, und die meisten von uns sind einfach nur gewöhnliche Menschen, die durch harte Arbeit und viel Übung etwas im Leben erreichen.

> **Beispiel**
>
> Angela Duckworth, Psychologieprofessorin an der Universität Pennsylvania und Autorin von *Grit: Die Neue Formel zum Erfolg* erforscht schwerpunktmäßig Menschen, die Spitzenleistungen erbringen. Bei ihren jahrelangen Untersuchungen von Elite-Leistern, also den Besten der Besten, anhand der Fragestellung, was genau diese so herausragend macht, kam sie zu folgendem Schluss: Talent ist zwar hilfreich, aber Anstrengung ist noch viel mehr wert – und zwar doppelt so viel wie Talent (Duckworth 2017).

Talent und Intelligenz sind folglich gut, aber harte Arbeit ist noch viel besser zur Steigerung deiner Erfolgschancen. Talent alleine bringt niemanden ans Ziel. Es ist KEIN Ersatz für hartes Training und Anstrengung. Und daraus lässt sich schlussfolgern: Wenn du in etwas richtig gut sein möchtest, dann solltest du dich schon einmal mit dem Gedanken anfreunden, Tausende von Stunden in Übung zu investieren. Dazu gehören viel Geduld und Hartnäckigkeit. Die einen kommen eher zu ihrem Ziel, andere vielleicht etwas später. Wie lange es bei dir dauern wird, bis du Expertin oder Experte auf einem Gebiet wirst, hängt davon ab, wie du die Sache angehst und wie ernst du sie nimmst. Dass es bis zu zehn Jahren oder länger dauern kann, ist im Grunde egal. Denn diese zehn Jahre werden sowieso vergehen – egal, ob du weiterhin nichts tust oder ob du dich in Richtung deiner Ziele bewegst.

Die Fragen, die du dir stellen musst, sind folgende: Wo willst du in zehn Jahren stehen? Wie wird sich dein Leben in zehn Jahren verändert haben? Wie sehr möchtest du dein Ziel erreichen und bist du bereit, die erforderliche Zeit und Arbeit zu investieren?

> **Beispiel**
>
> Nicht nur unsere körperliche Leistung, sondern auch unseren Intelligenzquotienten (IQ) können wir durch Übung steigern. Genau das konnten Forscherinnen und Forscher um Sarah Cassidy (Cassidy et al. 2016) mit jungen Probandinnen und Probanden erreichen. Sie vermittelten den Kindern mithilfe eines Online-Gehirntrainings mehrere Monate lang kognitive Fähigkeiten. Das Ergebnis: Der IQ erhöhte sich durchschnittlich um mehr als 20 Punkte, und das nicht nur bei Kindern mit normalem Entwicklungsstand, sondern auch bei Kindern mit Lernstörungen.

Nach diesem Prinzip können auch wir durch Lernen und Übung unseren IQ steigern, egal auf welchem Stand wir uns gerade befinden, und uns so auf eigene Faust fördern.

Dass unsere Intelligenz nicht fest und solide ist, beweist auch die Tatsache, dass wir heute viel schlauer sind als frühere Generationen. Dieses Phänomen ist als „Flynn-Effekt" bekannt. James Flynn, Intelligenzforscher und Entdecker des Flynn-Effekts, hat herausgefunden, dass die Intelligenzwerte in Industrieländern alle zehn Jahre um drei Punkte ansteigen (Shenk 2017). Entsprechend wird der IQ-Test immer wieder angepasst, damit die Testanforderungen zeitgemäß sind. Das bedeutet nun nicht, dass frühere Generationen geringere geistige Fähigkeiten hatten, sondern dass sich die Zeiten ändern und wir heute durch Informationszufluss, Bildung und Überfluss an Nahrungsmitteln regelrecht verwöhnt werden. Ich finde, das ist nachvollziehbar. Durch mehr Möglichkeiten und Zugriff auf bessere Bildung, verbesserte Lebensbedingungen sowie Wissenschaft und Entdeckungen haben wir heute ganz andere Voraussetzungen. Nie war der Zugang zu Bildung und Wissen, die unser Denken fördern, so einfach; alles ist nur einen Mausklick entfernt.

Mir geht es hier vor allem um folgende Erkenntnis: Wir können uns selbst schlauer machen, und es liegt an uns, ob wir etwas dafür tun oder nicht. Wir unterschätzen unsere Fähigkeiten und unsere Intelligenz, weil es uns meist auch an Selbstvertrauen und Mut mangelt. Einige von uns geben sogar gleich zu Beginn auf, weil sie an ihren Fähigkeiten zweifeln. Wem die Hoffnung fehlt, etwas zu schaffen, der sieht auch keinen Sinn darin, es überhaupt zu versuchen. Probiert man es doch und es geht daneben, denkt man, man sei nicht begabt oder dafür geschaffen – und somit ist die Sache meistens für immer erledigt. Einige sind der Meinung, dass Fähigkeiten, Begabung und Intelligenz fest und unveränderlich seien. Entweder hat man es, oder man hat es nicht – so ihre Sichtweise. Diese Menschen glauben an angeborene Fähigkeiten, die man nicht ändern kann (engl. „fixed mindset"). Diejenigen aber, die eine wachstumsorientierte Einstellung (engl. „growth mindset") vertreten, die glauben, dass sich ihre Talente und Fähigkeiten durch Übung entfalten und entwickeln können, nehmen die Dinge selbst in die Hand. Sie glauben an Entwicklung und Wachstum durch Bemühung. Diese Menschen zeigen viel bessere Leistungen als diejenigen, die NICHT an Wachstum und Entwicklung glauben (Dweck 2017).

Viele wissen einfach nicht, dass das Gehirn durch Übung und neues Wissen neu „verkabelt" werden kann. Die Hirnforschung hat nämlich belegt, dass unser Gehirn genau dazu imstande ist (dazu mehr in Kap. 5).

> **Beispiel**
>
> Ein wissenschaftliches Experiment zeigt, wie sich die Einstellung zu fester und veränderbarer Intelligenz auf die Leistung auswirken kann. Dazu wurden 99 leistungsschwache Schülerinnen und Schüler, die besonders in Mathematik Schwierigkeiten hatten, in zwei Gruppen aufgeteilt. Beide Gruppen wurden über die Physiologie des Gehirns sowie über das Lernen belehrt. Zusätzlich wurden beiden Gruppen Lerntipps gegeben, aber mit einem ganz bestimmten Unterschied: Der einen Gruppe wurde zusätzlich beigebracht, dass Intelligenz formbar ist und das Gehirn neue Verbindungen herstellen kann, wenn man sich anstrengt, und dass man somit klüger werden kann. Das Ergebnis: Die Gruppe, der nur das Lernen beigebracht wurde, zeigte weiterhin schlechte Leistungen, ganz besonders in Mathematik. Doch die andere Gruppe, die außerdem noch erfahren hatte, dass Intelligenz mit Bemühung verbessert werden kann, wies kontinuierlich verbesserte Leistungen auf (Blackwell et al. 2007).

Es macht also einen Riesenunterschied, ob man an geistiges Wachstum glaubt oder an unveränderbare Fähigkeiten. Du kannst deine Einstellung daran messen, von welcher der beiden Aussagen du überzeugt bist: Sagst du eher, „Ich kann was dagegen tun", oder „Es liegt nicht in meiner Macht"? Deine Sichtweise und Einstellung werden dich letztlich dazu bewegen, entweder etwas gegen deine Schwächen zu unternehmen oder sie einfach so hinzunehmen. Das wiederum wird darüber entscheiden, ob du dein Ziel erreichen wirst oder nicht. Wenn du deine Einstellung und Denkweise in Bezug auf deine Fähigkeiten und Intelligenz veränderst, also an dich glaubst, werden sich viele Türen zu neuen Gelegenheiten und Chancen öffnen, die vorher fest verschlossen waren. Wenn du jetzt die Fähigkeiten und das Wissen noch nicht besitzt, die du für dein Ziel benötigst, dann tu etwas dagegen.

Wir alle legen Wert auf unser Erscheinungsbild und sind sehr gut darin, unsere optischen Eigenschaften zu verbessern oder Mängel zu beheben. Wir kaufen uns hübsche Klamotten, verlängern unsere Haare mit Extensions, lassen uns Augenbrauen tätowieren, Fake-Wimpern ankleben und unser Hautbild mit Make-up verschönern. Auf Schönheits-OPs möchte ich erst gar nicht eingehen. Unsere Fantasie kennt keine Grenzen, wenn es darum geht, unsere optischen Mängel aufzupolieren. Jedoch ist es Rauchern oft völlig egal, wie schrecklich ihre Lunge aussieht. Wären wir durchsichtig, gäbe es bestimmt nicht so viele Raucher. Ja, wirklich! Wie die Organe aussehen, will kein Mensch wissen – und schon gar nicht, wie das Gehirn funktioniert. Wir sind besessen von unserem äußeren Erscheinungsbild, teils wegen uns selbst und teils wegen unserer vermeintlichen Wirkung auf andere. Das merkt man schon daran, dass es kaum jemand schafft, an einem Schaufenster vorbeizugehen, ohne sich selbst zu begutachten.

Warum tun wir nicht annähernd das Gleiche für unser Selbstbild, für die innere Schönheit, für unsere Makel und Defizite? Es ist ja nicht schlimm, Defizite zu haben, sondern menschlich. Wir können jedoch Defizite und Lücken beheben, indem wir aktiv etwas dagegen tun. Die inneren Mängel sind nicht so einfach zu kaschieren wie unsere Optik, und es erfordert Zeit und viel Mühe. Wir sind leider keine Superhelden, die ganze Bibliotheken verschlingen können und bei denen das Wissen dann direkt ins Gehirn fließt (schön wär's!). Die bei jedem Menschen vorhandenen Lücken müssen vielleicht für ein bestimmtes Ziel – zum Beispiel für neues Fachwissen, andere Gewohnheiten, gesunde Ernährung, mehr Bewegung etc. – gefüllt werden. Ganz egal, wo deine Lücken sind, vieles ist machbar! Es ist einfach falsch zu behaupten, „Ich bin nun mal so" oder „Ich kann's nicht ändern". Das sind in der Regel Ausreden, um sich nicht schlecht fühlen zu müssen und bei alten Gewohnheiten bleiben zu dürfen. Verwandelst du negative Ansichten über dich selbst in positive, wirst du ein glücklicher und zufriedener Mensch.

Um in etwas sehr gut zu werden, musst du dir lediglich viel Wissen und Können aneignen und sehr viel und oft üben, bis du es richtig beherrschst. Das geht leider nicht von heute auf morgen. Einmal ist so gut wie keinmal. Das sage ich meinen Studentinnen und Studenten bei jeder Gelegenheit, besonders vor den Klausuren. Ohne ständiges Wiederholen bleibt einfach nicht alles im Kopf haften. Wenn du Probleme hast, dir Dinge zu merken, kann dir die gute alte Methode der Karteikarten gut helfen. Sie sind ganz praktisch und griffbereit, wenn man sich konkrete Informationen und Fakten einprägen muss. Sie sind auch einfach zu erstellen und können überallhin mitgenommen werden. Merkkärtchen oder auch Hörbücher sind ideal für die Zeiten zwischendurch, wenn man in der Arztpraxis sitzt, im Stau oder an der Kasse steht oder während man im Bus oder in der Bahn feststeckt. Dies sind eigentlich Zeiten, die man sonst verschwendet, die man aber gut und effektiv nutzen kann. Vielleicht musst du dir erst einmal alles aufschreiben, bevor du es verstehst, oder dir den Text vorsingen.

Wenn es ums Lernen geht, ist nichts verkehrt. Hauptsache, du nutzt die Methoden, die dir am meisten zusagen und Spaß bereiten. Das wiederholte Üben mit Unmengen an Materialien ist gut, aber nicht ausreichend, wenn du erst einen Tag vor einer wichtigen Prüfung oder einem entscheidenden Ereignis damit beginnst. Je nachdem, wie viel Stoff du dir einprägen musst, ist es notwendig, Tage, Wochen oder vielleicht sogar Monate vorher anzufangen, um gute Ergebnisse zu erzielen. Versuche es! Experimentiere mit dir, indem du Bestimmtes täglich und konsequent lernst und den Stoff ständig wiederholst. Bald wirst du Fortschritte bemerken, was deine Motivation stärken und dich zum Weitermachen bewegen wird.

Und genau darum geht es: Fortschritte zu machen und nicht auf demselben Kenntnisstand und Niveau zu bleiben. Fortschritte bedeuten Folgendes für unser Gehirn: Durch das ständige Lernen feuern Neurone im Gehirn und formen neue Verbindungen und Verknüpfungen. Mit „feuern" ist hier natürlich nicht gemeint, dass sie sich gegenseitig erschießen, sondern dass sie elektrische Impulse abgeben und so mit Nachbarneuronen kommunizieren. Dies wiederum führt dazu, dass sich das Netzwerk an Neuronen verstärkt, wodurch das Abrufen der Information später schneller und einfacher wird. Das ist auch der Grund dafür, warum man ständig an Trainings und Kursen teilnimmt: weil man durch intensives und wiederholtes Üben das Gehirn und den Körper stärkt und dadurch besser wird (Debarnot et al. 2014).

Warte nicht, dass irgendetwas von alleine passiert, das dir den Weg in eine erfüllte Zukunft öffnet. Wenn du auf Glück, Zufall und das Schicksal hoffst, um einen Traum zu verwirklichen, dann kannst du lange warten. Die Wahrscheinlichkeit, dass etwas rein zufällig auf dich zukommt, ist ziemlich gering, genauso gering wie der Gewinn eines Riesenplüschtiers auf der Kirmes oder – besser ausgedrückt – „gleich null". Glück hat, wenn auch selten, manchmal doch die Hand im Spiel. Es gibt auch Menschen, die sich einfach zur richtigen Zeit am richtigen Ort befinden, was man als Glück oder Zufall bezeichnen kann. So etwas ist mir, ehrlich gesagt, noch nie passiert. Einfach nur warten und hoffen ist einfach sinnlos. Es ist viel sinnvoller, die Zügel in die Hand zu nehmen und sich selbst an die Arbeit zu machen, um sein eigenes Glück zu schaffen. Dafür brauchen wir Selbstvertrauen, Ehrgeiz und Selbstdisziplin. Um erfolgreich zu sein, brauchst du keine reichen und gebildeten Eltern und keine Partnerin bzw. keinen Partner, um von deren Wissen oder deren Ressourcen zu profitieren. Keine Frage: Ein gut gefülltes Konto für Privatschulen und Sprachreisen ist ein hervorragender Pluspunkt, der dem Glück nachhelfen und das Leben erleichtern kann. Aber dies ist nicht unbedingt erforderlich und keine Voraussetzung. Ich denke mir das nicht einfach so aus. Ich spreche aus Erfahrung, weil all diese Pluspunkte in meinem Leben nicht vorhanden waren. Die wenigsten werden mit einem goldenen Löffel im Mund geboren. Falls doch, erreichen sie ihre Ziele vielleicht schneller – aber keiner kann dich bändigen, wenn dein Wille, deinen Traum zu verwirklichen, groß genug ist.

Mein Wille, große Ziele zu erreichen, war schon als Kind immer vorhanden, doch leider fehlte es mir sehr lange an Selbstbewusstsein. Ich erinnere mich sehr gut an die Zeit vor ca. 25 Jahren, in der ein Studium für mich nicht infrage kam. Ich nahm an, ich sei nicht gut genug und das Studieren sei etwas für die anderen. Eine Ausbildung zur Bankkauffrau war damals ein großer Wunsch von mir. Nach einer erstklassigen Ausbildung bei der Hamburgischen Landesbank (jetzt Hamburg Commercial Bank) merkte ich jedoch sehr schnell, dass ich mehr vom Leben wollte als eine gesicherte Arbeitsstelle und 13 Monatsgehälter. Eigentlich war mir sehr früh klar, dass ich so nicht weiterleben wollte, und bei dem Gedanken, den Rest meines Lebens vorprogrammiert und auf Autopilot zu führen, wurde mir übel. In der Bank war ich umgeben von Kolleginnen und Kollegen, die teilweise schon seit Jahrzehnten am gleichen Ort beschäftigt waren. Daran ist ja nichts Schlimmes, es ist im Grunde eine gute Sache, einen sicheren Arbeitsplatz zu haben und ein stabiles Leben zu führen. Viele macht das vielleicht glücklich, aber für mich war allein der Gedanke daran schon erschreckend genug. Ich wollte mein Leben nicht bis zu meiner Rente vorhersehen können. Ich wollte Abenteuer erleben. Ich dachte: „Jetzt oder nie", denn ich war 24 und am Au-pair-Programm konnte man nur bis zum 25. Lebensjahr teilnehmen. Eines war mir klar: Wenn ich mein Leben ändern wollte, musste ich persönlich dafür sorgen und mein Schicksal selbst in die Hand nehmen. Innerhalb von weniger als zwölf Monaten nach der Ausbildung hatte ich die radikale Entscheidung getroffen und in der Bank gekündigt, meine Wohnung aufgelöst und saß als künftiges Au-pair-Mädchen im Flieger nach Chicago zu meiner Gastfamilie. Au-pair war damals für mich die sinnvollste Variante, denn ich hatte kein Geld für teure Alternativen. So konnte ich wenigstens in einem fremden Land leben, nebenbei ein wenig Geld verdienen und reisen, und das ohne große Lebenshaltungskosten für Miete, Essen oder Benzin. Das war der Anfang eines neuen Lebensabschnitts, und ich ahnte damals nicht, dass ich dabei mein neues Zuhause finden würde. Ich bin meinen Weg gegangen, obwohl eigentlich alles dafür sprach, den gut bezahlten und angesehenen Job bei der Bank für immer auszuüben. Heute weiß ich, dass das die beste Entscheidung meines Lebens war. Hätte ich den großen Schritt nicht gewagt, wäre ich vielleicht niemals in den Genuss eines erfüllten und zufriedenen Lebens gekommen. Nicht in meinen wildesten Träumen hätte ich mir ausgemalt, eines Tages aus Hamburg wegzuziehen und eine neue berufliche Laufbahn in einem fremden Land zu beginnen.

Ich erzähle meine Geschichte nicht, um dich zu beeindrucken. Ich erzähle sie dir, damit dir bewusst wird, dass auch du dein Leben nicht erdulden musst, wenn du es nicht willst. Wir können den weiteren Verlauf unserer Lebensgeschichte jederzeit ändern. So, wie es angefangen hat, muss es nicht weitergehen. Auch du kannst deine Ziele erreichen, selbst wenn es dir jetzt unmöglich erscheint. Ich gebe zu: Jeder Neuanfang ist extrem schwierig. Ich hatte am Anfang harte Zeiten, große Angst vor dem Scheitern und riesiges Heimweh. „Was, wenn ich nach meiner Rückkehr keine Arbeit finde?

Was, wenn ich es bereue?", waren als Fragen meine täglichen Begleiter – aber mein Wunsch, ein neues Leben zu beginnen, war größer als die Angst vor dem Scheitern.

> **Tipp**
> Gib die Hoffnung nicht auf, sondern hör auf die innere Stimme, die ganz genau weiß, was sie will. Lass deine Träume, die in deiner Seele schlummern, nicht verstummen, sondern schenke ihnen Aufmerksamkeit.

Du wirst erstaunt sein, wozu du fähig bist, wenn du etwas ernsthaft möchtest und den ersten Schritt wagst. Es ist schon fast peinlich zu behaupten, dass es nicht geht, wenn die Umwelt voller Menschen ist, die trotz unglücklicher Umstände und Behinderungen vorbildhaft leben. Wie kommt es zum Beispiel, dass selbst doppelt amputierte Menschen mit Beinprothesen Marathon laufen können? Unmöglich, denkst du? Dann gib auf YouTube „Double amputee runs marathon" ein, und du wirst erstaunt sein zu sehen, wie viele tapfere Frauen und Männer es gibt. Sie haben sich bewusst dafür entschieden, ihr Leben so zu leben, wie sie es möchten, und lassen sich nicht von ihren Tragödien aufhalten. Unser Gehirn ist fähig, alles zu erlernen, wenn wir es nur wollen. Setze dir nie eine Höchstgrenze für das, was du im Leben erreichen kannst, denn es gibt keine. Was du als deine Höchstgrenze siehst, existiert nur in deinen Gedanken. Zweifellos hat es Vorteile, mit der Entwicklung einer Fertigkeit in jungen Jahren anzufangen, beispielsweise beim Sport oder beim Erlernen von Musikinstrumenten. Der Grund: Das Gehirn ist bis zum Ende der Teenagerjahre noch am Wachsen, und das Lernen verändert regelrecht die Gehirnstruktur, die sich der erlernten Fertigkeit schneller anpasst – ein Riesenvorteil, um etwas sehr gut zu beherrschen.

Trotzdem: Unsere Gene haben nicht die komplette Macht über unser Gehirn. Unzählige wissenschaftliche Studien beweisen immer wieder, dass unser Gehirn die Kapazität hat zu wachsen, egal wie alt wir sind, und dass es offen ist für Veränderungen. Das wirst du in diesem Ratgeber des Öfteren zu hören bekommen, weil wir uns diese Tatsache ständig vor Augen halten müssen, um sie nicht zu vergessen. Dass unsere Lernkapazität unbegrenzt ist, ist eine erhellende Nachricht für uns alle, denn jetzt wissen wir, dass wir uns unserem Traum – sei es, einen Sport auszuüben, Musik zu machen oder ein Flugzeug zu fliegen – nähern und diesen auch erfüllen können, wenn wir viel Arbeit und Engagement investieren.

Jetzt weißt du, dass auch du deine Ziele und Lebensträume verwirklichen kannst, denn dein Gehirn hat die Kapazität, dir zu helfen, solange du dich traust. Und dieses Wissen ist wie Feuer in einer eiskalten Winternacht. Es gibt uns allen die Hoffnung, endlich das eine Ziel in die Wege zu leiten, das wir schon immer hatten, wir uns aber bis jetzt nie zugetraut haben. Jeder Mensch hat Träume, und solange die Ziele realistisch und erreichbar sind, liegt es an uns, ob sie wahr werden oder nicht. Glaube an Wachstum und Fortschritt und vor allem: Vertraue dir selbst. Vertrauen ist gut – aber nur in Verbindung mit Handeln, versteht sich.

Das nächste Mal ...

nimmst du dir die Zeit, dein Leben zu analysieren, und denkst ganz genau darüber nach, was dir im Leben wichtig ist. Wenn du nie tätig wirst, wirst du nie wissen, was hätte passieren können, wenn du doch den ersten Schritt zur Umsetzung eines Ziels getan hättest. Ob etwas geht oder nicht, kannst du ja nicht wissen, ohne es probiert zu haben. Sich von vornherein nicht zu trauen ist so, wie dir selbst und deinem Traum einen Korb zu geben.

Die Herausforderung ...

Dieses Kapitel will dir neue Kenntnisse vermitteln. Im vorigen Kapitel hast du dir Ziele gesetzt, in diesem Kapitel hast du gelernt, dass du dich durch Eigeninitiative selbst fördern kannst. Arbeite die nächsten 30 Tage täglich an etwas, das du für deine Ziele zwingend benötigst und das dir in Zukunft enorm helfen wird.

Fazit

Dutzende Studien belegen, dass Erfolg und Expertise nicht allein aus angeborenen Fähigkeiten und Talenten herrühren, sondern durch intensives Üben erreicht werden. Es gibt keine Einschränkungen, die dich von deinen Zielen abhalten können, außer den Mauern, die du dir selbst errichtet hast. Erweitere deinen Horizont Stück für Stück und setze dir keine imaginären Grenzen. Lass dich nicht von einer falschen Vorstellung von Talent, Genie und angeborener Begabung beeinflussen. Unsere Fähigkeiten und unsere

Intelligenz können wir selbst mit Engagement und harter Arbeit verbessern. Scheue dich nicht, neue Ideen auszuprobieren, und hab keine Angst vor Träumen, die zu groß erscheinen. Du wirst nie wissen, wo dein Potenzial liegt, wenn du zu niedrige Anforderungen an dich stellst. Du bist nur eine Entscheidung davon entfernt, den ersten Schritt zu tun. Es ist nämlich an der Zeit, dein Leben so zu verändern, wie du es immer wolltest und es dir mehr Zufriedenheit verspricht. Wenn dir der Gedanke an dein Ziel ein Kribbeln im Bauch erzeugt, bist du auf dem richtigen Weg. Gib deinen Träumen eine Chance – nicht nur eine, sondern viele und immer wieder aufs Neue!

Literatur

Blackwell LS, Trzesniewski KH, Dweck CS (2007) Implicit theories of intelligence predict achievement across an adolescent transition: a longitudinal study and an intervention. Child Dev 78(1):246–263. https://www.mtoliveboe.org/cmsAdmin/uploads/blackwell-theories-of-intelligence-child-dev-2007.pdf. Zugegriffen: 17. März 2019

Cassidy S, Roche B, Colbert D, Steward I, Grey IM (2016) A relational frame skills training intervention to increase general intelligence and scholastic aptitude. Learn Individ Differ 47:222–235. https://doi.org/10.1016/j.lindif.2016.03.001

Debarnot U, Sperduti M, Di Rienzo F, Guillot A (2014) Experts bodies, experts minds: how physical and mental training shape the brain. Front Hum Neurosci 8:280. https://dx.doi.org/10.3389%2Ffnhum.2014.00280

Duckworth A (2017) Grit: Die Neue Formel zum Erfolg. C. Bertelsmann Verlag, Gütersloh

Dweck C (2017) Selbstbild: Wie unser Denken Erfolge oder Niederlagen bewirkt. Piper Verlag, München

Ericsson KA (2007) Deliberate practice and the modifiability of body and mind: toward a science of the structure and acquisition of expert and elite performance. Int J Sport Psychol 38(1):4–34. http://psycnet.apa.org/record/2007-06716-002. Zugegriffen: 17. März 2019

Ericsson KA, Krampe RT, Tesch-Romer C (1993) The role of deliberate practice in the acquisition of expert performance. Psychol Rev 100(3):363–406. https://graphics8.nytimes.com/images/blogs/freakonomics/pdf/DeliberatePractice(PsychologicalReview).pdf. Zugegriffen: 17. März 2019

Shenk D (2017) What ist the Flynn Effect, and how does it change our understanding of IQ? WIREs Cogn Sci 8(1–2):e1366. https://onlinelibrary.wiley.com/doi/full/10.1002/wcs.1366. Zugegriffen: 18. März 2019

3

Auswirkungen von Mitmenschen

Inhaltsverzeichnis

Freundinnen und Freunde 28
Mentorinnen und Mentoren 33
Familie 37
Lehrerinnen und Lehrer 39
Das nächste Mal 44
Die Herausforderung 44
Fazit 44
Literatur 45

> **In diesem Kapitel …**
> wirst du sehen, wie Menschen aus unserem sozialen Netzwerk uns bei unseren Zielen und unserem Handeln beeinflussen können. Menschen sind gesellige Wesen. Wir brauchen uns gegenseitig, und Menschen um uns zu haben ist ein Grundbedürfnis wie Essen und Trinken. Ob Familie oder Freundinnen und Freunde, wir schätzen die Meinung anderer und suchen oft nach Ratschlägen, die wir auch gerne befolgen. Doch so sehr unser Freundeskreis gut ist für unser Wohlbefinden, haben nicht alle immer das Beste für uns im Sinn, und nicht alle werden sich für uns freuen, wenn wir große Erfolge erzielen. Wir werden uns die Theorien des sozialen Vergleichs näher anschauen und beleuchten, wie diese Theorien uns helfen, aber auch schaden können. Wir werden über die Bedeutung von Vorbildern und Mentorinnen und Mentoren sprechen und erörtern, wie wir von der Erfahrung anderer profitieren können. Hast du schon einmal blind auf die Meinung und Sichtweise anderer vertraut und dies bereut? Hast du auch schon einmal mit beliebten Freundinnen oder Freunden angegeben? Dich gefreut, dass andere schlechter sind als du? Lass uns gemeinsam schauen, wie uns Menschen in unserem sozialen Umfeld im positiven und negativen Sinne beeinflussen und welche Auswirkung sie auf unsere Ziele haben können.

Freundinnen und Freunde

Wir alle wissen, dass Freundinnen und Freunde für unser psychisches und körperliches Wohlbefinden wichtig sind. Wir scherzen gemeinsam, diskutieren und haben großen Spaß daran, Zeit miteinander zu verbringen. Wir tauschen uns gerne aus, reden über Probleme und Ideen. Freundinnen und Freunde machen uns glücklich und tun unserem Selbstbewusstsein sehr gut. Darüber hinaus beeinflussen wir uns gegenseitig in unserer Denkweise und unserem Tun und Handeln. Wir nehmen Feedback gerne an, ob gut oder schlecht, und ändern unsere eigene Meinung und persönlichen

Pläne entsprechend. Die Meinung anderer ist uns sehr wichtig, denn während wir unsere Ideen und Pläne mit anderen teilen, suchen wir nach Anerkennung und Zustimmung.

Ein Problem, über das keiner spricht, das wir aber alle hin und wieder haben, ist: Neid! Es ist das Gefühl, das man spürt, wenn andere etwas haben oder ihnen etwas Gutes widerfahren ist, das man selbst gerne hätte bzw. erleben würde. Wir reden nicht gerne darüber, weil wir es nicht ganz wahrhaben wollen, auch wenn wir es oft spüren. Traurig, aber wahr – nur die wenigsten und engsten Freundinnen und Freunde, wenn überhaupt, möchten, dass du besser bist als sie selbst. Erzählst du von deinen Plänen, wirst du von einigen mehr entmutigende Worte hören als ermutigende, weil sie dir den eventuellen Erfolg nicht gönnen. Unbewusst werden wir eingeschüchtert, wenn wir entmutigende Kommentare hören. Wir möchten, dass unsere Freundinnen und Freunde sich für uns freuen, aber das passiert in der Realität selten. Neid wird untereinander fast nie angesprochen, weil man sich nicht gegenseitig verletzen, die Freundschaft nicht gefährden und vertraute Menschen nicht verlieren möchte.

Ich möchte ja keine Skeptikerin bzw. keinen Skeptiker und keine Einzelgängerin bzw. keinen Einzelgänger aus dir machen, aber außer unseren liebsten Familienmitgliedern und auserlesenen Freundinnen und Freunden möchten die wenigsten, dass du besser und erfolgreicher bist als sie selbst. Es gibt sicherlich auch Freundinnen und Freunde, die mit ihren Ratschlägen, Kommentaren und Feedbacks keine bösen Absichten verfolgen. Ich möchte hier nicht verallgemeinern. Aber erwarte nicht von jedem Lob und Beifall, wenn du im Leben viel erreichst und vorwärtskommst, während andere zurückbleiben – und schon gar nicht Hilfe und Unterstützung. Manche Menschen leisten sogar eher Hilfe bei Fremden, weil sie von den engsten Vertrauten nicht übertroffen werden wollen (Pemperton und Sedikides 2001). Brauchen die Freundinnen und Freunde jedoch Hilfe im Sozialleben, stellt dies keine Bedrohung dar. Die Zurückhaltung in puncto Hilfestellung macht sich häufiger im akademischen Bereich bemerkbar. Möchte deine Tischnachbarin oder dein Tischnachbar das nächste Mal die Notizen nicht mit dir teilen, weißt du, warum das so ist. So ticken wir Menschen nun einmal. Wenn sich Freundinnen und Freunde nicht freuen, dann werden einige doch so tun als ob, auch wenn es schmerzt, nicht mithalten zu können. Die Neider fragen sich dann: „Was ist mit mir? Wieso nicht ich?"

Menschen bewerten und beurteilen ihre eigenen Fähigkeiten, indem sie sich mit anderen vergleichen. Wir nennen das in der Psychologie **Social Comparison Theory** (Theorie des sozialen Vergleichs). Wenn andere besser (oder attraktiver) sind als wir und wir uns mit ihnen vergleichen, handelt es sich um den Aufwärtsvergleich („upwards social comparison"). Sich mit besseren zu vergleichen kann Neidgefühle verursachen, dem Selbstbewusstsein schaden und sogar psychischen Schaden wie Depressionen und Angstgefühle hervorrufen (Ding et al. 2018; Lee et al. 2014). Wenn du dich vorwärtsbewegst und deine Freunde auf dem gleichen Stand bleiben, ist dies, wie gesagt, ein unschönes Gefühl für sie. Jetzt plötzlich müssen sie zu dir aufsehen, während vorher Augenhöhe bestand. Das Motto der Neider lautet nämlich: Immer schön auf Augenhöhe bleiben, oder noch besser: du etwas weiter unten. Das ist nicht wirklich gut für das Selbstwertgefühl und verursacht negative Gefühle. Einige Personen aus deinem Umfeld könnten sogar dazu tendieren, dich weniger zu mögen oder dir womöglich zu schaden, um dir ein schlechtes Gefühl zu vermitteln. Denn schließlich bist du die Verursacherin bzw. der Verursacher ihrer negativen Gefühle (van de Ven et al. 2009). Sobald du deine geniale Idee oder Zukunftspläne äußerst, versuchen sie, dir mit ihrer Eifersucht weh zu tun. Dies ist auch der Grund dafür, warum fleißige Schülerinnen und Schüler als Streber beschimpft und geärgert werden, denn schließlich erinnern sie an das eigene Versagen und die eigene Faulheit. Anstatt stolz auf ihren Fleiß und ihre Selbstdisziplin zu sein, schämen sich viele Ehrgeizige für ihre Arbeit und geben nur ungern zu, wie viel sie gebüffelt haben, aus Angst, gehänselt zu werden. Der Anpassungsdruck ist einfach zu hoch.

Wir haben ein großes Bedürfnis, von anderen gemocht zu werden, und wollen einfach dazugehören. Wir möchten keine Freundinnen und Freunde verlieren und ausgeschlossen werden. Von anderen ausgegrenzt zu werden tut weh und ist, im wahrsten Sinne des Wortes, schmerzhaft – Studien zufolge sogar so sehr, dass im Gehirn dieselben Regionen aktiviert werden wie bei echten körperlichen Schmerzen (Eisenberger et al. 2003). Soziale Ausgrenzung bedeutet für unser Gehirn also das Gleiche wie eine echte Verletzung. Hast du auch Angst, ausgeschlossen zu werden oder Freundinnen und Freunde zu verlieren, dann solltest du dir eines merken: Wahre Freundinnen und Freunde stehen zu dir, unterstützen dich mit hilfreichem Feedback und kehren dir nicht den Rücken! Sie akzeptieren dich so, wie du bist, mit deinen Schwächen und Macken. Mach dir keine Gedanken darüber, wenn der eine oder die andere dich im Stich lässt. Es ist einfach unmöglich, jeden zufriedenzustellen und von jedem gemocht zu werden. Jeder hat andere Erwartungen, und um den Erwartungen anderer zu entsprechen, reißen wir uns manchmal in Stücke und lassen uns in diverse Richtungen ziehen. Trotzdem wirst du es nicht schaffen, es jedem recht zu machen. Das ist auch der Grund dafür, warum wir ständig „Ja, ok, in Ordnung" sagen, wenn wir eigentlich „Nein" oder „Ich will nicht" sagen möchten. Unsere eigenen Bedürfnisse bleiben dann oft auf der Strecke.

3 Auswirkungen von Mitmenschen

Vernachlässige nicht deine Bedürfnisse und deine Ziele und versuche nicht, andere auf deine Kosten zufriedenzustellen. Genieße Ratschläge und Empfehlungen mit Vorsicht. Damit möchte ich nicht sagen, dass du dir nie Feedback oder Ratschläge einholen solltest, denn das ist ja sehr wichtig und gut, um neue Ideen und Perspektiven kennenzulernen. Doch kommt es auch immer darauf an, von wem das Feedback kommt und wie du es aufnimmst. Wenn es dir hilft, Änderungen in deinen Plänen vorzunehmen, die dich weiterbringen, dann ist es hilfreich und gut. Nicht so toll ist es, wenn dir deine Pläne ausgeredet werden, du dadurch deine Motivation verlierst und ausgebremst wirst.

Was ist, wenn du einen Traum oder ein großes Ziel erreichen willst, deine Freundinnen und Freunde dich aber nicht unterstützen oder dich vor Neid absichtlich falsch beraten? Genau hier liegt das Problem, das unsere Zukunft beeinflussen kann. Willst du dich zum Beispiel in einem großen Unternehmen bewerben, sagt vielleicht der eine oder andere: „Ach, da hast du bestimmt keine Chance, der Wettbewerb ist zu groß, die nehmen nur diese oder jene Kandidaten an", und schon rutscht dein Herz in die Hose, schwindet deine Hoffnung und du änderst deine Absicht, dich zu bewerben. Ob die Ratschläge nun auf eigener Erfahrung basieren oder aus der Luft gegriffen sind – niemand kann hellsehen und genau wissen, wie es gerade bei dir ablaufen wird. Vertraue deinem Instinkt und nimm nicht jeden Ratschlag für bare Münze. Ich erzähle anderen bewusst erst im Nachhinein von meinen Plänen, meistens erst, wenn ich schon fast fertig bin. Mein Motto lautet „Action speaks louder than words". Schon der kleinste Hauch an Kritik könnte mich demotivieren, und das will ich nicht riskieren. Somit muss ich mich vor niemandem rechtfertigen, wenn es mal nicht klappt. Habe ich Erfolg, freuen sich die Menschen, die mich mögen. Die, die es mir nicht gönnen, sind mir ganz egal!

Es gibt auch Menschen, die bewusst ihre Pläne gerne im Voraus ankündigen, damit sie keinen Rückzieher machen. Hier gilt die Regel: Tu das, was du für dich richtig hältst. Auf jeden Fall musst du deinen Leidenschaften und Träumen folgen und darfst du dich von niemandem beeinflussen lassen. Lass es nicht zu, dass Menschen deine Träume und Ziele kleinreden. Vielleicht sagen andere, dass du nicht gut, nicht groß, nicht hübsch und nicht schlau genug bist. Menschen, die behaupten und signalisieren, etwas Besseres zu sein, gibt es überall. Das resultiert aus ihrer eigenen Unsicherheit und Unfreundlichkeit und hat nichts mit dir zu tun. Nicht jeder Mensch strahlt eine positive Energie aus. Du bist wichtig und von Bedeutung. Deine Meinung und deine Stimme zählen. Ob es anderen passt oder nicht, du hast ein Recht darauf, deine Ziele und Träume zu verfolgen. Deine Freundinnen und Freunde müssen dich achten und schätzen, wenn sie auch geachtet und geschätzt werden wollen.

Manchmal wachsen wir aus unserem Umfeld heraus, und es bleiben einige zurück, die vielleicht nicht dieselbe Vision haben wie wir. Es ist keine Schande, sich zu verändern. Genau wie unsere Umwelt sind auch wir im ständigen Wandel. Kommentare wie „Du hast dich aber verändert" sind selten ein Kompliment. Sollten deine Freundinnen und Freunde dich nur nicht akzeptieren, weil du dich veränderst und als Mensch wächst, dann solltest du eventuell nach neuen Freundschaften suchen. Sich im positiven Sinne zu verändern ist eine gute Sache, und wenn irgendjemand – seien es deine Freundinnen und Freunde oder deine Partnerin bzw. dein Partner – ein Problem damit hat, dann ist es dessen Problem und nicht deines. Du sollst dich daher nicht schämen, der Welt mitzuteilen, dass du dich verändert hast, und dies hoffentlich im positiven Sinne.

Manchmal kann es auch passieren, dass du als Vorbild oder als Vorreiterin bzw. Vorreiter für die Freundinnen und Freunde dienst, die dank dir auch motiviert werden, ihr Leben im positiven Sinne zu verändern. So kann man sich gegenseitig unterstützen, und das ist eine tolle Sache. Doch nimm dich in Acht und verschwende deine Zeit nicht mit Menschen, die dir wenig bedeuten. Ich lege zum Beispiel keinen Wert auf Freundschaften, die von Pessimismus geprägt sind. Ich nehme auch keine Anrufe von Menschen an, die mir nicht nahestehen, und melde mich auch bei niemandem aus reiner Höflichkeit. Das spart viel Zeit und Energie für sinnvolle Tätigkeiten. Zeit ist kostbar, und du solltest deine Energie nicht dauerhaft fürs Trösten verschwenden, sondern dort einsetzen, wo du sie gut gebrauchen kannst. Bist du vielleicht jemand, der ständig die eigenen Sorgen vor anderen ausbreitet? Dann höre auf damit. Löse deine Probleme selbst und lass andere in Ruhe. Keiner interessiert sich für deine Probleme, weil jeder seine eigenen hat, und du ziehst andere damit nur noch mit runter. Das gilt selbstverständlich nicht für Krisensituationen, in denen man sich als Freundinnen und Freunde gegenseitig unterstützen soll und muss. Aber es gibt tatsächlich Menschen, die nur negativ sind und es als Kick empfinden, ständig über Probleme zu reden und über andere zu lästern.

Mein Vorschlag: Umgib dich mit positiven Menschen. Die Laune anderer ist wirklich ansteckend. Halte dich von Menschen fern, die dir deine Energie rauben und dir auf indirekte Weise zu verstehen geben, inwiefern sie erfolgreicher und besser sind als du. Wichtig ist auch, dass du dir Freundinnen und Freunde suchst, die genauso wie du Ziele verfolgen und so ticken wie du. Das ist sehr wichtig, weil Freunde einen sehr großen Einfluss auf uns haben, sogar viel mehr als die eigenen Eltern. Hältst du dich unter ambitionierten Menschen auf, wirst du lernen, auch fleißig zu sein. Sind deine Freundinnen und Freunde immer negativ, dann wirst du es auch. Hältst du dich unter Kriminellen auf, bist du entweder einer oder wirst du bald zu einem werden.

Als ehrenamtliche Mitarbeiterin im Gefängnis verbringe ich viel Zeit mit Insassen. Immer wieder höre ich von Drogenabhängigen, dass ihr Drogenkonsum fast immer durch den Freundeskreis und das soziale Netzwerk initiiert wurde. Verhalten und Laune sind ansteckend, weil wir uns gegenseitig beeinflussen, und dies wird nicht ohne Grund als „wechselseitige Sozialisierung" bezeichnet. Man lernt und beeinflusst sich gegenseitig und übernimmt das Verhalten und das Weltbild anderer. Freundinnen und Freunde zu haben, die genauso denken wie du, hat folgende Vorteile: Du kannst dich mit ihnen beratschlagen, zusammenschließen, Informationen austauschen und aus ihren Erfolgen sowie Fehlern lernen. Wenn du einmal den Mut verlierst und ins Zweifeln kommst, bringen dich gute Freunde wieder auf die richtige Spur! Und solche Freundschaften kann man nicht genug haben.

Mentorinnen und Mentoren

Wann immer sich die Gelegenheit ergibt, halte dich unter Menschen auf, die noch besser und schlauer sind als du und die für dich als eine Art Mentorin oder Mentor dienen können. Das kann jeder sein, der dir mit Rat und Tat zur Seite steht und dessen Können und Erfolg du respektierst, zum Beispiel Lehrerinnen und Lehrer, Familienmitglieder, Bekannte oder Freundesfreunde. Eine starke Mentorin oder einen starken Mentor an der Seite zu haben bringt immense Vorteile. Wenn du die Gelegenheit hast, unter der Obhut eines intelligenten und erfolgreichen Menschen zu arbeiten, solltest du unbedingt Nutzen daraus ziehen. Erfolge, Ambitionen und Ehrgeiz färben ab. Nimmt man zum Beispiel die amerikanischen Nobelpreisträgerinnen und -träger zwischen 1907 und 1972 genauer unter die Lupe, stellt man fest: Mehr als die Hälfte hatte eine Mentorin oder einen Mentor, die bzw. der selbst mit dem Nobelpreis ausgezeichnet worden war (Zuckermann 1977).

Sich mit erfolgreichen Menschen zu umgeben und zu vergleichen – der sogenannte **Aufwärtsvergleich** – kann allerdings in zwei Richtungen führen: Entweder nutzt du die Gelegenheit und lernst von ihren Erfolgen, ihren Techniken, ihren Stärken und Schwächen, denn diese hinterlassen immer eine Spur, die du für deine eigene Weiterentwicklung nutzen kannst, oder du wirst von Neid zerfressen und depressiv. Wenn du dich dabei ertappst, neidisch zu werden, dann denke daran, wie wenig dir das nützt. Die Intention ist, dass du etwas für deine Ziele und deinen Erfolg lernst, ohne dich dabei als Versagerin oder Versager zu fühlen. Eine Mentorin oder ein Mentor kann, muss aber nicht direkt neben dir stehen und ist jemand, der dir ganz genau zeigt und erklärt, wie bestimmte Dinge funktionieren.

Hast du keine Mentorin bzw. keinen Mentor oder keine Freundinnen und Freunde, die dir als Vorbild dienen? Nicht schlimm. Ich hatte das auch nie eine Mentorin oder einen Mentor, aber ich hätte schon gerne eine bzw. einen gehabt! Dafür lese ich viele Sachbücher und nehme mir Berühmtheiten zum Vorbild, von denen ich etwas lernen kann, wie Mark Zuckerberg, Malala, Steve Jobs, Warren Buffett oder Oprah Winfrey. Ihre Bücher und Biographien sind nicht nur informativ, sondern auch inspirierend und motivierend. Alle von ihnen haben zudem unzählige Interviews gegeben, die man sich auf YouTube ansehen kann und die meiner Ansicht nach auch als Seminare hilfreich sind. Ganz egal, ob du in einer Großstadt oder in einem Dorf lebst, mithilfe der modernen Technologien kannst du viele kostenlose Videos von wichtigen Persönlichkeiten oder Personen, die dich inspirieren, per Mausklick zu dir nach Hause holen – seien es Künstlerinnen und Künstler, Bloggerinnen und Blogger, Geschäftsleute oder Expertinnen und Experten auf einem Gebiet.

> **Tipp**
> Besorge dir ein Sachbuch über dein Wunschziel oder die Autobiographie einer Berühmtheit, mit der du dich identifizierst und die dich schon immer fasziniert hat.

Diese Berühmtheiten sind zwar unerreichbar als Person, aber einfach zugänglich durch Print- oder digitale Medien, in denen hilfreiche Tipps und Ratschläge zu ihren Erfolgen und Misserfolgen dargelegt werden. Dies ist wie eine Schnellstraße zu mehr Wissen durch die Erfahrungen anderer, ein Riesenvorteil von Sachbüchern. Ich betrachte Bücher auch aus einer ganz anderen Perspektive. Ich denke mir: Das Wissen und die Erfahrungen, die Autorinnen und Autoren in vielen Jahren oder ein ganzes Leben lang gesammelt haben, wollen sie mir wirklich für ein paar Euro zusammengefasst als Buch verkaufen? Natürlich greife ich darauf zurück, und das sehr gerne mehrere Stunden täglich, weil ich eine Riesenneugier und einen enormen Wissensdurst verspüre. Denn Menschen, die es weit gebracht haben, hinterlassen Fußabdrücke mit ihren Erfolgen, die du zunächst verfolgen kannst, bis du so weit bist, deinen eigenen Weg zu gehen.

Lesen ist wirklich unersetzlich und sehr nützlich für die geistige Fitness, und ich kann es dir nur ans Herz legen. Es ist viel mehr als eine Einschlafmethode im Bett, denn es ist auch sehr gut für unser Denkorgan. Wenn wir lesen, passiert nämlich Folgendes im Gehirn: Die grauen Zellen nehmen die Information nicht nur stumm auf, sondern sie bewegen sich. Verschiedene

Hirnregionen werden aktiviert, und unser Gehirn tut so, als ob wir selbst die Taten in den Geschichten vollbringen würden. Unser Gehirn simuliert im Kopf sozusagen die Erzählung im Buch (Wolf 2010). Ich würde statt Belletristik (fiktionaler und schöngeistiger Literatur) zunächst Sachbücher empfehlen, die in Verbindung mit deinen Zielen stehen, damit du dein Wissen auf diesem speziellen Gebiet erweiterst. Wir können nicht nur viel von erfolgreichen und cleveren Persönlichkeiten lernen, die bedeutende Beiträge für die Gesellschaft geleistet haben. Wir können auch viel von Menschen lernen, die im Chaos leben und die es einfach weniger gut haben. Hast du schon einmal eine Messie-TV-Show gesehen, in der der Wohnraum eher einer Müllkippe ähnelt als einer Wohnung? Wenn dir einmal nicht nach Aufräumen ist, schau es dir unbedingt an, denn danach steht dir der Sinn schon nach Putzen.

Anders als beim Aufwärtsvergleich vergleichen sich Menschen beim Abwärtsvergleich („downward social comparison") mit Leuten, die schlechter oder schlimmer dran sind als sie. Man fühlt sich besser, weil man sieht, dass es einem besser als anderen geht – so unschön das auch klingen mag. Zum Beispiel vergleichen Krebskranke sich mit noch krankeren Krebspatientinnen und -patienten und sind froh, dass es bei ihnen nicht so schlimm ist. Menschen mit Übergewicht vergleichen sich mit anderen, die noch übergewichtiger sind. Ich freue mich zum Beispiel insgeheim, wenn ich andere sehe, die noch kleiner sind als ich. Gerade weil es so selten vorkommt und ich früher immer deshalb gehänselt wurde, freut mich das insgeheim umso mehr. Es gibt noch viele ähnliche Beispiele um uns herum. Die Lernchancen sind einfach unbegrenzt. Wir brauchen nicht lange zu suchen und müssen nur bewusst die Augen offen halten, wenn wir unterwegs sind. Schau dir das nächste Mal statt der Auslagen in den Schaufenstern auch die Bettler, Drogensüchtigen oder Obdachlosen an, die davor sitzen. Leider machen wir immer einen großen Bogen um sie, aber das sind Menschen, die uns vieles lehren können. Sie zeigen uns, wie wir nicht leben wollen. Sie lehren uns auch, unser Leben zu schätzen, weniger zu meckern und unseren kleinen Sorgen nicht allzu viel Bedeutung beizumessen. Diese Menschen zeigen aber teilweise auch viel Stärke, indem sie versuchen, das Beste aus ihrer Situation und ihrem Leben zu machen. Zum Beispiel verkaufen in Hamburg viele Obdachlose die Zeitschrift *Hinz&Kunzt*. Sie kaufen das Magazin vom Vertrieb und verkaufen es mit Gewinn weiter. Gar kein leicht verdientes Geld, finde ich. Das ist in der Tat eine sehr harte Arbeit, vor allem, wenn man bedenkt, dass diese Menschen ihr Geschäft im Freien führen, auch an kalten und regnerischen Tagen und sogar bei Temperaturen unter dem Gefrierpunkt. Ich respektiere ihre Anstrengungen und

Bemühungen und unterstütze sie herzlich gerne. Ich finde, die Lebensgeschichten im Magazin sind wie kurze Lehrstunden fürs Leben. Woran hat es gelegen, dass sie obdachlos wurden? Was waren die Umstände, die dazu geführt haben? Es zeigt auch, wie wichtig es ist, richtige Lebensentscheidungen zu treffen und Ziele zu setzen.

Egal, in welche Richtung wir blicken, es gibt genügend Beispiele von Bekannten oder Fremden, die uns auf direkte oder indirekte Weise etwas lehren. Das Motto ist nicht, sich über andere lustig zu machen oder zu erheben. Natürlich wünsche ich niemandem ein Leben auf der Straße. Ziel ist, aus der Lebenssituation dieser Menschen und ihren Entscheidungen eine Lehre zu ziehen. Ich komme nicht umhin, mich zu fragen, welche verborgenen Potenziale sie wohl haben und was aus ihnen geworden wäre, hätten sie die Möglichkeit gehabt, ein normales Leben zu führen. Jeder geht seinen eigenen Weg, und jeder Weg sieht anders aus. Befindest du dich in einer schweren Lebensphase, kann es helfen zu wissen, dass du dich trotzdem glücklich schätzen kannst, wenn du siehst, dass es Menschen gibt, denen es noch viel schlechter geht als dir. Der Abwärtsvergleich kann helfen, aber in bestimmten Fällen kann er auch ins Gegenteil umschlagen: Wenn du dich immer mit Menschen in schlechten Situationen vergleichst, kann dies dazu führen, dass du dich mit deiner jetzigen Situation zufriedengibst. Wenn du immer nur nach unten schaust und nicht nach oben, nach dem Motto „So, wie es ist, ist es gut genug", dann bist du nicht offen für Entwicklung und Fortschritte. Hier musst du ein gesundes Gleichgewicht zwischen Aufwärts- und Abwärtsvergleich finden, um von beiden zu profitieren. Wenn du das Potenzial besitzt, besser zu werden, warum dann mit dem, was du hast, zufriedengeben? Frage dich: „Was wäre wohl, wenn …?", weil dies Neugier weckt und hungrig darauf macht, eine Antwort zu finden.

Eine weitere Methode, die Menschen zu ihren Gunsten nutzen, ist die **Assoziation mit Erfolgreichen** (engl. „basking in reflected glory"). Dabei profitieren Menschen vom Erfolg anderer, denn durch die Assoziation stärken sie ihr Selbstbild. Bist du der beste Freund eines berühmten Fußballers, sind deine Eltern bekannt oder bist du die beste Freundin eines Superstars, wirst auch du von anderen respektiert, als ob du die erfolgreiche Persönlichkeit wärst. Wenn es dir gefällt, sich im Erfolg anderer zu sonnen, nur zu! Du kannst natürlich stolz auf deine Eltern, deine Partnerin oder deinen Partner und deine Freundinnen und Freunde sein, aber eines darfst du nicht verwechseln: Es ist ihr Erfolg und nicht deiner. Dass du dir die Krone eines anderen auf den Kopf setzt, macht dich noch lange nicht zum König. Dass deine Partnerin bzw. dein Partner oder deine Eltern erfolgreich sind, heißt noch lange nicht, dass du selbst nichts mehr zu tun brauchst. Lerne von ihren Erfolgen, sei stolz auf sie und finde trotzdem deinen eigenen Weg zum Erfolg. Deine Erfolge machen dich stolz, und sie sind bedeutender als der Stolz, den du für andere empfindest. Das Gefühl von Stolz ist nicht käuflich, sondern nur erhältlich durch eigene Anstrengung und harte Arbeit. Kaufen kannst du Dinge, die dir kurzfristig Freude bereiten, aber am nächsten Tag ist die Freude schon weg und du jagst wieder nach dem nächsten Trend oder Pulli. Die durch harte Arbeit erzeugte Freude kommt dagegen nie aus der Mode und hält ewig an. Meinen Jahrgangsring, den ich mir nach meinem Universitätsabschluss gekauft habe, trage ich jetzt schon länger als ein Jahrzehnt, und kein Diamantring der Welt, selbst nicht der meiner Urgroßmutter, kann ihn auch nur ansatzweise ersetzen. Er symbolisiert einfach alles, was nicht käuflich ist, vor allem Stolz.

Familie

Die Familie ist für uns alle sehr wertvoll und heilig. Die Mühe, Zeit und Energie, die unsere Eltern in uns investieren, können wir niemals zurückzahlen. Ernsthafte Ratschläge und Feedback von Familienmitgliedern können uns manchmal die Augen öffnen. Die Guten unter ihnen liefern gerne das ersehnte Feedback und bieten Unterstützung, wenn man nicht mehr weiter weiß oder zu zerbrechen droht. Wenn es um die Verwirklichung von Zielen geht, können sie entweder helfen, nicht helfen oder vielleicht auch gesellschaftlichen Anpassungsdruck ausüben und damit leider unsere Ambitionen blockieren. Ihre Ratschläge, wie und was man machen soll, sind in der Regel hilfreich, lieb gemeint und beruhen meist auf eigenen Erfahrungen, den Erfahrungen anderer oder Intuition. Einige wollen einfach ihre nicht verwirklichten Träume über die eigenen Sprösslinge erzwingen. Dabei fallen Sätze wie: „Ich wollte schon immer Gitarre spielen lernen, deshalb sollst du es jetzt machen". Ich kenne Kinder, die regelrecht zu Nachmittagskursen gezwungen werden und sich dann krank stellen, um sich zu drücken, weil es sie gar nicht interessiert. Wenn dies auf dich zutrifft, fragst du dich sicherlich, wie du dich davor schützen kannst. Nun, das kann ich dir auch nicht sagen. Ich will mich ja nicht mit deinen Eltern anlegen. Wenn du aber alt genug bist, deine eigenen Entscheidungen zu treffen, dann hast du auch die Freiheit, dein eigenes Glück und deine eigenen Ziele zu verfolgen. Eigentlich sind Eltern immer glücklich, wenn sie sehen, dass ihre Kinder zufrieden sind. Die Welt entwickelt sich so rasant, dass einige Eltern gar nicht mithalten können und dem Wandel hinterherhinken. Es liegt schließlich eine ganze Generation zwischen dir und deinen Eltern.

Ich habe lange überlegt, ob ich auf meine Eltern sauer sein soll, weil sie nie Interesse an meiner Bildung zeigten. Ich wurde schließlich mein ganzes Leben lang nicht ein einziges Mal nach meinem Zeugnis gefragt. Es war immer egal. Ich habe mich aber dagegen entschieden, sauer zu sein. Ich bin ihnen einfach von ganzem Herzen dankbar, dass sie uns Kindern eine bessere Zukunft ermöglicht haben, und was wir daraus machten, lag einfach an uns. Was will ich denn noch mehr? Die Eltern von J. K. Rowling, Autorin der Harry-Potter-Buchserie, waren gegen den Wunsch ihrer Tochter, Englische Literatur zu studieren. Aus ihrer Sicht konnte man damit nicht genug Geld verdienen, was auch deshalb ein Argument war, weil sie aus ärmlichen Verhältnissen stammten. Das Einzige, was die Autorin aber schon immer interessierte, war, Romane zu schreiben. Sie wurde überredet, sich für etwas „Solideres" zu entscheiden, was uns allen zeigt, wie falsch die Eltern mit ihrer Annahme und Empfehlung lagen. In ihrer Abschlussrede an der Harvard University im Jahr 2008 (die gesamte Rede ist auf YouTube zu sehen!) spricht sie davon, wie wichtig Niederlagen und Fantasie sind. Sie erwähnt unter anderem auch, und ich stimme ihr völlig zu, dass es ein Verfallsdatum dafür gibt, die Eltern zu beschuldigen, dass man in die falsche Richtung gelenkt wurde (Rowling 2008) – nämlich dann, wenn man alt genug ist, um das Ruder selbst in die Hand zu nehmen. Also sei nicht nachtragend, wenn du in eine Richtung gelenkt wirst, die von deinem Ideal abweicht. Es ist nie zu spät, den Kurs in deinem Leben zu ändern.

Es gibt natürlich auch engagierte Eltern, die ihren Kindern die beste Motivation geben und diese fördern. Viele Eltern (und Geschwister) sind ein perfektes Vorbild mit ihrer Einstellung zu Bildung, Benehmen und Gewohnheiten – alles wichtige und entscheidende Pluspunkte für die eigene Zukunft. Trotzdem hilft es in einigen Fällen nicht. Die Macht der Eltern hat auch ihre Grenzen, wenn es an eigener Willenskraft, Selbstverantwortung, Selbstdisziplin und Zielen mangelt. Dein Wille ist, was am meisten zählt, und die Arbeit, die zu deinen Zielen führt, kann dir niemand abnehmen, selbst die geliebten Eltern nicht. Interessant wird es, wenn es zu Hause an Vorbildern fehlt. Es gibt Kinder, die trotzdem ihren Weg gehen, von den falschen Entscheidungen der Eltern lernen und versuchen, es im eigenen Leben besser zu machen. Diese Menschen verdienen wirklich viel Respekt, weil sie im Minus anfangen und es trotzdem nicht hinnehmen und kein Leben akzeptieren, das sie nicht wollen. Leider haben nicht alle diesen Mut. Sind die Eltern passiv und legen keinen Wert auf Bildung oder mangelt es an Ehrgeiz, Fleiß und Disziplin, kommt es nicht selten vor, dass man in die Fußstapfen der Eltern tritt. Der Knackpunkt hier ist die persönliche Entscheidung für ein besseres Leben. Im Endeffekt liegt es in der Verantwortung jedes Einzelnen, sein Leben in die eigenen Hände zu nehmen. Schlechte Vorbilder zu haben heißt also noch lange nicht, dass du gleiche oder ähnliche Verhaltens- und Denkweisen übernehmen musst. Auch vor familiären Einflüssen muss man sich zu schützen wissen.

Du kannst dir die Familie nicht aussuchen, deine Ziele aber schon, und du musst deiner Zukunft selbst eine solche Form und Gestalt geben, dass sie dich glücklich und stolz macht. Versuche daher, die Verantwortung für dein Leben NICHT an andere abzugeben. Ob du nun engagierte Eltern hast oder nicht, überlege dir, was du in deinem Leben erreichen willst, und lass dich durch nichts und niemanden von deinen Zielen abhalten. Versuche einmal, dich von außen zu betrachten. Was ist dein Ideal? Was siehst du, wenn du in den Spiegel schaust, und was möchtest du sehen? Wenn du das weißt, dann kannst du auch dein Schiff freudig und erwartungsvoll ganz alleine in deinen Wunschhafen lenken, ob mit oder ohne Unterstützung anderer.

Lehrerinnen und Lehrer

An diesem Punkt möchte ich die Bedeutung unserer Lehrerinnen und Lehrer nicht unerwähnt lassen, weil unser Berufsleben und unsere Karriere oft von ihnen und unseren schulischen Leistungen abhängen. Obwohl Lehrerinnen und Lehrer in unserem Schulleben und für unsere Zukunft eine wichtige Rolle spielen, weil sie uns Wissen vermitteln und uns bewerten, bekommen viele leider nicht den verdienten Respekt. Die meisten sind nicht nur Lehrkräfte, sondern auch Wegweiser, die versuchen, ihre Schülerinnen und Schüler, auch diejenigen, die am „Faule-Nuss-Syndrom" leiden, in die richtige Richtung zu lenken. Mein ehemaliger Gesamtschullehrer, der liebe Rolf Freitag, war nicht nur mein Lehrer, sondern gleichzeitig ein zweiter Vater, ein Vorbild für meine spätere Beziehung zu meinen Studenten, und er ist seit drei Jahrzenten ein guter Freund. Sicherlich gibt es hin und wieder Kritik von Lehrerinnen und Lehrern, die einen demotiviert. Diese bewerten im Grunde das, was du ihnen an Wissen und Benehmen lieferst. Wenn du nicht alles aus dir herausholst, können sie auch nicht wissen, wie schlau du tatsächlich bist. Wenn eine Lehrerin oder ein Lehrer dir sagt, dass du in etwas nicht gut bist, bedeutet das nicht, dass du dabei niemals gut sein wirst, sondern dass Verbesserungsbedarf besteht und du dir mehr Mühe geben musst. Es ist also eine vorübergehende Situation und absolut veränderbar.

> **Tipp**
>
> für Lehrerinnen und Lehrer: Vermittelt euren Schülerinnen und Schülern unbedingt die Bedeutung einer wachstumsorientierten Einstellung (siehe Kap. 2), nämlich, dass eine Fähigkeit nicht angeboren ist, sondern entwickelt werden kann.

Mal ganz ehrlich, liebe Schülerinnen und Schüler unter euch: Wenn man schon einen großen Teil einer Lebensphase in der Schule verbringt, warum dann nicht gleich hohe Ansprüche an sich stellen und das Beste von sich erwarten? Ob du die Unterrichtsstunden unkonzentriert absitzt und träumst oder zuhörst und mitmachst, in beiden Fällen absolvierst du dieselbe Stundenanzahl bis zum Abschluss (es sei denn, du schwänzt). In deiner Schulzeit baust du dir sozusagen Jahr für Jahr deine Identität auf. Womit willst du dich identifizieren, und wie möchtest du dein Leben gestalten? Wie willst du den Satz „Ich bin von Beruf …" oder „Ich werde …" beenden? Wie der Satz letztendlich lauten wird, liegt an dir. Du wirst die Lücken mit deinem Handeln, Bemühen, Ehrgeiz und deiner Selbstdisziplin ausfüllen. Dies tun nicht deine Lehrerinnen und Lehrer, nicht deine Mitschülerinnen und Mitschüler, nicht die Kolleginnen und Kollegen und auch nicht die Eltern. Man hat ja meist schon eine grobe Vorstellung davon, in welche Richtung man beruflich gehen möchte und wohin auf keinen Fall. Nur musst du mit jedem Schritt, den du unternimmst, auch sicherstellen, dass er dich dort hinbringt, wo du hinwillst. Dein Notendurchschnitt kann dir im Weg stehen, wenn er für dein Wunschziel nicht ausreicht. Ich frage ab und zu Schülerinnen und Schüler, die kurz vor einem Abschluss stehen, welche Zukunftspläne sie haben und wie es im Moment mit dem Notendurchschnitt aussieht. Während sich viele gezielt in Richtung ihrer Wunschziele bewegen, liegen manchmal auch Welten zwischen dem, was sie wollen, und dem, was sie gerade dafür tun. Eine Schülerin zum Beispiel wollte Jura studieren, und ihr Notendurchschnitt war so schlecht, dass sogar ein Ausbildungsplatz beim Bäcker schwer zu bekommen gewesen wäre. Die junge Dame arbeitet jetzt im Supermarkt als Kassiererin – eine Riesendifferenz zwischen Ziel und Realität, gefolgt von zig anderen Unterschieden wie zum Beispiel in Bezug auf Gehalt und Status.

Jeder kennt Menschen, die große Pläne verkünden, bei denen aber nichts dahintersteckt außer leeren Worten, weil sie ihre Energie, Zeit und Aufmerksamkeit nicht mit dem Ziel in Einklang bringen. Die nötige Arbeit und der erforderliche Aufwand werden unter- und die eigenen Fähigkeiten überschätzt. Optimismus ist ja schön und gut, solange er klug und realistisch ist (mehr zu Optimismus in Kap. 14). Wollen und wünschen kann jeder. Die entscheidende Frage lautet jedoch: Was tust du dafür? Noten sagen viel mehr aus, als du denkst. Sie sind wie eine Prognose für deine zukünftigen Leistungen. Außer deinen Kenntnissen in den jeweiligen Fächern offenbaren sie auch Informationen darüber, ob du eher Netflix bevorzugt hast oder deine Lehrbücher. Auffällig viele Fehltage und Verspätungen können dem potenziellen Arbeitgeber schon verraten, wie du dich im Unternehmen später verhalten wirst. Zeugnisse sind nämlich gleichzeitig eine Abbildung deiner Person, die anderen eine Einschätzung von dir ermöglicht. Wenn du große Ziele und Zukunftspläne hast, dann kann ich dir nur gratulieren, wenn du jetzt alles Erdenkliche dafür tust. Tatsache ist jedoch, dass diese Pläne ohne Bemühungen und Jahre an Vorbereitung leider nie real werden. Ohne die notwendige Anstrengung landest du höchstwahrscheinlich in einer Ausbildung oder Beschäftigung, die du nur als Notlösung angenommen hast und die dir gar nicht zusagt. Ohne gute Bildung steckt man in der Regel in schlecht bezahlten Arbeitsstellen fest, die nicht zu einem passen und mit denen man gerade mal so über die Runden kommt. So beginnt ein Dominoeffekt in einem Leben, das dir nicht gefällt und das von deinen Wunschzielen weit entfernt ist. Nicht selten muss da noch ein Nebenjob her, um sich auch mal was gönnen zu können, wie zum Beispiel einen Urlaub oder bestimmte materielle Dinge. Das ist zwar Fleiß pur und verdient viel Respekt, aber warum nicht versuchen, die Lebensqualität zu verbessern?

Von einem guten und zufriedenen Leben dürften wohl auch die gesunden und arbeitsfähigen Menschen träumen, die sich weigern, überhaupt etwas zu tun. Sie werden fürs Nichtstun auch noch vom Staat belohnt und kommen sich ganz schön schlau dabei vor. Ehrlich gesagt stößt ein solches Verhalten selten auf Respekt bei anderen und ist gleichzeitig eine große Beleidigung für die eigene Intelligenz. Dass eine Hartz-IV-Empfängerin oder ein Hartz-IV-Empfänger in der Gesellschaft nicht den gleichen Status und Respekt genießt wie berufstätige Bürgerinnen und Bürger, dürfte jedem klar sein. Ich rate daher jedem stark davon ab, sich auf staatliche Hilfen zu verlassen, denn diese stehen den tatsächlich Bedürftigen zu und werden sowieso nicht reichen, um ein glückliches und zufriedenes Leben zu führen. Ein Potenzial, das nicht ausgeschöpft wird, wird später zur bitteren Reue führen, und es ist viel schwieriger, damit umzugehen, als kurzfristig für ein Ziel zu pauken. Es ist daher extrem wichtig, dass du dein Leben um Jahre vorausdenkst und dich entsprechend vorbereitest, damit gerade das nicht passiert. Nichts, was lohnenswert ist, ist einfach, und nichts, was einfach zu erreichen ist, hat einen lang anhaltenden Wert.

Alles, was man mit Mühe und Anstrengung erreicht, macht einen nicht nur stolz, sondern wird auch von anderen mehr respektiert und geschätzt. Eigeninitiative ist sehr wichtig, denn wenn dir der Wille fehlt, kann dir keiner helfen, selbst dieses Buch nicht. Weder die Eltern noch der Vater Staat mit seinen zahlreichen Möglichkeiten, der dir den Zugang zu Bildung ermöglicht und erleichtert. Wenn eine kostenlose Hochschulbildung keine erhebliche Erleichterung ist, was ist es dann? In Amerika glaubt mir das kein Mensch, weil dort ein Studium extrem teuer ist. In Deutschland wird dein Traum vom Studieren nicht an Geldmangel scheitern – so viel steht fest. Was dich aber scheitern lassen kann, ist ein Mangel an Willenskraft. Deine Willenskraft bei der Umsetzung deiner Ziele, deine Hartnäckigkeit und dein Fleiß werden im Grunde darüber entscheiden, ob dein Wunsch real wird oder nur ein Traum bleibt. Wir hören Erfolgsgeschichten von Menschen, die sich auch ohne Bildung hocharbeiten, Chancen und Gelegenheiten nutzen und sich vom Tellerwäscher zum Millionär entwickeln, also trotzdem große Erfolge erzielen. Solch märchenhafte Entwicklungen sind jedoch so selten wie ein weißer Rabe. Sicherheitshalber bleiben wir doch lieber bei der Bildung und versuchen so, an unser Potenzial heranzukommen.

Willst du zu den Erfolgreichen gehören und nicht zu denjenigen, die andere beneiden, dann nutze jede Gelegenheit und gibt dein Bestes, auch wenn das eine oder andere Fach oder Thema und die eine oder andere Tätigkeit oder Aufgabe dich zu Tode langweilen. Es gibt nichts, was du nicht schaffen kannst, wenn du mit Entschlossenheit an die Sache rangehst. Nutze die Erfahrungen und Ratschläge deiner Lehrerinnen und Lehrer und bemühe dich in jedem Fach, weil jedes einzelne Fach und jede einzelne Lehrerin bzw. jeder einzelne Lehrer eine Eintrittskarte zu deiner Karriere und zu deinem Ziel darstellt.

Wir alle kennen die Witzbolde, darunter auch sehr intelligente, die ständig dumme Sprüche von sich geben und die die Schule nicht ernst nehmen, schwänzen oder ständig in Schlägereien verwickelt sind. Damit vermasseln sie sich nicht nur ihre eigene Zukunft, sie lenken auch Mitschülerinnen und Mitschüler ab und bringen Lehrkräfte an ihre Grenzen. Laune und Stimmung sind wirklich ansteckend – und wenn die Lehrerin oder der Lehrer schlechte Laune hat, haben es alle, da bin ich sicher. Genau diese Schülerinnen und Schüler finden es nach ihrem Abschluss gar nicht mehr so cool und witzig, wenn sie nicht den gewünschten Ausbildungs- oder Arbeitsplatz bekommen, und erblassen vor Neid, wenn Mitschülerinnen und Mitschüler viel weiter kommen als sie selbst. Milliarden von Gehirnzellen vegetieren vor sich hin, weil sie nicht gebraucht und genutzt werden. Das ist wirklich bedauerlich, denn so gehen Potenziale verloren, und viele Wunschziele bleiben unerreicht.

Die Liste der Mitmenschen in unserem sozialen Umfeld kannst du für dich weiter ergänzen, zum Beispiel durch Partnerinnen und Partner, Kolleginnen und Kollegen oder Arbeitgeberinnen und Arbeitgeber. Das Prinzip ist nicht viel anders als schon oben erwähnt. Es gibt Gute unter ihnen, die dich bei deinen Zielen unterstützen und dir Mut zusprechen, und diejenigen, die es nicht tun. Nicht alle Menschen sind tolerant und haben leider Vorurteile denen gegenüber, die anders aussehen und anders denken. Vielleicht wirst auch du aufgrund deiner Herkunft, deines Alters oder Geschlechts oder deines Aussehens negativ beurteilt oder ungerecht behandelt. Wenn du einer Minderheit angehörst, dann leider umso mehr. Glaub mir: Ich hatte auch meine Last zu tragen, sei es wegen meiner Herkunft oder meines Akzents. Wir können andere und ihre stereotypen Gedanken und Vorurteile nicht ändern oder beeinflussen, aber durchaus unsere Reaktionen darauf. Schlage sie einfach mit deiner selbstbewussten Art und stelle auch mal Gegenfragen, wenn du mit gemeinen Fragen konfrontiert wirst.

Stellt man mir in Amerika zum Beispiel die Frage, woher ich komme (was häufig vorkommt), und dies mit einem rassistischen Unterton, ist die Antwort meistens eine lange, weil ich dann von meiner türkischen Herkunft und mein damaliges Leben in Deutschland erzähle. Ich stelle den Menschen meist die Gegenfrage, woher sie denn eigentlich stammen. Auf die Antwort, dass sie Amerikaner sind, reagiere ich dann mit der Frage, woher ihre Vorfahren stammen. Dann wird es interessant, denn meistens wissen sie ganz genau, aus welchem Land ihre Ahnen kommen. Mit Ausnahme der Ureinwohner von Amerika sind alle irgendwann einmal aus einem anderen Land eingereist, also ebenfalls Immigranten. Mein Ziel ist es, ihnen zu zeigen, dass auch sie oder ihre Vorfahren Einwanderer waren. Da ist es egal, wie lange dies zurückliegt.

Lass dir von niemandem sagen, dass du einer Sache nicht würdig bist oder kleiner bist als andere. Du musst lernen, Menschen, die versuchen, dich einzuschüchtern, zu ignorieren, indem du ihnen einfach in Gedanken so richtig deine Meinung sagst oder auf dumme Fragen nicht eingehst – sei es bei deiner Arbeitgeberin oder deinem Arbeitgeber oder bei Fremden. Negative Ansichten anderer über dich und deine Herkunft mindern nicht deine Stärke und deinen Wert. Im Gegenteil: Sie beweisen nur, dass du etwas hast, das anderen gar nicht passt, und meistens ist es deine selbstbewusste Art, die andere beneiden. Indem du kleingemacht wirst, versuchen sie nämlich, größer und besser zu erscheinen als du, und das ist ihre Schwäche und nicht deine. Du musst dir ein dickes Fell zulegen, um zu verhindern, dass Negativität in deine Seele eindringt. Sonst raubt sie dir die Kraft, den Mut, die Motivation und dein Selbstwertgefühl. Vergiss nicht: Alles, was du brauchst, ist ein starker Wille, um deinen Weg mit aufrechter Haltung trotzdem zu gehen, auch wenn dir keiner die Hand dabei hält.

Das nächste Mal …

wenn du einen Ratschlag erhältst, analysiere, ob er dir hilft oder dich entmutigt. Denke daran: Neid hat manchmal die Finger im Spiel und sorgt für falschen Rat. Verbringe deine Zeit nicht mit Nörglern, die immer nur klagen und für trübe Stimmung sorgen.

Die Herausforderung …

Es wird Zeit, unter deinen Freundinnen und Freunden gedanklich auszumisten, um dich von der negativen Meinung und dem schlechten Einfluss anderer loszulösen. Wie fühlst du dich in Gesellschaft einzelner Freundinnen und Freunde? Welche von ihnen machen nur schlechte Laune? Welche tun deiner Seele gut? Verbringe mehr Zeit mit Menschen, die eine positive Energie ausstrahlen, die immer ein offenes Ohr für dich haben und die nicht neidisch werden, wenn du im Leben Fortschritte machst. Vergiss nicht: Die Meinung anderer sagt nichts über dein Potenzial aus.

Fazit

Mitmenschen können dich bei deiner Zielerreichung und Fortbildung unterstützen oder auch daran hindern. Wir vertrauen der Meinung anderer meist zu oft und einfach blind. Das kann gefährlich werden, wenn man dadurch den Mut zum Handeln verliert. Wahre Freundinnen und Freunde teilen deine Emotionen, die Neider hingegen tun nur so. Verbringe deine Zeit lieber mit Menschen, die dich bei deinen Plänen und Zielen unterstützen und die wie du höhere Ziele anstreben. Man kann durch Bücher und Interviews auch viel über beispielhafte Erfolge, Lebensweisen, Gewohnheiten und Disziplin lernen. Suche und finde deinen eigenen Weg zum Glück und verstecke dich nicht hinter Erfolgen, die nicht deine sind. Idealerweise solltest du viel Zeit mit Mitmenschen verbringen, die dir sogar einen Schritt voraus sind. Du kannst viel von ihnen und ihren Erfolgen und Misserfolgen lernen. Sei dankbar für die großen und kleinen Dinge in deinem Leben und gewöhne es dir ab, dich zu beklagen! Es gibt Menschen in schlimmeren Situationen. Die Situation deiner Eltern, ob gut oder schlecht, sollte keinen großen Einfluss auf deine Ziele und Träume haben und keine Entschuldigung dafür sein, deine Ziele an den Nagel zu hängen. Eigeninitiative ist gefragt, und das in jeder Lebensphase und jeder Lebenssituation – und dazu gehört auch die Schule. Die Schulzeit ist nämlich keine Zeitverschwendung. Nutze die Zeit weise und mit Verstand. Sie dient nämlich der Vorbereitung auf deine Zukunft und ist ein Prozess, um deine eigene Identität zu entwickeln. Deine Ziele und Erfolge liegen in deiner Hand. Willst du dein Ziel um jeden Preis erreichen, dann ist die Meinung anderer ziemlich egal.

Literatur

Ding M, Liu Y, Qing H (2018) The interpersonal impact of social comparison. Psychology 9(4):797–808. https://doi.org/10.4236/psych.2018.94051

Eisenberger NI, Lieberman MD, Williams KD (2003) Does rejection hurt? An fMRI study of social exclusion. Science 302(5643):290–292. http://science.sciencemag.org/content/302/5643/290.full. Zugegriffen: 18. März 2019

Lee HR, Lee HE, Choi J, Kim JH, Han HL (2014) Social media use, body image, and psychological well-being: a cross-cultural comparison of korea and the united states. J Health Commun 19(12):1343–1358. https://doi.org/10.1080/10810730.2014.904022

Pemperton M, Sedikides C (2001) When do individuals help close others improve? The role of information diagnosticity. J Pers Soc Psychol 81(2):234–246. https://www.researchgate.net/publication/11825670_When_do_individuals_help_close_others_improve_The_role_of_information_diagnosticity. Zugegriffen: 18. März 2019

Rowling JK (2008) Very good lives. Little Brown, New York

van de Ven N, Zeelenberg M, Pieters R (2009) Leveling up and down: the experiences of benign and malicious envy. Emotion 9(3):419–429. https://www.ncbi.nlm.nih.gov/pubmed/19485619. Zugegriffen: 18. März 2019

Wolf C (2010) Lob des Lesens. Gehirn und Geist 10:14–20

Zuckerman H (1977) Scientific elite: nobel laureates in the United States. Free Press, New York

4

So kannst du deine Motivation erhöhen

Inhaltsverzeichnis
Das nächste Mal 54
Die Herausforderung 54
Fazit 54
Literatur 55

> **In diesem Kapitel …**
>
> lernst du, wie wichtig Motivation für unsere Lebensziele ist. Sie ist der Treibstoff, der uns die Kraft gibt, uns auf unsere Ziele zuzubewegen. Bist du motiviert, bist du auch bereit, alles dafür zu tun, damit du an deinem Ziel ankommst. Mangel an Motivation ist schuld daran, dass so viele Ziele unerreicht bleiben. Ohne eine ordentliche Dosis an Motivation kannst du keine bedeutende Arbeit leisten und keinen Traum verwirklichen – und wenn, dann nur mit mittelmäßigen Ergebnissen. Motivation ist auch deshalb so wichtig, weil sie in jedem Aspekt des Lebens zum Tragen kommt, ob im privaten oder im beruflichen Bereich. Du wirst einige Methoden kennenlernen, die dir dabei helfen können, deine innere Kraft und Stärke in Motivation umzuwandeln. Was tust du, wenn der Wunsch da ist, aber die Motivation, dich ins Zeug zu legen, fehlt? Und was, wenn die Motivation mit der Zeit nachlässt? Lass uns die Antwort auf diese Fragen gemeinsam finden!

Beginnen wir mit der Definition von Motivation. Motivation bedeutet, sich bereitwillig auf ein Ziel einzulassen, um dieses Ziel durch Anstrengung und Bemühung zu erreichen. Jeder wird durch etwas anderes motiviert, sei es durch Anerkennung, Gesundheit, Geld oder andere Lebensziele. Wann immer du etwas tust, bist du durch irgendetwas motiviert, das dich dazu bewegt hat. Ohne Motivation kämen wir kaum aus dem Bett, würden uns nicht auf den Weg zur Arbeit oder Schule machen oder zum Arzt gehen. Auch anderen Verpflichtungen würden wir nur schwerlich nachgehen. Motivation ist für mich ein anderes Wort für „Lust". Sie ist wie ein Fahrzeug, das dich vorwärts bewegt, und notwendig, um ans Ziel zu kommen. Motivation ist besonders wichtig, wenn du große und wichtige Lebensziele erreichen willst. Motivierte Menschen haben eine klare Vision von ihrer Zukunft und steuern mit Entschlossenheit auf das Ziel zu, egal wie lang der Weg ist und welche Hindernisse auftauchen. Sind ausreichend Motivation und Wille vorhanden, das Ziel zu erreichen, stehen dir keine Schwierigkeiten im Weg. Du wirst versuchen, Probleme zu beseitigen, und wirst keine Energie durch Aufgeben verschwenden.

Diese Entschlossenheit fehlt vielen, die unter einem Mangel an Motivation und Willen leiden. Motivationsmangel heißt also so viel wie „kein Bock" oder „völlig egal". Deswegen erreichen Menschen, denen ihr Leben egal ist, keine bedeutenden Ziele und kommen daher selten in den Genuss von Erfolg. Ein Auto, das nicht fährt, kommt eben kein Stück weiter. Einige fangen zwar mit Entschlossenheit an, wenn sie neu starten. Sie haben am Anfang viel Ehrgeiz, doch leider verlieren sie nach kurzer Zeit die Lust, besonders wenn es schwierig wird. Wenn du jetzt denkst, dass von dir die Rede ist, und du kurz davor bist, dein Ziel aufzugeben: Tu es nicht! Lass den Faden zu deinen Zielen auf keinen Fall abreißen! Sonst trägst du später noch dieses hässliche Gefühl der Reue mit dir herum, das dich nicht so einfach loslassen wird. Du musst alles dransetzen, damit das Feuer in dir nicht erlischt und du immer motiviert bleibst, bis du am Ziel angekommen bist.

Natürlich kann es auch einmal vorkommen, dass durch negative Ereignisse und externe Faktoren die Motivation verloren geht. Zum Beispiel sind Ärger mit Eltern, Absagen, nicht bestandene Prüfungen, Beziehungskonflikte, Krankheiten, Geldmangel, Tod eines geliebten Menschen oder Jobverlust allesamt triftige Gründe, die schlechte Laune verursachen und uns erst einmal aus der Bahn werfen können. Da ist es kein Wunder, wenn die Motivation in den Keller rutscht. Doch wenn andere Belastungen die Ziele überschatten, müssen wir darauf achten, nicht gleich aufzugeben und unsere Pläne ad acta zu legen.

Um deine Motivation aufrechtzuerhalten, kannst du den „Framing-Effekt" nutzen. Du musst dir diesen Effekt wie einen Bilderahmen vorstellen, mit dem du eine Sache oder Situation im Geiste hübsch einrahmst und so für dich verschönerst oder verharmlost. Zum Beispiel kannst du eine Trennung so umdeuten, dass sie einen Neuanfang bedeutet, oder ein gestohlenes Fahrrad als Anlass betrachten, dir dein Traumrad zu kaufen. Deutet man Vogelkot auf dem Kopf als Zeichen von Glück und nicht als Pech, ist das ein schönes Gefühl und nicht ärgerlich. Nach diesem Prinzip kannst du auch dein Ziel umformulieren, wenn du vor einer Herausforderung wie beispielsweise einer Prüfung stehst. Entweder sagst du dir „Ich werde gut abschneiden" (in diesem Fall ist der Fokus/das Framing positiv), oder du sagst dir „Wenn ich durchfalle, bin ich geliefert" (hier ist der Fokus/das Framing negativ). Eine Situation (die Prüfung) wird unterschiedlich gedeutet und führt so zu unterschiedlichen Ergebnissen.

Positives Framing bewirkt laut Wissenschaft ein besseres Ergebnis als negatives Framing (Roney und Lehman 2008; Drach-Zahavy und Erez 2002). Das hat wohl damit zu tun, dass man bei einer negativen Deutung versucht, das Schlimmste zu vermeiden, während man bei der positiven Deutung bestrebt ist, gut abzuschneiden. Es ist wichtig, dass man die Motivation um jeden Preis aufrechterhält oder wiedergewinnt und auf keinen Fall ganz verliert. In solchen Krisenzeiten wird es dir enorm helfen, die Situation positiv zu deuten, damit die Motivation nicht nachlässt und deine

Leistung nicht darunter leidet. Daher ist es ratsam, die Dinge, die gut laufen und die als Quelle der Freude und Energie dienen, nicht zu vernachlässigen. Gerade dann musst du tun, was dir Spaß und Freude bereitet, wie dich mit Freunden treffen, bummeln gehen oder einen Kurzurlaub machen, damit du wieder auf die Beine kommst und deine Lebensfreude wiedergewinnst. Auch Familie, Hobbys und körperliche Aktivität können in schwierigen Zeiten helfen und unterstützen – Hauptsache, du stehst wieder auf und fokussierst dich auf deine Pläne und Ziele. Manchmal brauchen wir einen kleinen Ruck, um wieder auf die richtige Spur zu kommen. Du weißt ganz bestimmt, was dir in solchen Situationen guttut. Wenn du dich konsequent auf deine Ziele konzentrierst, kann schon der kleinste Erfolg als Motivation reichen, um weiterzumachen. Jedes erreichte Ziel, auch wenn es noch so klein ist, erzeugt ein Erfolgsgefühl und gibt Ansporn fortzufahren.

Die beste Methode, um das Feuer ständig am Laufen zu halten, besteht darin, den Blick auf die Belohnung zu richten und die eigene Vision nicht aus den Augen zu verlieren. Genau das rate ich auch meinen Studentinnen und Studenten. Wie es so ist, gibt es Zeiten, in denen es auch ihnen aus verschiedenen Gründen oder manchmal auch ohne jeglichen Grund an Motivation fehlt. Manchmal hat die Lust andere Pläne als Vorlesungen und fleißig zu lernen. Für solche Fälle habe ich eine ganz einfache, aber sehr effektive Strategie entwickelt. Wenn ich mich mit „unzureichend motivierten" Studentinnen und Studenten im Büro unter vier Augen treffe, zeige ich ihnen meinen schwarzen Absolventenhut (immer in meiner Tasche für alle Fälle), den man am Abschluss in die Luft werfen darf. Dann stelle ich die Frage: „Willst du ihn selbst aufsetzen oder willst du nur anderen dabei zuschauen?" Allein diese Vorstellung ist schmerzvoll genug. Die Wirkung entfaltete sich bis jetzt ohne Ausnahmen blitzschnell und mit Nachdruck. Dieser viereckige Hut verfügt wirklich über magische Kräfte – ein perfektes Symbol für harte Arbeit, Disziplin und vor allem Stolz. Ich biete einigen Studentinnen und Studenten sogar an, ihn aufzusetzen und ein Foto von sich zu machen, das sie immer wieder betrachten, sich an ihr Ziel erinnern und daraus Motivation schöpfen können. Bist du Schülerin bzw. Schüler, Studentin bzw. Student oder arbeitest an deinem Abschluss, kannst du dir solch einen Hut basteln oder kaufen und an deine Wand hängen. Alternativ kannst du als Symbol für dein Ziel auch ein Bild oder einen anderen Gegenstand nutzen. Hauptsache, es inspiriert und motiviert dich zu etwas Bedeutendem und gibt dir beim Anblick Kraft und Mut.

Nutze so viele Motivationsmaterialien wie möglich. Die Auswahl ist groß und ist in verschiedenen Formen reichlich und günstig erhältlich. Dies können zum Beispiel Lehrbücher, Autobiographien, YouTube-Videos oder

Hörbücher sein. Statte deine Umgebung, wann immer du kannst, mit den richtigen Gedächtnisstützen aus, die dir Kraft und Energie geben. Ich bin ein großer Fan von Bildern, Sprüchen und Zitaten, die genau dazu dienen. Ein Blick auf ein Zitat wie „Ich schaff' das mit links" reicht aus, um das Motivationsfeuer wieder zu entfachen. Zum Glück ist die Auswahl an Produkten mit coolen Sprüchen und Zitaten dank des aktuellen Trends enorm – seien es Kleidungsstücke, Schmuck, Kalender, Stifte oder Bilder. Sogar Badematten, Trinkflaschen oder Becher können mit super Sprüchen für gute Laune sorgen. Ich lese und denke oft an die positiven Glaubenssätze, die meine Wand schmücken, und es zeigt immer wieder Wirkung. Zum Beispiel stehen auf meinem Schreibtisch Bilder mit den Sprüchen „You got this" (Du schaffst das schon) und „Don't be afraid to fail. Be afraid not to try" (Hab keine Angst zu versagen. Hab Angst davor, es nicht zu versuchen). Das inspiriert mich nicht nur, sondern gibt mir Mut und mehr Energie und Elan als eine Kanne Kaffee.

Du musst aber keine Produkte mit Power-Sprüchen kaufen, du kannst auch nach Sprüchen googeln, deine Lieblingssätze ausdrucken und einrahmen – voilà! Zusätzlich kannst du Sprüche und Zitate, die dir besonders gut gefallen, auf Post-its notieren und dorthin kleben, wo du immer wieder hinschaust, zum Beispiel an den Kühlschrank, an den Badezimmerspiegel, an deine Kommode, an Türen, auf deinen Schreibtisch oder in dein Auto. Lies sie jedes Mal durch, wenn du sie siehst, und verinnerliche ihre Bedeutung. Jeder Satz, der dich ständig an deine Stärken, deine Ziele und die Belohnung am Zielort erinnert, hilft enorm und ist daher sehr empfehlenswert. Er füttert sozusagen die Seele und das Unterbewusstsein mit Positivität und Stärke, und davon kann man nicht genug kriegen. Mit der Zeit werden die Power-Sätze zu einem Teil des positiven Selbstbilds, mit dem man sich identifiziert. Gib deinen Gedanken und deiner Seele die Kraft, die sie brauchen. Dabei ist es ziemlich egal, in welcher Form das erfolgt.

Wenn deine Gedanken und deine innere Stimme einen negativen Ton haben (mehr dazu in Kap. 12), ersetze sie durch positive Sätze wie in den folgenden Beispielen, um dich selbst anzufeuern und so deine Motivation aufrechtzuerhalten:

„Mal schauen." „Mal gucken." → „So wird's und nicht anders!"
„Das schaffe ich bestimmt nicht." → „Du schaffst das schon!"
„Ich bin mit den Nerven am Ende." → „Du brauchst nur eine kleine Pause. Morgen machst du weiter."
„Ich gebe auf." → „Aufgeben? Niemals! Jetzt erst recht!"
„Wenn es mir danach ist, mach' ich weiter." → „Tu's jetzt, und das ohne Wenn und Aber."

„Es hat keinen Sinn." → „Es ist zu wichtig, um aufzugeben."
„Ich will ja, aber ich kann nicht."→ „Noch nicht, aber bald!"
„Das ist zu schwer für mich." → „Am Anfang ist alles schwer, es wird schon!"
„Ich kenne mich damit nicht aus." → „Jeder hat mal irgendwo angefangen!"
„Das ist zu kompliziert." → „Das kriegst du schon hin!"
„Ich hab nie Glück." → „Pech hat jeder mal."
„Ich bin eine Niete in …" → „Arbeite daran so lange, bis du's kannst!"
„Ich sollte/könnte eigentlich …" →„Du kannst und du wirst ohne Zweifel …"
„Wofür das Ganze eigentlich?" → „Die harte Arbeit ist es wert."
„Keine Lust, vielleicht später."→ „Die Lust kann mich mal. Ich warte nicht, bis die sich meldet."

Ist dir aufgefallen, dass die Power-Sätze nicht in der ersten Person formuliert sind, sondern die Du-Form nutzen? Das hat einen guten Grund. Wir sind nämlich gut darin, Freundinnen und Freunden und der Familie Rat zu erteilen, aber wenn es um uns selbst geht, sind wir oft ratlos. Indem du dich mit deinem Namen oder mit „du" ansprichst, distanzierst du dich von dir selbst und betrachtest dich objektiver, was dein Verhalten und deine Gedanken in Stresssituationen positiv beeinflussen wird (Kross et al. 2014).

Auch wenn wir einige Wörter wie „hoffen" und „versuchen" mit guter Absicht verwenden, sind dies keine Aktionswörter und zeigen stets eine kleine Spur von Zweifel, fehlendem Willen und Ungewissheit. Deine Absicht muss eindeutig sein; eine klare und offenkundige Formulierung ist also wichtig, damit du keinen Spielraum für Untätigkeit lässt. Unterschätze die Kraft deiner Gedanken nicht, denn mit einem einfachen Gedanken fängt letztendlich alles an, und jede Erfindung, Bewegung oder Veränderung, von der wir in Geschichtsbüchern lesen, begann einmal mit einer Idee und einem Gedanken. Richte einen messerscharfen Fokus auf das Endergebnis und lass dich durch nichts ablenken und von nichts demotivieren, wie zum Beispiel durch die Vorstellung vom langen mühsamen Weg, durch Lebensumstände, Geldmangel, Mitmenschen, die uns nicht unterstützen etc. Deine Motivation soll von nichts und niemandem abhängen, nur von dir und deinem Willen.

Man muss, wie in Kap. 2 schon erwähnt, nicht unbedingt überdurchschnittlich schlau sein, ein angeborenes Talent oder eine Begabung haben, um ein Ziel zu erreichen. Es reicht, wenn du für ein Thema, Gebiet oder Fach eine Leidenschaft hast. Ist ausreichend Interesse vorhanden, bist du nicht nur bereit, freiwillig mehr Zeit und Energie zu investieren, es wird auch deine Neugier wecken. Die Frage lautet dann nicht mehr, ob du es schaffen kannst, sondern wie du es am besten erreichen kannst. Wäre beispielsweise im Internet zu lesen, „Geheimnis gelüftet: So erreicht man einen Sechser im Lotto", würden viele Neugierige auf den Beitrag klicken. Nach diesem Prinzip funktionieren auch die Schlagzeilen und Überschriften von Zeitungen und Zeitschriften, die versuchen, unsere Neugier zu wecken und uns dann zum Kaufen und Lesen zu bewegen. Mit Neugier und Leidenschaft kommt der Appetit, mehr zu tun, ganz von alleine, weil damit dann auch ein Spaß- und ein Stolzfaktor verbunden sind. Wenn es um einen Traum geht, verfolgt man ja in der Regel etwas, das einen überdurchschnittlich interessiert. Dein Gehirn reagiert auf Neugier und wird dich bei deinen Zielen unterstützen, indem es entsprechende Informationen besser behält.

> **Beispiel**
> 2014 führten Forscherinnen und Forscher eine Untersuchung mithilfe der Hirnscan-Methode fMRT (funktionelle Magnetresonanztomographie) durch, um herauszufinden, was im Gehirn passiert, wenn unsere Neugier geweckt wird, und wie sich dies auf die Gedächtnisleistung auswirkt (Gruber et al. 2014). Das fMRT zeigt ganz genau an, welche Gehirnregion bei bestimmten Tätigkeiten gerade aktiv ist. Die Forscherinnen und Forscher konnten mit dieser Methode genau erkennen, dass Neugier ganz bestimmte Gehirnregionen aktiviert. Das könnte auch erklären, warum die Testpersonen immer dann ein besseres Erinnerungsvermögen hatten, und zwar sowohl gleich danach als auch am nächsten Tag, wenn es um etwas ging, das ihre Neugier weckte.

Der Anreiz kommt hier von innen (intrinsische Motivation). Das bedeutet: Wenn du ein Ziel verfolgst, das dich wirklich interessiert und deine Neugier weckt, wirst du bessere Leistungen erbringen, als wenn du einer Sache hinterherjagst, die dir völlig egal ist, und du deine Ziele nur aufgrund äußerer Reize verfolgst (auch extrinsische Motivation genannt) (Clanton Harpine 2015). Ich denke, wir alle können das nachvollziehen. Wenn wir neugierig sind und etwas von Herzen kommt, machen wir es gerne, und unser Gehirn ist, wie die Forschung zeigt, derselben Meinung.

> **Tipp**
> Tappe nicht in die Falle der Massenmedien, die versuchen, deine Neugier für unsinnige Themen zu wecken, wie zum Beispiel für die Frage, welcher Promi mit wem gesehen wurde. Wen interessiert das? Investiere deine kostbare Zeit lieber in DEINE Träume und nicht in andere, die ihre Träume verwirklicht haben.

Wir haben es also ein wenig einfacher, wenn unser Ziel auf einem Gebiet liegt, das uns interessiert. Das sind bereits gute Voraussetzungen für unser Denkorgan, das die ganze Arbeit für uns erledigen muss. Dabei ist es absolut sinnvoll, langsam, aber sicher voranzugehen. Zu viel auf einmal zu wollen und zu schnell an eine Sache heranzugehen kann schnell erschöpfen und demotivieren. Damit das nicht passiert, ist es wichtig, dass du das große Ziel in mehrere kleine Etappen aufteilst. Ganz egal, wie weit der Weg zu deinem Ziel ist, etappenweise ist er einfacher zu bewältigen und weniger überfordernd. Somit erscheint das „große" Ziel nicht zu groß und erschreckend.

Jedes Kapitel in diesem Ratgeber dient im Grunde dazu, dich zu einer anderen Perspektive zu motivieren. Betrachte daher alle weiteren Kapitel als Ergänzung zu diesem. Du musst die für dich nützlichen Informationen beim Lesen nach und nach aufsammeln und sie dir dann fest ins Gehirn einprägen, und dann die Initiative ergreifen und danach handeln.

Das nächste Mal ...

wenn dir die Motivation fehlt zu handeln, denke daran, dass das Leben, das du führen möchtest, auf der anderen Seite des Berges liegt und du den Berg erst einmal erklimmen musst. Stell dir den Berg bildlich vor, bis hin zur Belohnung jenseits des Gipfels. Richte den Fokus auf die Belohnung, und die Motivation kommt schon von alleine. Ohne harte Arbeit keine Belohnung!

Die Herausforderung ...

Unterschätze nicht die Kraft von Power-Musik! Höre morgens deinen Lieblings-Power-Song. Er wird dir helfen, dein Gehirn für den Tag mit positiver Energie aufzuladen. Hast du keinen, dann nimm „Champion" von Carrie Underwood, „Hall of Fame" von Script, „Never Give Up" oder „The Greatest" von Sia. Am besten lässt du dich von diesen Songs wecken. Ich schwöre auf diese Methode!

Fazit

Willst du in den Genuss deines Ziels kommen, ist Motivation ein Muss. Sie ist Motor und Antriebskraft, um das Ziel zu erreichen. Ob du bei deinem Wunschziel ankommen wirst oder nicht, hängt hauptsächlich davon ab, wie motiviert und hartnäckig du bei der Sache bleibst. Ist ausreichend Motivation vorhanden, wirst du tätig und bleibst am Ball, auch wenn der Weg lang und mühsam ist. Weil Motivation manchmal so schnell weg ist, wie sie gekommen ist, muss sie auch aufrechterhalten werden. Nimmt sie ab, musst du die Ursache finden und schnellstens beseitigen. Materialien wie Bücher und Motivationsvideos sind wunderbare Hilfsmittel, um die Lust und Konzentration wiederzugewinnen oder sie erst gar nicht zu verlieren. Füttere dein Selbstbild und deine Motivation mit positiven Glaubenssätzen und Gedächtnisstützen wie zum Beispiel „Schaff ich locker" oder „Jetzt oder nie" und umgib dich mit diesen oder ähnlichen Zitaten. Sie werden immer wieder die Kraft und den Hunger in dir wecken, dein Ziel zu verfolgen, auch wenn es dir nach Aufgeben ist. Denke an die Belohnung, die am Ziel auf dich wartet. Weißt du ganz genau, was du willst, kommt die Motivation meistens von alleine. Allein der Gedanke ans Ziel erzeugt Schmetterlinge im Bauch. Wer will schon darauf verzichten?

Literatur

Clanton Harpine E (2015) Is intrinsic motivation better than extrinsic motivation? In: Clanton Harpine E (Hrsg) Group-centered prevention in mental health. Springer, Cham. https://doi.org/10.1007/978-3-319-19102-7_6

Drach-Zahavy A, Erez M (2002) Challenge versus threat effects on the goal-performance relationship. Organ Behav Hum Decis Process 88(2):667–682. https://www.researchgate.net/publication/222547159_Challenge_versus_Threat_Effects_on_the_Goal-Performance_Relationship. Zugegriffen: 18. März 2019

Gruber MJ, Gelman BD, Ranganath C (2014). States of curiosity modulate hippocampus-dependent learning via the dopaminergic circuit. Neuron 84(2): 486–496. http://doi.org/10.1016/j.neuron.2014.08.060

Kross E, Park J, Burson A, Dougherty A, Shablack H, Bremner R, Bruehlman-Senecal E, Moser J, Ayduk O (2014) Self-talk as a regulatory mechanism: how you do it matters. J Pers Soc Psychol 106(2):304–324. https://psycnet.apa.org/doiLanding?doi=10.1037%2Fa0035173. Zugegriffen: 18. März 2019

Roney CJR, Lehman DR (2008) Self-regulation in goal striving: individual differences and situational moderators of the goal-framing/performance link. J Appl Soc Psychol 38(11):2691–2709. https://doi.org/10.1111/j.1559-1816.2008.00410.x

5

Dein Gehirn kann wachsen!

Inhaltsverzeichnis

Das nächste Mal 67
Die Herausforderung 67
Fazit 68
Literatur 68

> **In diesem Kapitel ...**
>
> lernst du, dass unser Gehirn nie aufhört zu wachsen. Es kann ständig neue Verknüpfungen herstellen und sich neuen Reizen anpassen. In den letzten Jahren sind unzählige Studien zu dem Ergebnis gekommen, dass auch bei Erwachsenen neue Nervenzellen nachwachsen können. Dieses Kapitel bietet interessante Einblicke in das Gehirn und in Möglichkeiten, wie du dein Handeln und Verhalten für deinen Erfolg optimieren kannst. Unser Kopf und alles, was sich darin tut, ist längst nicht mehr nur ein Thema für Hirnforscherinnen und -forscher, sondern interessant für jedermann. Zu wissen, dass wir Einfluss auf unsere Gehirnchemie haben, ist vielversprechend. Letztendlich sind unser Handeln, unsere Gedanken und Taten sowie unsere Gefühle nichts anderes als die Aktivierung und Befeuerung von einer Menge Gehirnzellen. Wir müssen nicht mehr hilflos und passiv dastehen, wenn es um Ziele geht, die wir gerne erreichen möchten. Wir können unser Denkorgan für eine optimale Leistung stimulieren und schützen. In diesem Kapitel gebe ich dir ein paar Tipps, wie das geht!

Bis vor Kurzem dachten wir noch, dass das erwachsene Gehirn nicht mehr wachsen und sich verändern kann. Diese Annahme hat sich nach unzähligen Studien zum Glück mittlerweile als falsch erwiesen. Heute wissen wir, dass die Anzahl unserer Gehirnzellen nie fix ist, denn unser Gehirn hört nie auf, neue Zellen zu bilden. Dank zahlreicher Studien können wir jetzt mit Gewissheit sagen, dass unser Gehirn die Fähigkeit hat, sich ständig zu verändern, sich neu zu strukturieren und sich immer wieder neu anzupassen. Diese Erkenntnis ist bahnbrechend, denn sie zeigt, dass wir eine gewisse Kontrolle über unser Gehirn haben. Mit anderen Worten: Das Gehirn steuert zwar unser Leben, aber wir selbst können es beeinflussen und so unser Denken, Fühlen und vieles mehr mitsteuern.

Was sind eigentlich diese Nervenzellen oder Neurone? Sie sind wie Postboten, die ständig miteinander plaudern und Informationen austauschen. Nur geschieht diese Plauderei in Form von elektrischen Impulsen und chemischen Signalen. Die gute Nachricht: Du kannst die Verbindungen und die Kommunikation zwischen den Zellen selbst verstärken und so dein Gehirn direkt beeinflussen. Das ist wichtig, weil unsere Leistung stark von der Qualität der Verbindungen zwischen den Neuronen abhängt und sich diese auf unsere Fähigkeiten oder unser Geschick auswirkt. Täglich werden Tausende von Neuronen geboren. Leider überleben nicht alle Babyneurone, doch du kannst das Überleben dieser neuen Nervenzellen unterstützen, und zwar durch intensives Lernen (Shors et al. 2012). Durch Anstrengung werden die neuen Neurone ins Neuronenteam aufgenommen, ansonsten sterben sie ab, vermutlich vor Langeweile. Kein Wunder, denn sie werden ja nicht eingesetzt und nicht gebraucht. Die Geburt von Neuronen wird als **Neurogenese** bezeichnet. Neurone werden nur in wenigen Hirnregionen gebildet, der Hippocampus (wichtig für das Lernen und die Verarbeitung neuer Informationen) ist eine davon.

Wenn du denkst, auf die paar neuen Gehirnzellen käme es nicht an, liegst du komplett falsch. Laut Sandrine Thuret (2015), Stammzellenforscherin am King's College London, haben wir im Alter von 50 Jahren komplett andere Gehirnzellen als die, mit denen wir geboren wurden. Wenn du bedenkst, dass mit dem Alter, durch Krankheiten oder eine schlechte Lebensweise auch Gehirnzellen absterben, ist es gut zu wissen, dass man durch Bildung neuer Gehirnzellen in Eigeninitiative einige ersetzen und den kognitiven Verfall verzögern kann. Auch im fortgeschrittenen Alter ist das Gehirn in der Lage, sich stets zu verändern und sich neuen Informationen anzupassen. Wir haben in jedem Alter die Fähigkeit, durch Lernen und ständiges Üben unser Gehirn zu verändern. Sonst wäre ab einem gewissen Alter das Lernen ja unmöglich, und ein Berufs- oder Branchenwechsel oder das Erlernen einer neuen Sprache oder Fertigkeit wäre undenkbar.

> **Beispiel**
>
> Beweise dafür lieferte ein Team um Arne May vom Universitätsklinikum Hamburg-Eppendorf in Zusammenarbeit mit den Universitätskliniken Jena in einer weltbekannten Studie (May et al. 2008). Die Forscherinnen und Forscher forderten 44 Probandinnen und Probanden zwischen 50 und 67 Jahren dazu auf, innerhalb von drei Monaten das Jonglieren zu erlernen. Ihr Gehirn wurde vor und nach dem Training gemessen und erneut nach einer dreimonatigen Pause. Das Ergebnis war eindeutig: Das Gehirn hatte sich nach dieser kurzen Zeit in einigen Regionen vergrößert, und zwar im Hippocampus, im Nucleus accumbens (gehört zum hirneigenen Belohnungszentrum) und in jener Hirnregion, die für die Bewegung im Raum zuständig ist. Nach der dreimonatigen Pause hatte sich allerdings das Wachstum wieder zurückgebildet, was uns zeigt, dass man mit dem Lernen nicht aufhören sollte, um die kognitiven Fähigkeiten und Fortschritte beizubehalten.

Diese Studie lehrt uns noch etwas ganz Wichtiges: Es ist in keinem Alter zu spät, etwas Neues zu lernen, weil unser Gehirn nie aufhört, sich neu zu strukturieren und sich unseren Anforderungen anzupassen. Das zu wissen öffnet die Tore zu vielen Möglichkeiten und Zielen, die man im späten Alter anpacken will.

> **Beispiel**
>
> Eine weitere, ebenfalls sehr bekannte Studie stellt die Veränderbarkeit des Gehirns ebenso gut dar. Die Forscherinnen und Forscher nahmen in dieser Studie das Gehirn von 79 Taxifahrerinnen und -fahrern in London mittels MRT (Magnetresonanztomographie) unter die Lupe und fanden – genauso wie in der Studie zum Jonglieren – Beweise dafür, dass sich das Gehirn in der Tat verändern kann (Woollett und Maguire 2011). London ist bekannt für sein kompliziertes Straßensystem, und laut Forschung erfordert es in der Regel drei bis vier Jahre Ausbildung, um die mehr als 25.000 Straßen auswendig zu lernen. Die Forscherinnen und Forscher untersuchten das Gehirn der Taxifahrerinnen und -fahrer vor und nach ihrer langen Ausbildung. Bei denen, die die Ausbildung bestanden, nahm das Gehirn in der hinteren Hippocampus-Region an Umfang zu.

Wie schon erwähnt, ist der Hippocampus eine Hirnregion, die daran beteiligt ist, neue Informationen und Erlebnisse abzuspeichern. Es gibt pro Gehirnhälfte einen Hippocampus, und zwar tief im Inneren des vorderen Großhirns. Man kann sich den Hippocampus wie ein Zwischenlager vorstellen, in dem Erinnerungen zuerst landen, bis einige wichtige davon später im Langzeitgedächtnis abgespeichert werden. Fehlen die Hippocampi, zum Beispiel, weil sie entfernt wurden, weiß man morgen nicht mehr, was man heute gemacht hat, da man sich nichts mehr Neues merken kann.

Jedenfalls haben die Fahrerinnen und Fahrer durch das Lernen während der Ausbildung regelrecht ihr Gehirn verändert, besser gesagt: vergrößert. Bei der Kontrollgruppe mit den durchgefallenen Fahrerinnen und Fahrern war das nicht der Fall; ihr Gehirn blieb unverändert. Du könntest jetzt vielleicht denken, dass diejenigen, die die Ausbildung bestanden haben, schon von vornherein genetisch dazu veranlagt waren und dass dieses Ergebnis nicht überraschend kommt. Möglich ist dies schon, doch die Ergebnisse zeigen ganz deutlich einen Unterschied zwischen den Vor- und Nachabbildungen der gescannten Gehirne. Diese Studie ist ein Beweis dafür, dass die Kapazität unseres Gehirns nicht begrenzt ist und wir sehr wohl in der Lage sind, unser Gehirn durch Eigeninitiative zu verändern. Im Klartext bedeutet dies: Wir können ein Ziel, egal wie schwer und mühsam es auch sein mag, durch harte Arbeit und Anstrengung erreichen, denn unser Gehirn wird sich den neuen Informationen anpassen und dementsprechend wachsen.

An dieser Stelle kommt ein kurzer Bio-Crashkurs sehr gelegen (die Neurowissenschaftlerinnen und -wissenschaftler unter euch mögen mir meine vereinfachte Darstellung verzeihen). Er wird dir dabei helfen zu verstehen, wie eine Nervenzelle aufgebaut ist. Die Nervenzelle ist nämlich der Grundbaustein des Gehirns und des Nervensystems, und daher ist es wichtig zu wissen, wie diese Zellen im Groben funktionieren und miteinander kommunizieren. Jede Nervenzelle (auch Neuron genannt) besteht aus drei Teilen: aus Zellkörper, Axon und Dendriten. Bildlich kannst du dir das so vorstellen: Meine elektrisch aufgeladenen Haare, die in alle Himmelsrichtungen stehen, sind die Dendriten (sie sind wie Antennen und nehmen Signale von anderen Zellen auf), mein Kopf stellt den Zellkörper dar und mein Arm das Axon, durch das elektrische Reize ausgesendet werden. Meine Fingerspitzen sind dann die Endknöpfe, die Informationen an den nächsten Nerv weiterleiten. Die Impulse strömen also von den Haarspitzen zum Kopf den Arm entlang bis zu den Fingerspitzen. Von da wird das Signal in chemischer Form durch eine klitzekleine Lücke, die Kontaktstelle (Synapse genannt), die sich an den Enden der Zellen befindet, geleitet und hüpft zur nächsten Nervenzelle. Doch zurück zum Axon, das in unserem Bild meinem Arm entspricht: Das Axon ist mit einer fettigen und eiweißhaltigen Substanz namens Myelin isoliert und kann dadurch Informationen sehr schnell übermitteln. Myelin ist somit sehr wichtig für die Kommunikation der Gehirnzellen. Ist es beschädigt oder zerstört, hat das verheerende gesundheitliche Folgen; die Nervenkrankheit Multiple Sklerose ist nur eine davon. Myelin ist also sehr wichtig für das Lernen, insbesondere für das Erlernen neuer Fähigkeiten. Je mehr und dicker das Myelin die Axone umhüllt, desto besser und schneller die Informationsübertragung an andere Neurone. Genau von dieser Isolierschicht können wir nicht genug haben. Und tatsächlich, wenn man NEUE Fähigkeiten erlernt oder Tätigkeiten konsequent längere Zeit ausübt, führt es genau dazu: zu einer größeren Myelinbeschichtung der Zellen (University of London 2014). Nach dem Motto: Je mehr du frisst (also lernst), desto fetter werden die Axone, was in diesem Fall eine gute Sache ist. Das erfreuliche Resultat: Wir werden einfach besser und schneller, egal, womit wir uns beschäftigen!

Denke an etwas, das du gerne beherrschen würdest, aber noch nicht kannst. Dass du etwas nicht kannst, kann ja momentan durchaus stimmen. Das heißt aber nicht, dass du es nicht lernen kannst. Jeder, der etwas gut beherrscht, hat in diese Fertigkeit viel Mühe und harte Arbeit investiert. Viel Übung in diesem Sinne heißt nicht, dass man ständig das Gleiche machen soll, denn nach einiger Zeit läuft dieser Vorgang ganz von selbst ohne viel Geistesarbeit ab und erfordert nicht mehr viel Anstrengung, Denkleistung und Konzentration. Es ist daher wichtig, dass du dein Wissen oder Können durch etwas Neues erweiterst, das du noch nicht beherrschst. Wie eine neue Eisenbahntrasse kannst du durch Übung deine Nervenzellen stärken und neue Pfade im Gehirn schaffen. Bei jedem funktioniert das Lernen nach demselben Verfahren. Deinen Gehirnzellen ist es völlig egal, ob du die Bürgermeisterin oder der Bürgermeister deiner Stadt bist, im Supermarkt an der Kasse arbeitest oder in einer Kantine Essen ausgibst. Selbst Königin Elizabeth II. hat keine königlichen, sondern ganz normale Neuronen im Gehirn. Das Lernen von Fertigkeiten und das Erreichen von Exzellenz ist wie das Erklimmen eines steilen Bergs, und nur die Geduldigen und Fleißigen haben Zugang zu den Früchten der harten Arbeit an der Bergspitze.

Dass Geduld und Hartnäckigkeit so wichtig sind, hat folgende Gründe: Es kann Jahre dauern, bis man etwas sehr gut beherrscht, und noch viel länger, bis man aus der Masse hervorsticht. Der Weg zum Ziel ist manchmal lange und mühsam. Deswegen sagt dir dein innerer Schweinehund vielleicht ständig, du solltest dein Buch zuklappen und dich stattdessen vor den Fernseher setzen. Geh nicht darauf ein. Du kannst und musst dich selbst überwinden. Fortschritte und Exzellenz brauchen ihre Zeit und sind nicht immer zum Greifen nahe. Du kannst dein Gehirn zum Wachstum stimulieren, neue Netzwerke und Verknüpfungen zwischen den Zellen bilden und den Informationsaustausch verbessern.

Hier sind zehn Methoden, die dir helfen können, dein Gehirn zu stimulieren und deine Gehirnleistung zu optimieren:

1. Konfrontiere dein Gehirn ständig mit neuen Informationen und Aufgaben. Alles, was neu und ungewohnt ist, stimuliert das Gehirn und kann zu besseren Verbindungen führen. Neues Fachwissen oder neue Fertigkeiten sind ideal. Dies ist nicht nur gut für deine geistige Fitness, sondern bietet dir darüber hinaus viele neue Möglichkeiten – im privaten sowie im beruflichen Bereich.
2. Wenn du an einer Tätigkeit arbeitest, widme dich dieser Aufgabe mit höchster Aufmerksamkeit und Konzentration. Versuche nicht, mehrere Sachen auf einmal zu erledigen. Multitasking (mehr dazu in Kap. 14) ist schlecht, weil es die Qualität des Ergebnisses verringert und eine intensive Aufgabenlösung verhindert.
3. Es ist wichtig, neue Gehirnzellen zu bilden, aber genauso wichtig ist es, bestehende Zellen zu erhalten und vor dem Absterben zu bewahren. Eine gesunde Lebensweise fördert die Neurogenese, eine schlechte oder

ungesunde behindert diesen Prozess. Wusstest du auch, dass Junkfood (Kap. 7) das Gehirn schrumpfen lassen kann (Jacka et al. 2015)? Oder dass nur ein einziges stressverursachendes Ereignis (Kap. 11) genügt, damit neu geformte Nervenzellen absterben (Branan 2007)?

4. Wiederhole neue Informationen und übe neue Fähigkeiten regelmäßig und konsequent, damit dein Gehirn sich daran gewöhnen kann und neue Verbindungen herstellt. Du wirst dadurch besser, und das mühsam Erlernte wird nicht vergessen. Durch das ständige Üben wird auch eine Verbindung zum Langzeitgedächtnis hergestellt.
5. Stelle hohe Anforderungen an dich und fordere dich selbst heraus. Zum Beispiel kannst du dich einer neuen Aufgabe oder einem Ziel widmen und das tun, was du dich vorher nie getraut hast, aber schon immer wolltest. Alles, was dich anstrengt, stimuliert das Gehirn zu neuen Verknüpfungen.
6. Körperliche Aktivität ist stark zu empfehlen, sowohl für die körperliche als auch für die geistige Gesundheit. Du kannst durch Sport deine Gehirnfunktion verbessern und neue Gehirnzellen bilden. Ich habe dem Sport ein ganzes Kapitel gewidmet, also bleib dran!
7. Reise in neue Länder und Städte und nicht immer an denselben Ort, weil eine neue Umgebung und neue Menschen das Gehirn mit neuen Reizen füttern und stimulieren. Auch die nächstgelegene Stadt oder ein neuer Stadtteil sind geeignet, wenn größere Urlaubsreisen nicht möglich sind. Eine komplett neue Aktivität auszuprobieren, die du noch nie gemacht hast, ist auch eine gute Idee.
8. Wenn du schon immer ein Instrument erlernen wolltest, solltest du damit nicht länger warten. Laut einer Studie werden durch das Lernen und Spielen von Instrumenten neue Nervennetzwerke geformt (Wan et al. 2010).
9. Du wirst überrascht sein: Sogar Meditation soll die Gehirnstruktur verändern. Einer Studie zufolge kann Meditation zu mehr grauer Substanz oder, besser gesagt, zu mehr grauen Zellen führen, und das in nur acht Wochen (Hölzel et al. 2011).
10. Zweisprachigkeit soll positive Auswirkungen auf unseren Intellekt haben und den kognitiven Verfall verzögern, auch wenn eine Fremdsprache erst im Erwachsenenalter gelernt wurde (Bak et al. 2014). Fremdsprachenkenntnisse erhöhen zudem die allgemeine Intelligenz und bewirken, dass Demenz später einsetzt. Jetzt ist vielleicht die perfekte Gelegenheit, eine zweite oder vielleicht sogar eine dritte Sprache zu lernen!

So viel zur Bildung neuer Gehirnzellen! Und was ist mit den Neuronen, die bereits vorhanden sind? Verwandt mit der Neurogenese ist ein Prozess namens **Neuroplastizität,** der dazu dient, Verbindungen und Verknüpfungen von Nervenzellen zu formen und zu verändern. Dieser Prozess ist auch dafür verantwortlich, dass Spontanheilung und bestimmte Rehabilitationstechniken so gut funktionieren. Von Patientinnen und Patienten mit Hirnschäden zum Beispiel infolge eines Schlaganfalls oder Unfalls können sich einige dank der Neuroplastizität von ihren Verletzungen erholen. Unser Gehirn hat ein riesiges Potenzial zur Selbstheilung. Selbst wenn eine Gehirnhälfte beschädigt ist, können mithilfe von Therapien die Nachbarregionen oder die andere Gehirnhälfte einige Aufgaben der beschädigten Hälfte übernehmen und so bestimmte Funktionen wieder ermöglichen.

Wir alle können von der Neuroplastizität profitieren, nicht nur bei Gehirnverletzungen. Wann immer wir unser Gehirn mit neuen Informationen, Erfahrungen oder Fähigkeiten konfrontieren, verändern wir, ohne dass wir uns dessen bewusst sind, unsere Gehirnstruktur. Das Gehirn stellt dauernd neue Verknüpfungen und Verbindungen her und passt sich somit den neuen Informationen und Reizen an. Je öfter du etwas tust oder lernst, desto mehr regst du bestimmte Neurone zum Feuern an. Je öfter die Gehirnzellen feuern, desto mehr Netzwerke und Verbindungen werden zwischen den Neuronen hergestellt. Dank dieser Verbindungen und Netzwerke werden dein Wissen und Können gespeichert und verstärkt. Das ist fantastisch, denn es bedeutet: Wir lernen, werden besser und schneller. Unser Gehirn liebt Neues. Alles, was es nicht kennt, ist interessant und aufregend. Durch neue Reize und Eindrücke wird es stimuliert und gefordert. Neue Reize bringen uns auf neue Ideen und regen das Denken an.

Daher solltest du dich auch ständig neuen Situationen aussetzen und neue Eindrücke sammeln. Eine neue Sprache oder eine neue Fertigkeit zu lernen oder Wissen auf einem Gebiet zu erweitern, wodurch Denken und Gedächtnis gefördert werden, ist wie Hanteltraining für die Gehirnzellen. Hauptsache, du forderst dich mit anspruchsvollen Aufgaben. Über die Bedeutung von Bildung, Lesen und Rechnen für die geistige Fitness brauchen wir erst gar nicht zu diskutieren. Es sind unbestreitbar hervorragende Methoden, um den Geist zu fördern. Betrachte sie als eine Art Anti-Aging für das Gehirn. Apropos Aging: Beim Alter gehen wir alle in dieselbe Richtung. Mit fortschreitendem Alter lassen unser Gedächtnis und unsere kognitiven Leistungen sowieso langsam nach, da ist es wenig sinnvoll, diesen

Prozess noch weiter zu beschleunigen. Eine gesunde und abwechslungsreiche Lebensweise, bei der wir uns herausfordern, tut unserem Gehirn gut. Was wir zu schwer und anstrengend finden, ist für unser Gehirn superspannend und toll – nur kommt es an solche Stimulationen nicht von alleine und benötigt somit unsere Unterstützung. Wir müssen unserem Gehirn den Gefallen tun und es ständig mit neuen Reizen füttern. Diesen Gefallen wird es uns mit besseren kognitiven Leistungen danken.

Besonders die Notwendigkeit von Bildung muss ich nochmals betonen. Es gibt nichts Vergleichbares, was für die Entwicklung der geistigen Fähigkeiten so effektiv wäre.

> **Beispiel**
> Eine Studie belegt, dass Bildung sich tatsächlich im Gehirn bemerkbar macht. Forscherinnen und Forscher testeten das Arbeitsgedächtnis von 189 Probandinnen und Probanden zwischen 20 und 80 Jahren und fanden Folgendes heraus: Mit dem Alter nahm die Hirnaktivität der für den Leistungstest zuständigen Hirnregion ab. Entsprechend zeigten die Älteren auch eine schlechtere Leistung in den Tests. Bei gebildeten Teilnehmerinnen und Teilnehmern war das allerdings nicht der Fall. Bei ihnen waren die Gehirnzellen auch im Alter unversehrt, weshalb sie auch eine bessere Leistung zeigten als ihre Altersgenossen (Archer et al. 2018).

Bildung ist, wie du siehst, mehr als ein Blatt Papier wie zum Beispiel ein Zeugnis oder Zertifikat. Die hohe Bedeutung von Bildung besteht lebenslang und lässt nach der Schulausbildung nicht nach – auch nicht nach dem Abitur oder nach einem Universitätsabschluss.

Für unsere geistige Gesundheit dürfen wir mit Bildung und Förderung natürlich nicht erst dann anfangen, wenn wir Schwächen in unserem Denkvermögen bemerken, wie zum Beispiel Vergesslichkeit oder Konzentrationsschwäche. Der Alterungsprozess des Gehirns beginnt viel früher, als du denkst. Wir fangen schon mit 20 Jahren an, Gehirnmasse zu verlieren (Svennerholm et al. 1997). Deshalb ist Prävention sehr wichtig. Den Abbauprozess kannst du entweder durch deine Lebensweise beschleunigen, indem du zum Beispiel den Großteil deiner Zeit mit Nichtstun verbringst, oder du kannst den Rückgang deiner kognitiven Leistungskapazität mit Eigeninitiative weit in die Zukunft hinausschieben oder gar verhindern.

> **Beispiel**
>
> In einer weiteren Studie zur Bedeutung von Bildung untersuchte eine Forschungsgruppe 331 gesunde Erwachsene zwischen 19 und 79 Jahren, oder genauer: ihre grauen Zellen (Steffener et al. 2016). Dabei gab es zwei wesentliche Ergebnisse: Mit jedem zusätzlichen Jahr an Bildung reduzierte sich das Hirnalter um fast ein Jahr (0,95). Stiegen die Probandinnen und Probanden zusätzlich noch täglich Treppen, verringerte sich das Hirnalter um ein weiteres halbes Jahr (0,58). Fazit: Das Gehirn wird durch Bildung und Bewegung immer jünger.

Das zeigt uns, dass Mutter Natur keine hundertprozentige Macht über uns hat und dass wir nicht nur unsere körperliche, sondern auch unsere geistige Gesundheit und kognitiven Fähigkeiten selbst fördern können. Bildung, eine gesunde Lebensweise und Ernährung sowie Sport sind unsere mächtigsten Werkzeuge. Nutze sie, und das regelmäßig! Verhindern können wir vielleicht nicht alles, aber warum nicht versuchen, den Schaden einzudämmen oder möglichst in Grenzen zu halten? Unser Gehirn braucht wirklich viel Aufmerksamkeit. Vernachlässigst du es, bildet sich das mühsam aufgebaute Netzwerk von Nervenverbindungen zurück. Deine Gehirnzellen nehmen wohl an, dass du das Netzwerk nicht mehr brauchst, und machen so Platz für andere Dinge, mit denen du dich gerade beschäftigst. Resultat: Wir vergessen, wir verlernen und werden einfach schlechter.

Hast du auch schon einmal eine Fremdsprache oder eine Fähigkeit komplett verlernt? Ich schon! Ich hatte in der Schule vier Jahre lang Französisch und konnte schon fast fließend sprechen, und was ist davon übrig? Nur noch „Merci" und „Bonjour". Leider wusste ich damals nicht, dass synaptische Verbindungen im Gehirn schwächer werden und sich vor Langeweile auflösen, wenn sie nicht mehr gebraucht werden, nach dem Motto „Use it or lose it". Mit anderen Worten: Nicht verwendete Zellen verfallen bei Nichtnutzung und werden entsorgt! Hätte ich damals gewusst, was ich jetzt weiß, hätte ich sicherlich öfters geübt und die Verknüpfungen, für die ich Jahre gearbeitet hatte, frisch gehalten. Mach also nicht denselben Fehler. Genauso wie beim Muskeltraining fordert unser Gehirn beim Lernen nicht nur Zeit und Energie, sondern auch dauerhaftes Training. Hast du etwas mühsam erlernt, darfst du diese wichtige Fertigkeit nicht wie einen unnützen Gegenstand im Keller lagern, sondern musst sie wie einen Schatz ständig polieren und pflegen.

Wie können wir das Vergessen verhindern? Durch ständiges Üben und Wiederholen ohne lange Auszeiten, damit die Informationen auch fest im Kopf haften bleiben. Somit verlernst du das Erlernte nicht und verhinderst, dass Verknüpfungen im Gehirn verloren gehen. Auch Schwächen kannst du durch gezieltes Bemühen verbessern oder sogar zu deiner Stärke machen. Verzichte also auf Sätze wie „Ich bin nicht gut in diesem Fach, also brauche ich erst gar nicht zu lernen", „Mein Opa konnte das auch noch nie" oder „Ich habe zwei linke Hände bei …". Du bist in diesen Bereichen nicht gut, weil du dich nicht intensiv damit beschäftigt hast. Du musst die neuen Fähigkeiten nur durch ständiges und konzentriertes Üben erlernen und so neue Nervenverbindungen herstellen und verstärken.

Ich hoffe, du bist genauso froh und erstaunt darüber, dass unser Gehirn ein Organ ist, das wachsen kann, und dass wir es durch Eigeninitiative beeinflussen und optimieren können. Es steht in unserer Macht, es so zu formen und zu gestalten, dass es uns bei unseren Zielen hilft. Ob du das Gehirn in die richtige Richtung lenkst oder in die falsche, liegt in deiner Macht. Als „falsch" kann man alles bezeichnen, das dich im Leben zurückwirft oder dir in vielerlei Hinsicht schadet. Schlechte Angewohnheiten können negative Konsequenzen haben, weil sie dazu führen, dass sich das Gehirn an diese gewöhnt und sie nun ständig verlangt. Es ist nicht einfach, sich davon zu lösen – wie zum Beispiel bei einer Sucht, sei es nach Drogen, Computerspielen oder Shoppen. Du musst dein Denkorgan schützen, und vor allem darfst du deine Gesundheit nicht gefährden. Achte darauf, dass du deine Gehirn-Power für deine Lebensziele nutzt und nicht für etwas, das dich nirgendwohin führt und dir nur schadet..

Das nächste Mal …

wenn du vor einer Herausforderung stehst und an dir zweifelst, dann denke daran, dass dein Gehirn die Kapazität besitzt, sich zu ändern und anzupassen. Du musst dein Gehirn nur ständig, gezielt und immer wieder mit den erforderlichen Informationen füttern, damit es eine neurale Verbindung herstellt. Wichtig ist zu wissen, dass es möglich ist, und allein das ist schon viel wert.

Die Herausforderung …

Lass die Milliarden von Neuronen in deinem Gehirn ihren Zauber ausüben. Wende wöchentlich eine (oder gerne auch mehr) der oben genannten Methoden an und binde sie in deinen Alltag ein. Du wirst schnell bemerken, dass sich dies positiv auf deine Leistungen auswirkt. Scheue dich nicht vor neuen Herausforderungen, weil du nur so deinen Erfahrungshorizont erweitern kannst.

Fazit

Dutzende von wissenschaftlichen Studien haben es bewiesen: Unser Gehirn ist wie Knete, die durch Üben und Lernen formbar ist. Und nicht nur das: Wir können durch neue Informationsaufnahme, intensives und fokussiertes Lernen auch neue Gehirnzellen bilden und unser Gehirn zum Wachstum anregen. Alles Neue, bei dem wir uns konzentriert mit anspruchsvollen Tätigkeiten beschäftigen, stimuliert nämlich unser Denkorgan. Du bist deinem Gehirn nicht hilflos ausgeliefert. Verschiedene Methoden können das Gehirn stimulieren, beispielsweise können neues Fachwissen, neue Fertigkeiten oder eine neue Umgebung auch neue Verbindungen im Gehirn herstellen. Damit das Erlernte auch haften bleibt und du nichts verlernst, sondern besser wirst, musst du unbedingt regelmäßig an deinem Wissen und Können arbeiten. Was du jetzt nicht beherrschst, kann durch ständiges, konsequentes und konzentriertes Üben verbessert werden. Die Ausrede, dass du für das eine oder andere nicht geschaffen bist, ist lange nicht mehr gültig und schlichtweg falsch. Wir können uns nicht mehr hinter unseren Schwächen verstecken. Genauso, wie wir unsere Stärken optimieren können, können wir uns auch mit unseren Schwächen konfrontieren und diese gezielt in Angriff nehmen. Auch du kannst dich systematisch auf einem Gebiet verbessern und dich deinen Zielen nähern. Es liegt ganz allein in deiner Hand.

Literatur

Archer JA, Lee A, Qiu A, Chen SHA (2018) Working memory, age and education: a lifespan fMRI study. PLoS ONE 13:e0194878. https://doi.org/10.1371/journal.pone.0194878

Bak TH, Nissan JJ, Allerhand MM, Deary IJ (2014) Does bilingualism influence cognitive aging? Ann Neurol 75(6):959–963. https://onlinelibrary.wiley.com/doi/epdf/10.1002/ana.24158

Branan N (2007) Stress kills brain cells off. Sci Am 18. https://www.scientificamerican.com/article/stress-kills-brain-cells/. Zugegriffen: 9. Juni 2018

Hölzel BK, Carmody J, Vangel M, Congleton C, Yerramsetti SM, Gard T, Lazar SW (2011) Mindfulness practice leads to increases in regional brain gray matter density. Psychiatry Res 191(1):36–43. https://doi.org/10.1016/j.pscychresns.2010.08.006

Jacka FN, Cherbuin N, Anstey KJ, Sachdev P, Butterworth P (2015) Western diet is associated with a smaller hippocampus: a longitudinal investigation. BMC Medicine 13:215. https://bmcmedicine.biomedcentral.com/track/pdf/10.1186/s12916-015-0461-x?site=bmcmedicine.biomedcentral.com. Zugegriffen: 18. März 2019

May A, Boyke J, Driemeyer J, Gaser C, Büchel C (2008) Training-induced brain structure changes in the elterly. J Neurosci 28(28):7031–7035. https://doi.org/10.1523/JNEUROSCI.0742-08.2008

Shors TJ, Anderson LM, Curlik DM, Nokia SM (2012) Use it or lose it: how neurogenesis keeps the brain fit for learning. Behav Brain Res 227(2):450–458. https://dx.doi.org/10.1016%2Fj.bbr.2011.04.023

Steffener J, Habeck C, O'Shea D, Razlighi Q, Bherer L, Stern Y (2016) Difference between chronological and brain age are related to education and self-reported physical activity. Neurobiol Aging 40:138–144. https://doi.org/10.1016/j.neurobiolaging.2016.01.014

Svennerholm L, Boström K, Jungbjer B (1997) Changes in weight and compositions of major membrane components of human brain during span of adult human life of Swedes. Acta Neuropathol 94(4):345–352. https://doi.org/10.1007/s004010050717

Thuret S (2015) You can grow new brain cells. here's how. Ted@BCG London. https://www.ted.com/talks/sandrine_thuret_you_can_grow_new_brain_cells_here_s_how. Zugegriffen: 5. Juli 2018

University College London (2014) Myelin vital for learning new practical skills. ScienceDaily. https://www.sciencedaily.com/releases/2014/10/141016143700.htm. Zugegriffen: 17. Sept. 2018

Wan CY, Schlaug G (2010) Music making as a tool for promoting brain plasticity across the life span. Neuroscientist 16(5):566–577. https://www.ncbi.nlm.nih.gov/pmc/articles/PMC2996135/. Zugegriffen: 17. März 2019

Woollett K, Maguire EA (2011) Acquiring "the Knowledge" of London's layout drives structural brain changes. Curr Biol 21(24-2):2109–2114. https://www.ncbi.nlm.nih.gov/pmc/articles/PMC3268356/. Zugegriffen: 18. März 2019

6

Sport macht schlau!

Inhaltsverzeichnis

Das nächste Mal 79
Die Herausforderung 79
Fazit 79
Literatur 80

> **In diesem Kapitel …**
>
> geht es um die Bedeutung sportlicher Aktivitäten für unsere Leistungsfähigkeit. Dass Sport für die körperliche Gesundheit wichtig ist, ist jedem bekannt. Was viele jedoch nicht wissen, ist, was genau Sport für unser Gehirn tut. Sport hat nämlich neben sichtbaren Vorteilen wie Muskelaufbau und Gewichtsreduktion auch viele unsichtbare. Sport ist das Beste, was du für deine Seele, deinen Körper und deinen Geist tun kannst. Dutzende Forschungsarbeiten zeigen dies schwarz auf weiß: Es gibt einen Zusammenhang zwischen Sport und unserem Denkorgan. Wie kann dir Sport gegen Stress helfen? Warum solltest du, gerade wenn du gestresst bist, Sport machen? Wie kann er bei schlechter Laune helfen? Der Frage, wie Sport dich bei deinen Zielen unterstützen und deine kognitiven Fähigkeiten verbessern kann, werden wir auf den Grund gehen. Dieses Kapitel wird dir viele Gründe dafür liefern, dich zu bewegen. Du wirst sehen, dass die Annahme, Sport diene nur dazu, einen schlanken Körper zu bewahren, absolut falsch ist.

Sicherlich fragst du dich, was Sport mit dem Erreichen deines Lebenstraums zu tun hat. Ganz einfach: Er hat nur Vorteile! Neben körperlichen und gesundheitlichen Vorzügen nimmt Sport positiven Einfluss auf das Gehirn und unsere kognitiven Leistungen. Dass Sport schlau macht, ist wissenschaftlich belegt: Sport fördert die Bildung neuer Gehirnzellen. Aber das ist längst nicht alles: Er verlangsamt zusätzlich das Altern von existierenden Gehirnzellen und verbessert somit die allgemeine Gehirnfunktion (Ratey und Hagerman 2013). Wir benötigen unser Denkorgan für alle Bereiche unseres Lebens, nicht nur für unsere Ziele. Dass wir unsere kognitiven Fähigkeiten so einfach und auf natürliche Weise fördern können, ist eine tolle Nachricht und ein triftiger Grund, sich zu bewegen.

Egal, wie viel Zeit du gerade hast: Nutze den Moment, der dir zur Verfügung steht. Hauptsache, du bewegst dich, kommst ins Schwitzen, erhöhst deine Herzfrequenz und dadurch die Durchblutung. Ich verstehe sehr gut, dass man nach einem langen Tag auf der Arbeit, in der Schule oder an der Uni zu müde ist und sich zu Hause einfach entspannen will. Vielleicht musst du Termine einhalten, Besorgungen machen oder auf die Schwester oder den Bruder aufpassen. Ich kann hier noch viele andere Gründe aufzählen, die als

Ausrede dienen, sich vor Sport zu drücken. Wenn dies auf dich zutrifft, dann kann ich dir nur eines raten: Verlege deine sportlichen Aktivitäten einfach auf morgens. Du denkst jetzt sicherlich: „Ist sie denn verrückt? Ich muss sowieso schon so früh aus dem Haus." Egal: Geh eine Stunde eher ins Bett und steh dafür eine Stunde früher auf. Ich weiß, für viele ist dies unvorstellbar, aber ich will es dir trotzdem ans Herz legen, weil du davon in deinem Privat- und Berufsleben unglaublich profitieren wirst.

Ich würde dir nichts empfehlen, was ich selbst nicht tun würde. Ich bin regelmäßig schon um 5.30 Uhr im Fitnessstudio zum Training. Ich gebe zu, das Aufstehen ist eine Qual, und man kommt sich ganz schön blöd vor, wenn man quasi noch mitten in der Nacht zum Sport geht. Aber hinterher fühle ich mich so stark und gut gelaunt, dass ich mich gerne diese eine Stunde lang quäle. Für nur eine Stunde Training am Tag verdiene ich mir Glücksgefühle für die nächsten 24 h. Wenn ich mich davor drücke, ist es umgekehrt. Nur wegen einer Stunde mehr Schlaf muss ich den ganzen Tag oder noch länger auf all das Positive verzichten. Deshalb steht die Frage, ob ich Sport machen soll, für mich erst gar nicht zur Debatte, sondern eher wann und welche Art. Wenn es bei dir morgens nicht geht, dann vielleicht am Abend oder in der Mittagspause. Egal zu welcher Uhrzeit, Hauptsache, du schaffst dir in deinem Tagesablauf ein wenig Zeit, um dich zu bewegen. Es gibt Tausende von Online-Trainingsprogrammen, die diverse Übungen von unterschiedlicher Dauer ganz genau anleiten. Lass dich von anderen motivieren und nimm die für dich nützlichen Tipps und Ratschläge an. Mache Sport zum festen Bestandteil deines Lebens. Paradoxerweise behaupten viele, keine Energie für sportliche Aktivitäten zu haben. Du brauchst keine Energie, um Sport zu machen. Du bekommst Energie, wenn du Sport treibst.

Sport hat noch viele weitere gesundheitliche Vorteile, und es ist unmöglich, auf jeden einzelnen davon einzugehen. Daher beschränke ich mich hier nur auf seine Auswirkung auf das geistige Wohlbefinden. Im Folgenden habe ich zwölf Vorteile zusammengefasst, durch die dich Sport bei deinen Leistungen und Zielen unterstützen kann.

1. **Bildung neuer Gehirnzellen:** Durch körperliche Aktivität bilden sich neue Gehirnzellen im Hippocampus (Erickson et al. 2015; Nokia et al. 2016). Mehr Gehirnzellen in dieser Hirnregion sind natürlich sehr vorteilhaft, da dieser Bereich für Lernen und Gedächtnis wichtig ist, was bedeutet, dass sich dies positiv auf deine Leistung auswirken wird. Außerdem hat Sport einen Einfluss auf mehr als 80 % der grauen Gehirnsubstanz (Batouli und Saba 2017). Du kannst durch Sport also buchstäblich deine grauen Zellen beeinflussen.

2. **Verbesserung der kognitiven Leistungen:** Dutzende von Studien belegen, dass Sport die Gehirnleistung verbessert (Donnelly et al. 2016). Laut Forscherinnen und Forschern der Universität Münster lernen Schülerinnen und Schüler am besten, wenn sie kurz zuvor intensiv Sport getrieben haben, wie zum Beispiel nach einem Sprint (Winter et al. 2007). Die Versuchspersonen in dieser Studie, die gesprintet waren, lernten Vokabeln um 20 % schneller und hatten höhere BDNF-Werte als diejenigen, die nur gejoggt waren und Pausen eingelegt hatten. BDNF ist ein Protein, das unter anderem wichtig für die Bildung und das Wachstum neuer Gehirnzellen ist und das Absterben von Gehirnzellen verhindern kann. Merke dir also: Das Lernen funktioniert nach ausreichend Bewegung am besten.
3. **Stressminderung durch Sport:** Sport ist wie ein Wundermittel gegen Stress und perfekt als Vor- und Nachsorge. Während wir Ziele anstreben und viel Arbeit investieren, ist es unmöglich, Stress komplett zu entgehen. Dass du durch Bewegung deinen Stresspegel mindern kannst, ist doch wunderbar (Salmon 2001). Stress schadet dem Hippocampus, der, wie schon erwähnt, für Gedächtnis und Lernen wichtig ist. Sport repariert sogar den Schaden im Gehirn, der durch Stress verursacht wurde (Melnick 2013). Vielleicht denkst du: „Warum soll ich mich zum Sport zwingen, wenn allein der Gedanke an Sport mir Stress verursacht?" Egal! Tu es trotzdem! Selbst wenn der Gedanke an Sport dich stresst, verringert sich durch körperliche Bewegung dein allgemeiner Stress (Greenwood et al. 2013).
4. **Verbesserung des Langzeitgedächtnisses:** Dutzende von Studien zeigen, dass sportliche Aktivitäten das Langzeitgedächtnis verbessern (Coles und Tomporowski 2008). Unser Gedächtnis ist wichtig und ein wesentlicher Bestandteil des Lernens. Wir möchten ja auch neue Informationen irgendwo speichern und abrufen, wenn wir sie brauchen.
5. **Hilfe gegen Depressionen:** Sport hilft gegen Depressionen, weil er die Laune anhebt. Sport ist in der Tat genauso wirkungsvoll wie psychotherapeutische Behandlungen und Antidepressiva (Cooney et al. 2013). Fühlt man sich depressiv, ist man lustlos und schlecht gelaunt. Die Energie, den Zielen nachzugehen, fehlt, und die Motivation lässt nach. Nicht nur die Ziele werden vernachlässigt, sondern noch vieles andere Dinge, das getan werden sollte. Stattdessen tut man Dinge, die man NICHT machen sollte. Zum Beispiel hat man weniger Lust darauf, sich zu bewegen, und neigt eher zu einer ungesunden Ernährung oder zum Alkoholkonsum. Das kann leicht zu einem Teufelskreis führen: Zu sehen, dass du deine Ziele nicht erreichst, kann die Depressionen

noch weiter verschlimmern. Das wiederum ist ein Grund für noch mehr Traurigkeit und Unzufriedenheit. Also beweg dich für deine körperliche und geistige Gesundheit, auch wenn dir die Lust dazu fehlt.

6. **Bewältigung von Angstgefühlen:** Alles Neue im Leben kann Angst verursachen und uns den Mut nehmen (mehr zu diesem Thema in Kap. 10). Es ist wichtig, dieses negative Gefühl zu bewältigen, und auch hier hilft Sport (Mayo Clinic 2017). Der Fokus wandert beim Sport von den unangenehmen Gedanken weg, weil sich das Gehirn auf die Bewegung konzentriert. Das tut der Seele gut und ist als Abwechslung entspannend für Körper und Geist.
7. **Motor für gute Laune:** Sport sorgt dank der Botenstoffe Dopamin, Endorphin und Serotonin, die dabei im Gehirn freigesetzt werden, für gute Laune. Hast du erst einmal gute Laune, bist du optimistischer, kreativer und hast letztendlich auch die erforderliche Energie, um dich deinen Zielen zu widmen und neue Pläne zu schmieden. Gute Laune ist Voraussetzung und Quelle für Energie und Optimismus.
8. **Hilfe bei Schlaflosigkeit:** Sport hilft dir, besser zu schlafen. Nach einem gesunden Nachtschlaf fühlt man sich einfach frisch, munter und energiegeladen – Voraussetzung für einen produktiven Tag. Sport ermüdet den Körper und sorgt dafür, dass dir die Augen zufallen. Die nächtliche Ruhe hat noch viele weitere Vorteile (dazu mehr in Kap. 14).
9. **Stärkung des Immunsystems:** Ein starkes Immunsystem bedeutet, dass du weniger anfällig für Infektionen und Krankheiten bist. Eine 20-minütige sportliche Aktivität reicht schon aus, um das Immunsystem zu stärken (Dimitrov et al. 2017). Gesundheit hat natürlich höchste Priorität für dein Wohlbefinden. Bist du erst einmal krank, fehlen dir Energie, Motivation und Konzentration, und du vernachlässigst oder verschiebst deine Ziele, bis du wieder gesund bist.
10. **Stärkung des Selbstbewusstseins:** Selbstbewusstsein ist sehr wichtig, und das in allen Bereichen unseres Lebens. Sport kann auch hier helfen. Bist du überzeugt von dir und deinen Fähigkeiten, strahlst du dies auch aus. Das wiederum erhöht deine Erfolgschancen. Und seien wir ehrlich: Sport verbessert auch das äußere Erscheinungsbild, was das Selbstbewusstsein automatisch erhöht.
11. **Verbesserung der Konzentration:** Konzentrationsmangel kann fatale Folgen haben. Durch Sport kannst du dich besser konzentrieren, und das sofort. Wenn du jetzt gleich Sport machst, erhöhst du direkt dein Konzentrationsvermögen für die nächsten zwei bis drei Stunden (Ratey und Hagerman 2013) – ein guter Grund mehr, sich morgens zu bewegen. Besonders vor Prüfungen und wichtigen Leistungen solltest du

unbedingt Sport machen. Nicht nur, um dich besser zu konzentrieren, sondern auch, damit du von all den anderen erwähnten Vorteilen für deinen Geist profitierst.

12. **Natürliche Hautverjüngung:** Sport ist wie Botox, aber auf ganz natürliche Weise! Insbesondere Ausdauersport beugt der Hautalterung vor und macht erstaunlicherweise einige Hautschäden sogar rückgängig (Reynolds 2014). Mein Lieblingseffekt: die roten Wangen nach dem Sport! Kein Puder-Rouge ist so schön und kann die vom Sport geröteten Wangen ersetzen. Wer möchte schon keine strahlende Haut? Wenn wir das mögen, was wir im Spiegel sehen, hebt das gleich unsere Stimmung. Die Stimmung ist, wie oben schon erwähnt, sehr wichtig und kann für eine positive Einstellung zum Leben und einen optimistischen Blick in die Zukunft sorgen.

Aufgrund all dieser Vorteile wird Sport zweifellos einen enorm positiven Effekt auf dein Leben und deine Leistungen haben. Nicht ohne Grund haben Unternehmen eigene Fitnessstudios oder übernehmen die Mitgliedsbeiträge ihrer Mitarbeiterinnen und Mitarbeiter in nahe gelegenen Fitnesscentern. Nicht, weil sie auf körperlich fitte Angestellte stehen (das vielleicht auch), sondern hauptsächlich, weil Arbeitgeberinnen und -geber genau wissen, dass ihre Beschäftigen durch Sport bessere Arbeit leisten können, bessere Laune und weniger Stress haben, gesünder sind und daher weniger Fehlzeiten haben.

> **Beispiel**
> Eine Studie hat mehr als 250 Arbeitnehmerinnen und -nehmer, die in firmeneigenen Fitnesseinrichtungen Sport betreiben, ins Visier genommen, um zu untersuchen, wie sich Fitnesstraining am Arbeitsort auf die Arbeitsleistung auswirkt (Coulson et al. 2008). Laut eigenen Angaben hatten 201 Arbeitnehmerinnen und -nehmer an den Tagen, an denen sie im firmeneigenen Fitnessstudio Sport betrieben, bessere Laune und zeigten eine bessere Arbeitsleistung.

Für die gute Laune sorgen Botenstoffe wie Dopamin. Hat man gute Laune, ist man auch positiv eingestellt und arbeitet gerne. Hat man schlechte Laune, fehlen Lust und Motivation, und man will einfach nur nach Hause. Für Arbeitgeberinnen und -geber, die sich einen solchen Service für ihre Angestellten leisten, zahlt sich dies um ein Vielfaches aus.

Wenn du Zugriff auf ein solches Angebot durch deine Firma, die Schule oder Uni hast, solltest du es unbedingt nutzen. Im Grunde geht es um deine Gesundheit, die auf dem Spiel steht. Also zieh deine Laufschuhe an oder schnapp dir deine Sporttasche und geh ins Fitnesscenter oder ins Freie. Sport im Freien ist besonders ratsam, nicht nur wegen der frischen Luft, sondern auch wegen des Vitamin D, das wir durch die Sonne tanken. Suche dir ein Fitnesscenter, einen Verein oder einen Wald oder Park in deiner Nähe, damit die Entfernung nicht als Ausrede dient.

Ich würde ja gerne Müll rausbringen, Treppen steigen statt Fahrstuhl fahren und mit dem Hund Gassi gehen ebenfalls in die Kategorie der körperlichen Aktivitäten aufnehmen, aber lass uns realistisch sein: Echte sportliche Betätigungen sind das alles nicht. Also keine Ausreden wie „Ich bin den ganzen Tag unterwegs", „Ich laufe immer dem Bus hinterher" oder „Ich bin nicht sportlich". Such dir die passende sportliche Aktivität aus, die dir am meisten Spaß macht, sei es Spinning, Schwimmen, Zumba, Pilates, Joggen oder einfach nur Radeln. Die Auswahl ist reichlich, und es gibt etwas für jeden Geschmack.

> **Tipp**
> Bei gesundheitlichen Problemen konsultiere deinen Arzt, um sicherzustellen, welche Sportart für dich am geeignetsten ist.

Du kannst dich mit Tricks und bestimmten Methoden dazu motivieren, dich zu bewegen. Als Anreiz, um mit Sport anzufangen, kannst du von unzähligen Fitness-Apps und -Gadgets profitieren. Sie können dir dabei helfen, deine Herzfrequenz, die Dauer der sportlichen Betätigung, deinen Kalorienverbrauch etc. zu messen und deine Fortschritte zu verfolgen. Abgesehen davon können Fitness-Gadgets dir das Gefühl geben, dass du eine „Athletin" oder ein „Athlet" bist und dich dazu motivieren, regelmäßig Sport zu treiben. Mir persönlich macht es einen Riesenspaß, neue Sportbekleidung zu kaufen, und ich kann es dann kaum abwarten, sie auch zu tragen. Coole Trainingsklamotten können motivieren und regelrecht zum Sport verführen, wie zum Beispiel neue Laufschuhe, Shorts oder Sport-BHs für die Damen. Ein weiterer Trick: Lege deine Sporttasche und -kleidung schon am Abend bereit, damit du am Morgen nicht in Hektik gerätst. Eine Methode, auf die ich immer wieder zugreife, ist, dass ich meine Sportsachen auch dann anziehe, wenn ich einmal keine Lust habe.

Sie wieder auszuziehen, ohne Sport gemacht zu haben, verursacht wirklich ein ungutes Gefühl. Ich reiße mich lieber zusammen und bewege mich, anstatt sie wieder auszuziehen und mich mies zu fühlen.

Mach deine sportlichen Aktivitäten nicht von deiner Laune abhängig. Hier herrscht nämlich eine Wechselbeziehung. Genauso wie unsere Gefühle unser Verhalten steuern, steuert auch unser Verhalten die Gefühle. Unser Körper und unser Geist beeinflussen sich gegenseitig. Sie sind miteinander verbunden und funktionieren nicht separat. Mit anderen Worten: Wenn du gut gelaunt bist, treibst du eher Sport, und wenn du Sport treibst, hast du gleich bessere Laune. Deshalb solltest du gerade, wenn du gestresst oder schlecht gelaunt bist, Sport treiben, weil du dadurch deine Laune verbessern und deinen Stress mindern kannst. Fängst du erst einmal an, fühlst du dich bald fitter und bist meistens auch motivierter, dich gesünder zu ernähren. Man will ja nicht gleich die Vorteile, die man sich erarbeitet hat, mit ungesundem Essen zunichtemachen. So geht es mir jedenfalls. Oder gehörst du zu denen, die sich einen zweiten Nachtisch gönnen, gerade weil du denkst, es dir nach dem Sport verdient zu haben? Diese Art von Rechtfertigung ist wirklich schlecht und sorgt vielleicht dafür, dass sich deine kognitiven Leistungen nicht verbessern oder du deine Speckröllchen nicht loswirst.

Wenn du bis jetzt nicht viel mit Sport am Hut hattest, kann ich dir nur ans Herz legen, es unbedingt zur Gewohnheit zu machen. Die Vorteile liegen auf der Hand! Keine Zeit? Dann nimm dir Zeit, und das nicht nur, wenn es dir gerade passt und bequem ist! Der Tag hat 24 h, und 30 min sind nur 2 % davon. Die Weltgesundheitsorganisation (2018) empfiehlt folgende Richtlinie für Erwachsene zwischen 18 und 64 Jahren: Training in mäßiger Intensität mindestens 150 min oder Training in hoher Intensität mindestens 75 min pro Woche. Du kannst natürlich beides abwechselnd ausüben, so, wie es dir gerade passt. Jeder kann sich locker 20 min am Tag Zeit für ein bisschen Bewegung nehmen, selbst wenn der Stundenplan proppenvoll ist. Du musst dir alle Vorteile vor Augen führen, von denen dein Körper, Geist und Gehirn profitieren kann. Mit ein wenig Fantasie kannst du dich auch als Bio-Bäuerin oder als Bio-Bauer sehen, die bzw. der ohne Zusatzstoffe und auf ganz natürliche Weise die Biochemie des eigenen Gehirns verändern und hochwertige Leistungen ernten kann. Nur du allein bist die Herstellerin bzw. der Hersteller und die Lieferantin bzw. der Lieferant, und das Mittel ist daher in keinem Bioladen und keiner Apotheke erhältlich!

Das nächste Mal ...

wenn du dich schlapp fühlst, zieh deine Laufschuhe an und raus mit dir! Ein wenig Joggen oder Power-Walking und frische Luft geben Energie und erhöhen die Konzentration. Triff dich mit Freundinnen und Freunden und legt gemeinsam einen Tag fest, an dem ihr euch zusammen sportlich betätigt.

Die Herausforderung ...

Nimm dir vor, diese Woche jeden Tag Sport zu machen, und halte dir täglich 15 bis 30 min dafür frei. Zu welcher sportlichen Aktivität, welcher Übung oder welchem Kurs fühlst du dich hingezogen? Was macht dir besonders Spaß? Was immer es ist, sei es Fitness- oder Krafttraining, Gruppensport oder sportliche Betätigungen ganz allein zu Hause oder auch draußen, es gibt sicherlich Möglichkeiten in deiner Umgebung. Finde den Sport deiner Wahl! Passe Dauer und Intensität deines Trainings deinen Zielen und Wünschen an. Ich versichere dir, dass du nach nur wenigen Tagen gar nicht mehr aufhören möchtest!

Fazit

Sport ist mehr als nur körperliche Fitness. Er ist wie Medizin für Körper und Geist und bietet für beide unzählige Vorteile, und das auf ganz natürliche Weise. Wenn du deine körperlichen und kognitiven Leistungen verbessern willst, musst du dich körperlich betätigen. Unser Gehirn ist fähig, neue Gehirnzellen zu produzieren und neue Verknüpfungen herzustellen. Sport ist daher eine wichtige Quelle für die geistige Fitness. Egal, in welchem Bereich deines Lebens deine Ziele liegen, durch Sport und körperliche Fitness stärkst du dein Selbstwertgefühl, bist effektiver und produktiver. Sport bietet Stress, Depressionen und Angst die Stirn. Außerdem erhöht er die Konzentration, und will man ein Ziel erreichen, sind Konzentration sowie das Sammeln und Verarbeiten neuer Informationen unumgänglich. Weil das Gehirn beim Sport Hormone wie Dopamin und Serotonin ausschüttet, macht er gute Laune. Und das kommt wirklich gelegen, gerade um in stürmischen Tagen einen kühlen Kopf zu bewahren. Wie du siehst, ist das Sprichwort „Sport ist Mord" völlig falsch. Nimm dir die Zeit, gerade wenn du gestresst und schlecht gelaunt bist, und profitiere von den Vorteilen, die sofort eintreten und einen lang anhaltenden Effekt haben. Sport macht gesund, lebendig, klug und ist ganz ohne Nebenwirkungen – außer einem gelegentlichen Muskelkater, aber der ist ja ein Zeichen für harte Arbeit und deshalb herzlich willkommen.

Literatur

Batouli SAH, Saba V (2017) At least eighty percent of brain grey matter is modifiable by physical activity: a review study. Behav Brain Res 332:204–217. https://doi.org/10.1016/j.bbr.2017.06.002

Coles K, Tomporowski PD (2008) Effects of acute exercise on executive processing, short-term and long-term memory. J Sports Sci 26:333–344. https://doi.org/10.1080/02640410701591417

Cooney GM, Dwan K, Greig CA, Lawlor DA, Rimer J, Waugh FR, McMurdo M, Mead GE (2013) Exercise for Depression. Cochrane Database System of Systematic Reviews. https://www.cochranelibrary.com/cdsr/doi/10.1002/14651858.CD004366.pub6/full. Zugegriffen: 18. März 2019

Coulson JC, McKenna J, Field M (2008) Exercising at work and self-reported work performance. Int J Workplace Health Manage 1(3):176–197. https://www.researchgate.net/publication/235275530_Exercising_at_work_and_self-reported_work_performance. Zugegriffen: 17. März 2019

Dimitrov S, Hulteng E, Hong S (2017) Inflammation and exercise: inhibition of monocytic intracellular TNF production by acute exercise via β_2-adrenergic activation. Brain Behav Immun 61:60–68. https://doi.org/10.1016/j.bbi.2016.12.017

Donnelly JE, Hillman CH, Castelli D, Etnier JL, Lee S, Tomporowski P, Lambourne K, Szabo-Reed AN (2016) Physical activity fitness, cognitive function and academic achievement in children: a systematic review. Med Sci Sports Exerc 4(6):1197–1222. https://www.ncbi.nlm.nih.gov/pubmed/27182986. Zugegriffen: 17. März 2019

Erickson K, Hillman CH, Kramer AF (2015) Physical activity, brain, and cognition. Curr Opin Behav Sci 4:27–32. https://doi.org/10.1016/j.cobeha.2015.01.005

Greenwood BN, Spence KG, Crevling DM, Clark PJ, Craig WC, Fleshner M (2013) Exercise-induced stress resistance is independent of exercise controllability and the medial prefrontal cortex. Eur J Neurosci 37(3):469–78. https://www.ncbi.nlm.nih.gov/pmc/articles/PMC4285393/ Zugegriffen: 18. März 2019

Mayo Clinic (2017) Depression and anxiety: exercise eases symptoms. https://www.mayoclinic.org/diseases-conditions/depression/in-depth/depression-and-exercise/art-20046495. Zugegriffen: 17. März 2019

Melnick M (2013) How does exercise reduce stress? https://www.huffingtonpost.com/2013/05/21/exercise-reduces-stress-levels-anxiety-cortisol_n_3307325.html. Zugegriffen: 17. Mai 2018

Nokia MS, Lensu S, Ahtiainen JP, Johansson PP, Koch LG, Britton SL, Kainulainen H (2016) Physical exercise increases adult hippocampal neurogenesis in male rats provided it is aerobic and sustained. The J Physiol 594(7):1855–1873. https://physoc.onlinelibrary.wiley.com/doi/full/10.1113/JP271552. Zugegriffen: 17. März 2019

Ratey JJ, Hagerman E (2013) Superfaktor Bewegung: Das Beste für Ihr Gehirn. VAK, Kirchzarten

Reynolds G (2014) Younger skin through exercise. The New York Times. https://well.blogs.nytimes.com/2014/04/16/younger-skin-through-exercise/. Zugegriffen: 14. Sept. 2018

Salmon P (2001) Effects of physical exercise on anxiety, depression, and sensitivity to stress: a unifying theory. Clin Psychol Rev 21(1):33–61. https://www.ncbi.nlm.nih.gov/pubmed/11148895. Zugegriffen: 17. März 2019

Weltgesundheitsorganisation (2018) Physical activity and adults. http://www.who.int/dietphysicalactivity/factsheet_adults/en/. Zugegriffen: 6. Nov. 2018

Winter B, Breitenstein C, Mooren FC, Voelker K, Fobker M, Lechterman A, Kruweger K, Fromme A, Korsukewitz C, Floel A, Knecht S (2007) High impact running improves learning. Neurobiol Learn Mem 87(4):597–609. https://doi.org/10.1016/j.nlm.2006.11.003

7

Gesunde Ernährung statt Fast Food

Inhaltsverzeichnis

Das nächste Mal 93
Die Herausforderung 93
Fazit 94
Literatur 94

> **In diesem Kapitel …**
>
> findest du viele nützliche Tipps für deine Ernährung. Wir vernachlässigen unser Gehirn und denken selten darüber nach, welchen Einfluss unser Essen auf unser Gehirn hat. Eine gesunde Ernährung ist nicht nur wichtig für die körperliche Gesundheit, sondern laut unzähligen Studien auch absolut wichtig für eine optimale und gesunde Gehirnfunktion. Mit welchen Nahrungsmitteln können wir unsere Leistung und geistige Gesundheit verbessern? Eines ist klar: Unter Fast Food leidet unser Gehirn. Gehen wir der Sache auf den Grund gehen und finden heraus, von welchen Lebensmitteln wir lieber die Finger lassen und bei welchen Nahrungsmitteln wir öfters zugreifen sollten.

Bevor wir zum Thema Essen kommen, widmen wir uns zunächst kurz dem Thema Glück. Jeder möchte glücklich sein. Es ist ein Grundbedürfnis, und ich kenne keinen, der nicht glücklich sein will. Damit du aber ein glückliches und erfülltes Leben führen kannst, musst du gesund sein und es auch bleiben. Gerade zur Gesundheit leistet die Ernährung einen entscheidenden Beitrag. Die Ernährung ist eine ernste, um nicht zu sagen: eine todernste Sache. In Kap. 5 hatten wir kurz erwähnt, dass Junkfood unser Gehirn schrumpfen kann. Genauer gesagt: Laut Studien verkleinert sich dadurch der linke Hippocampus im Gehirn, der zuständig ist für Lernen und Gedächtnis (Jacka et al. 2015). Laut Untersuchungen an Mäusen verhindert die westliche Ernährung, sprich Fast Food, die Bildung neuer Gehirnzellen (Neurogenese) und hemmt die Fähigkeit existierender Gehirnzellen, sich anzupassen (Neuroplastizität) (Davidson 2015). Da das menschliche Nervensystem und die menschlichen Organe in vielerlei Hinsicht denen von Mäusen und Ratten ähnlich sind, kann man davon ausgehen, dass Fast Food auch verheerende Folgen für uns haben kann. Das ist bereits ein triftiger Grund, um Fast-Food-Ketten und Knabbereien aus dem Automaten oder der Keksdose neben der Kaffeemaschine einen Riesenbogen zu machen, wenn der Hunger den Magen knurren lässt. Es geht aber noch weiter: Fast Food und Co. können laut Studien auch Depressionen auslösen (Pedersen 2015). Das ist leider nicht das Erste, woran wir denken, wenn wir in die Chipstüte greifen oder an unserem Eis lecken. Was Zucker alles anrichten kann, werde ich gleich erläutern.

Es ist allerdings kein Wunder, dass viele nicht wissen, welche Folgen ungesunde Ernährung für unsere Gesundheit haben kann. Wir haben oft keine Ahnung vom Inneren des Körpers, und außer beim Herz wissen viele nicht einmal, wo genau die Organe liegen und welche Funktion sie haben. Alle Nährstoffe und Schadstoffe in unserem Essen beeinflussen nahezu sämtliche Zellen im Körper, und unser Gehirn ist keinesfalls davon ausgeschlossen. Eine gesunde und ausgewogene Ernährung ist für unser Denkorgan deshalb so wichtig, weil das Essen unser Gehirn und die Nervenzellen mit Energie versorgt, damit diese optimal funktionieren können. Das bedeutet, dass wir unsere Leistungsfähigkeit mit den richtigen Nahrungsmitteln ankurbeln können. Sie sind daher wie Treibstoff für das Gehirn. Ein Mangel an gesunden Nahrungsmitteln hingegen macht uns nicht nur anfällig für viele körperliche und geistige Krankheiten, sondern kann auch zu kognitiven Defiziten führen, also die Gehirnleistung beeinträchtigen. Schlechte Ernährung – schlechte Leistung. Gute Ernährung – gute Leistung. Unser Gehirn, das nur 2 % unseres Körpergewichts ausmacht, verbraucht stolze 20 % unserer gesamten Energie. Wenn man bedenkt, dass Milliarden von Gehirnzellen mit Energie versorgt werden müssen, wird klar, wie wichtig eine gesunde Nahrungszufuhr ist. Damit also alles funktioniert, solltest du bei deiner Auswahl an Speisen nicht nur an deine Geschmacksnerven denken, sondern auch an deine Gehirnzellen.

Einige Nahrungsmittel sind, wie du im Folgenden sehen wirst, für eine optimale Gehirnfunktion besonders empfehlenswert. Gesund essen heißt aber nicht, dass du ab jetzt nur noch an Salatblättern und Möhren knabbern darfst. Die Auswahl an gesunden und leckeren Speisen ist genauso groß wie die an ungesunden. Als Anregung findest du hier eine kurze Liste mit Nahrungsmitteln, die laut wissenschaftlichen Erkenntnissen gut sind für unsere kognitiven Leistungen. Anschließend gibt es noch eine Liste mit Nahrungsmitteln, von denen du lieber die Finger lassen solltest.

Gut für die Gehirnfunktion
Fisch: Wusstest du, dass 60 % unseres Gehirns aus Fett bestehen? Im Gegensatz zu gesättigten Fettsäuren, die ungesund sind, sind Omega-3-Fettsäuren ungesättigt und sehr gesund. Sie stimulieren die Nervenaktivitäten und wirken wie Wundermittel für die Gehirnfunktion, wie zum Beispiel für unser Gedächtnis und unsere Lernfähigkeit. Außerdem hilft Omega-3 dabei, mehr graue Zellen zu bilden (Gu et al. 2016; Witte et al. 2014). Haben wir zu wenig von diesen Fetten im Gehirn, haben wir ein Problem. Zu niedrige Omega-3-Werte können das Gedächtnis und die Lernfähigkeit beeinträchtigen und erhöhen zugleich das Risiko von psychischen Störungen

wie Depressionen oder Aufmerksamkeitsstörungen (Gomez-Pinilla 2008). Omega-3 ist in vielen Fischsorten enthalten, darunter Wildlachs, Hering, Lachs, Thunfisch und Sardinen. Weitere Quellen von Omega-3 sind u. a. Walnüsse, Leinsamen und Chiasamen.

Obst: Obst in allen Farben und Formen ist durch seinen Vitamingehalt gesund und sättigend. Durch ihren hohen Anteil an natürlichem Zucker sollten Früchte in Maßen und auf den Tag verteilt konsumiert werden. Obst ist prima geeignet als Zwischenmahlzeit und viel gesünder als ungesunde Knabbereien.

Grüner Tee: Grüner Tee ist gut für die kognitiven Funktionen wie das Gedächtnis und die Aufmerksamkeit und hebt die Laune (Dietz und Dekker 2017).

Beeren: Früchte wie Blaubeeren, Himbeeren, Brombeeren und Erdbeeren enthalten Antioxidantien und bieten viele weitere Vorteile für die Gehirnfunktion. Sie sind laut Studien entzündungshemmend und sollen gegen den kognitiven Verfall helfen (Subash et al. 2014).

Grünes Blattgemüse: Grünes Blattgemüse wie Spinat und Grünkohl sollte unbedingt in den Speiseplan einbezogen werden. Es ist reich an Vitamin K und verlangsamt laut Studien den kognitiven Verfall (Federation of American Societies for Experimental Biology 2015).

Nüsse: Nüsse wie Walnüsse, Mandeln, Haselnüsse und Cashewnüsse sind reich an Vitamin E und gut geeignet als Zwischenmahlzeit. Vor allem Walnüsse enthalten viel Vitamin E und Omega-3-Fettsäuren und sind laut Studien gut für kognitive Funktionen wie das Gedächtnis (Arab und Ang 2015).

Avocado: Diese Frucht ist nicht nur lecker, sondern durch die enthaltenen ungesättigten Fette auch unglaublich gut für unser Gehirn. Sie geht locker auch als Gemüse durch und ist ideal auf einem Toast oder im Salat. Nicht nur als Frucht, sondern auch als Öl ist Avocado gesund und empfehlenswert fürs Kochen oder als leckeres Salatdressing.

Vollkornprodukte: Vollkornprodukte wie Haferflocken und Vollkornbrot sind reich an Ballaststoffen, Mineralien und Vitaminen und daher für die Gesundheit und Verdauung stark zu empfehlen! Ein Bonus ist, dass sie länger satt machen als Weißbrot.

Granatapfel: Der Granatapfel ist als Frucht oder Saft sehr empfehlenswert und gut für die körperliche und geistige Gesundheit. Er enthält hochwirksame Antioxidantien wie Flavonoide, die das Immunsystem und das Herz schützen und wirksam gegen viele Krankheiten sind (Zarfeshany et al. 2014). Granatapfelkerne sind auch ein idealer Popcorn-Ersatz!

Bitterschokolade: Ich denke, wir können alle nur bestätigen, dass Schokolade für gute Laune sorgt. Der Grund: Sie regt die Bildung von Endorphinen an, die wiederum für die gute Laune verantwortlich sind. Wenn du schon Heißhunger auf Schokolade hast, dann wähle lieber die dunkle Variante, weil diese einen hohen Kakaoanteil hat und Koffein und Antioxidantien enthält. Milchschokolade hat nicht nur mehr Fett und Kalorien, sondern auch weniger Antioxidantien und einen geringeren Kakaoanteil als Bitterschokolade.

Kurkuma: Kurkuma, die wichtigste Zutat in Curry, ist ein sehr gehirnfreundliches Gewürz und enthält den entzündungshemmenden Nährstoff Curcumin, der laut Tierversuchen dabei helfen soll, neue Gehirnzellen zu bilden (Dong et al. 2012).

Natives Olivenöl: Dieses Öl gehört in jede Küche und zu jeder Ernährung. Es ist nicht nur gut für Gehirnfunktionen wie das Gedächtnis und die Lernfähigkeiten, sondern soll gleichzeitig auch gegen Alzheimer schützen (Lauretti et al. 2017).

Kaffee: Jetzt kommt eine gute Nachricht für alle Kaffeeliebhaber! Das Lieblingsgetränk vieler am Morgen oder tagsüber ist gar nicht mal so schlecht für unser Gehirn. Kaffee macht uns wach, aufmerksamer und sorgt für gute Laune. Zudem kann er bewirken, dass wir uns besser konzentrieren können (Nehlig 2016). Hier sollte natürlich nicht gleich die ganze Kanne ausgetrunken werden, weil Übermengen an Koffein nicht nur die Vorteile aufheben, sondern auch noch reizbar und hibbelig machen, den Blutdruck in die Höhe treiben und somit mehr Schaden als Gutes anrichten.

Wasser: Last but not least solltest du viel Wasser trinken, damit dein Gehirn und dein Körper nicht wegen Flüssigkeitsmangel austrocknen. Unser Körper besteht nämlich zu 60 % aus Wasser und unser Gehirn zu 73 % (davon sind ca. 60 % Fett). Eine Dehydration von nur 2 % ist ausreichend, um kognitive Funktionen wie das unmittelbare Erinnerungsvermögen und die Aufmerksamkeit zu beeinträchtigen. Also trinke zwischendurch Wasser, auch wenn du keinen Durst empfindest (Adan 2012). Flüssigkeitsmangel bereitet auch oft Kopfschmerzen und wirkt sich dadurch negativ auf unser Wohlbefinden und unsere Leistung aus.

Schlecht für die Gehirnfunktion

Frittiertes oder fettiges Essen: Dieses ist wie Gift für das Gehirn und beeinträchtigt die kognitive Leistungsfähigkeit. Laut Studien kann es auch die Bildung neuer Gehirnzellen und die Lernfähigkeit negativ beeinflussen (Molteni 2002). Heißluftfritteusen und Heißluftöfen sind eine ausgezeichnete und gesunde Alternative, um fettfrei zu kochen.

Industriell hergestellte Fertiggerichte: Dass Fertiggerichte nicht frisch und gesund sind und viele schädliche Zutaten enthalten, weiß jedes Kind, und trotzdem werden sie in Unmengen konsumiert. Leider hinken wir hinterher, was das Wissen über negative Einflüsse ungesunder Nahrungsmittel auf unseren Intellekt (zum Beispiel auf Konzentration und Gedächtnis) anbelangt. Halte dich fern von maschinell verarbeiteten Lebensmitteln wie Pizza, Hamburgern, Pommes, Chips und Fertiggerichten aus dem Tiefkühlfach, es sei denn, es handelt sich um gefrorene Frischprodukte wie Gemüse.

Zuckerreiche Ernährung: Zuckerreiche Lebensmittel haben dramatische Folgen für unsere Gehirnfunktion. Ein zu hoher Zuckerkonsum wurde mit der Alzheimer-Erkrankung in Verbindung gebracht (Pase 2017). Doch damit nicht genug: Ein hoher und täglicher Konsum von zuckerhaltigen Getränken reicht wohl aus, um an Gehirnmasse zu verlieren und die episodische Gedächtnisfähigkeit (Fähigkeit, erlebte Ereignisse abzuspeichern) zu verschlechtern.

> **Beispiel**
>
> Zu viel Zucker macht nicht nur krank und dumm, sondern auch noch alt. Zu diesem Schluss kommt eine Forschergruppe der University of California in San Francisco. Die Forscherinnen und Forscher untersuchten bei mehr als 5000 Personen die DNA, genauer gesagt die Telomere, die sich an den Enden jedes Chromosoms befinden. Sie fanden heraus, dass ein täglicher Konsum von zuckerhaltigen Sodagetränken uns vorzeitig altern lässt, weil sich dadurch die Telomere verkürzen (Leung et al. 2014). Mit jeder Zellteilung werden diese Telomere nämlich kürzer, und sobald eine kritische Grenze erreicht ist, teilt sich die Zelle nicht mehr. Und Zucker hilft anscheinend, diesen Prozess zu beschleunigen, was dazu führt, dass wir schneller altern. Laut diesen Forschungsergebnissen altert ein Mensch bei einem Konsum von zuckerhaltigen Sodagetränken von nur ca. 0,2 Litern pro Tag vorzeitig um 1,9 Jahre. Bei ca. 0,6 Litern ist das Resultat, was nicht überrascht, noch viel schlimmer. Der Körper altert vorzeitig um 4,6 Jahre. Diese Menge ist für die Gesundheit so schlecht, dass sie laut Forschung dem Rauchen gleichkommt, was die vorzeitige Alterung betrifft.

Zucker können wir nicht komplett aus unserem Ernährungsplan streichen, weil unser Gehirn ihn als Energiequelle zwingend braucht. Das Gehirn verbraucht Glukose, eine Art Zucker, der über das Blut dorthin transportiert wird und wichtig ist für eine optimale Gehirnfunktion. Hier gilt die Regel: in Maßen und NICHT in Massen. Auch in welcher Form du Zucker zu dir nimmst, muss beachtet werden. Äußerst ungesund ist Süßkram wie

Bonbons, Kekse, Chips, Eis, Weißbrot, Pudding und Ähnliches. Deinen Zuckerbedarf solltest du lieber mit gesunden Kohlenhydraten wie Gemüse (wird in Glukose umgewandelt) oder frischen Früchten decken und nicht mit verarbeiteten und verpackten Zuckerbomben. Verarbeiteter Zucker hebt zwar schnell die Stimmung, doch der Effekt ist nur von kurzer Dauer, und die Gehirnleistung sinkt. Lass dich nicht durch **zuckerfreie Getränke** täuschen, denn sie sind reich an künstlichen Süßstoffen. Der Süßstoff Aspartam, ein Inhaltsstoff, der in vielen Getränken enthalten ist, die als „zuckerfrei" gekennzeichnet sind, soll laut Studien Gedächtniseinbußen zur Folge haben (Abdel-Salam et al. 2012). Also greife bei Durst lieber zu Wasser, wenn du dein Gehirn schonen willst.

Hier ist deine Selbstbeherrschung gefragt, weil die Verlockung, Ungesundes zu konsumieren, an vielen Orten einfach zu groß ist. Ungesunde Lebensmittel sind oft leicht erhältlich, und ein Angebot an alternativen gesunden Snacks fehlt. Deshalb ist es immer gut, gesunde Snacks parat zu haben, zum Beispiel einen Apfel oder Nüsse für den Hunger zwischendurch. Wenn du Kap. 3 aufmerksam gelesen hast, weißt du, dass nicht alle Freundinnen und Freunde das Beste für dich im Sinn haben, und dies gilt auch in Bezug auf dein Gewicht. Das ist wieder so ein Thema, das nie angesprochen wird, doch irgendjemand muss es einfach tun: Warum denkst du, dass dir manche Freundinnen oder Freunde einen riesigen Nachtisch anbieten, obwohl sie ganz genau wissen, dass du gerade das Ziel verfolgst abzunehmen? Richtig geraten: Hast du mehr Fettröllchen als sie, freuen sie sich und möchten, dass es auch so bleibt – und geben dir sogar noch eine Extraportion Sahne dazu. Würdest du abnehmen, stünden sie als Übergewichtige alleine da; nimmst du aber zu, freuen sie sich, dass sie eine bessere Figur machen als du. Das nennt man Schadenfreude!

Wie bei Neid spielt auch hier das Selbstwertgefühl eine wichtige Rolle. Wenn dir etwas Negatives widerfährt (wie zum Beispiel eine Gewichtszunahme), kann der eine oder andere froh darüber sein, weil sein Selbstwertgefühl dadurch steigt und das ungute Gefühl von Neid nachlässt (van Dijk et al. 2015). Wundere dich nicht, wenn du Kommentare hörst wie „Ach, bei einem Mal passiert schon nichts", oder „Das habe ich extra für dich gekauft/gebacken". Es wirkt meistens nett, hat aber manchmal gar nichts mit Nettigkeit oder Gastfreundlichkeit zu tun. Es ist sowieso schwer genug, Kalorienbomben zu widerstehen, und dazu verführt zu werden, ist nicht gerade eine große Hilfe. Wahre Freundinnen und Freunde unterstützen dich bei deinen Zielen und bieten dir erst gar nicht ein Stück Torte an – und wenn sie ganz lieb sind, werden sie auch nicht vor deinen Augen Torte essen.

> **Tipp**
>
> Lass dich nicht aus reiner Höflichkeit dazu überreden, gegen deine Regeln und Ziele zu verstoßen. Bleib stur und sag höflich: „Lieb von dir, aber nein danke!" Somit trainierst du auch deine Selbstdisziplin und kannst so richtig stolz auf dich sein.

Es ist mir zum Beispiel ein Rätsel, warum in Kinos nie etwas Gesundes angeboten wird – als gäbe es ein Gesetz, das dort nur Junkfood wie Popcorn, Eis und Schokoriegel zulässt. Ich will mich aber auch nicht dem Spaß entziehen und möchte während des Films trotzdem etwas knabbern. Da hilft bei mir nur eines: Essen ins Kino schmuggeln! Ich weiß, es gehört sich nicht, aber was soll ich machen? Ich werde regelrecht dazu gezwungen. Würde man mir an der Theke eine kleine Obstschale anbieten, nähme ich gleich mehr als eine mit.

> **Tipp**
>
> Popcorn durch Granatapfel ersetzen. Das liebe ich! Für mich ist Granatapfel mit Abstand das Gesündeste und Leckerste, was man im Kino oder zu Hause verspeisen kann.

Da habe ich lieber rot gefärbte Finger vom Granatapfel als fettige vom Popcorn. Damit kann ich gut leben. Fast Food und andere ungesunde Lebensmittel ziehen mich einfach runter, und das verdirbt mir die ganze After-Show-Laune. Meine Botschaft: Dein Magen ist kein Müllsack. Deine Gesundheit ist den meisten deiner Mitmenschen egal und unterliegt ganz allein deiner Verantwortung.

Wie du siehst, sind gute Ernährungsgewohnheiten wichtig für eine optimale Gehirnleistung und Gesundheit. Ungesunde Ernährung bewirkt genau das Gegenteil: Sie stört die Gehirnfunktion. Wenn du deinen Gehirnzellen einen Gefallen tun willst, iss nährstoffreich. Nicht nur dein Gehirn, dein ganzer Körper wird davon profitieren. Ist es Selbstliebe, wenn du dir alles gönnst, was das Herz begehrt, oder beweist du Selbstliebe, wenn du auf ungesundes Essen verzichtest? Du musst diese Frage für dich selbst beantworten. Für mich lautet die Antwort: Gerade, weil wir nur den einen Körper, nur das eine Gehirn und nur das eine Leben haben, müssen wir umso vorsichtiger sein. Nur weil wir das Innere unseres Körpers nicht so sehen können wie unser Äußeres, dürfen wir es noch lange nicht misshandeln.

Eigentlich wissen die meisten, dass Fast Food oder zuckerhaltiges und fettiges Essen ungesund sind – konsumieren es aber trotzdem. Hier besteht ein typisches Beispiel von **kognitiver Dissonanz,** einem Zustand, bei dem wir zwei widersprüchliche Meinungen vertreten. In diesem Fall äußern sich die widersprüchlichen Einstellungen wie folgt: Einerseits weißt du, dass Junkfood ungesund ist, andererseits schmeckt es dir, und du willst es trotzdem essen. Vielleicht rechtfertigst du dein Essverhalten mit der Einstellung „Ich lebe schließlich nur einmal, und so ungesund kann es ja nicht sein, wenn alle das essen". Eine solche Rechtfertigung dient einfach dazu, die schlechte Entscheidung abzutun, sich keinen Druck zu machen und gleichzeitig Schuldgefühle zu vermeiden. Eine clevere, aber auch dumme Strategie – denn sollten wir, gerade weil wir nur dieses eine Leben haben, nicht noch mehr darauf achten, was wir konsumieren, um möglichst lange gesund zu bleiben? Wir müssen dafür sorgen, dass wir unserem Körper die Achtung zollen, die er verdient. Ich werde sicher nicht mit erhobenem Zeigefinger auf dich zeigen, wenn du ab und an sündigst, denn ich sündige auch, und das oft ... okay, täglich! Wer schafft es schon, immer „Nein" zu sagen und jeder Versuchung zu widerstehen? Ich belohne mich auch mal mit einem kleinen Stückchen Schokolade oder einem Franzbrötchen, wenn ich in Hamburg bin, wo das sowieso unerlässlich ist. Das ist aber nur ein kleiner Teil meiner Ernährung, und mit täglich einer Stunde Sport kann ich mir das gut leisten.

Du solltest streng darauf achten, dass auch bei dir das Gesunde gegenüber dem Ungesunden erheblich überwiegt. Stelle deine eigenen Nachforschungen an, damit du dich mit den Inhaltsstoffen und Nährwerten deines Essens vertraut machst. Als allererstes musst du lernen, wie man das Kleingedruckte auf Lebensmittelverpackungen richtig liest und analysiert. Hier sind wir ganz auf uns selbst angewiesen. Warnhinweise wie auf den Zigarettenschachteln, die auf mögliche Gesundheitsschäden aufmerksam machen, wird es für Fast Food auf absehbare Zeit nicht geben. Die in der Liste oben aufgeführte Gehirnnahrung ist nur ein Auszug aus vielen Lebensmitteln, und die Auswahl an gesunden Nahrungsmitteln ist zum Glück groß. Ich werde nicht so tun, als wüsste ich alles über eine gesunde Ernährung. Ich bin schließlich keine Ernährungsberaterin. Ich lerne auch ständig dazu und muss immer noch vieles nachschlagen. Bis vor Kurzem hatte ich schreckliche Ernährungsgewohnheiten, und Fast-Food-Ketten waren meine besten Freunde. Schließlich ist Amerika ja dafür berühmt. Aber durch meine zunehmende Leidenschaft für Ausdauersport und wissenschaftliche Recherchen wurden mein Wissen und meine Kenntnisse über die Folgen immer größer. Ich habe meine Ernährung komplett umgestellt und fühle mich jetzt topfit, besser und jünger als vor zwanzig Jahren. Eine kleine

Recherche hier und da dauert nicht mehr als ein paar Minuten und ist sinnvoll verbrachte Zeit. Es gibt tolle Bücher und Zeitschriften, die alles ganz genau und anschaulich erklären und die nur darauf warten, von dir gelesen zu werden. Deine Gesundheit ist deine Aufgabe und unterliegt, wie gesagt, deiner Verantwortung.

Zudem ist deine Gesundheit nicht nur deine Angelegenheit, sondern kann genauso ein Problem für deine Liebsten werden, besonders für die, die auf dich angewiesen sind. Energiemangel und Krankheiten können das ganze Leben beeinträchtigen. Wer hat denn Lust, mehr Zeit in Arztpraxen zu verbringen und Tabletten zu schlucken, anstatt die Freizeit mit bedeutenden und wertvollen Tätigkeiten und Menschen zu verbringen?

In diesem Zusammenhang möchte ich kurz die Folgen von Fettleibigkeit aufzeigen. Es ist kein Geheimnis, dass ungesundes und fettreiches Essen zur Gewichtszunahme führt. Uns steht heute ein Überfluss an Nahrungsmitteln zur Verfügung, und wir werden dazu verführt, immer mehr zu essen. Außer den negativen Einflüssen auf die körperliche Gesundheit und das äußere Erscheinungsbild hat Fettleibigkeit auch erhebliche Nachteile für das Gehirn. In der Tat zerstört zu viel Köperfett unser Gehirn so sehr, dass es im mittleren Alter bis zu 10 Jahre früher altert (Ronan et al. 2016). Wir verlieren nämlich Neurone (wie schon in Kap. 5 erwähnt), und das ab dem 20. Lebensjahr. Fettleibigkeit fördert diesen Prozess wohl, weil die Gehirnzellen darunter leiden und in einigen Regionen wie im Hippocampus abnehmen (Sacher et al. 2012). Dieser Bereich ist besonders wichtig für unser Gedächtnis und das Lernen, und Einbußen können verheerende Folgen für die Lebensqualität und Leistungsfähigkeit haben.

Aber das ist noch nicht alles: Fettleibigkeit ist nicht nur schlecht für uns, sondern auch für unsere Kinder. Sie beeinträchtigt nämlich neben unserer eigenen körperlichen und geistigen Fitness laut neuesten Studien auch die unseres künftigen Nachwuchses (Wu und Suzuki 2006). Man kann nämlich Fettleibigkeit durch sein Erbgut (DNA) an seine Kinder und Enkelkinder weitergeben, die dann ein hohes Risiko haben, selbst fettleibig zu werden. Eine Studie des Duke University Medical Center (2013) zeigt sogar, dass Väter durch Fettleibigkeit das Krebsrisiko ihrer ungeborenen Kinder erhöhen können. Du fragst dich jetzt sicherlich, wie das möglich ist. Unsere Gene sind, genau wie unser Gehirn, in gewissem Maße veränderlich. Verschiedene Gene können, ausgelöst durch unsere Lebensweise und Umweltfaktoren, wie ein Lichtschalter an- oder ausgeschaltet werden („Epigenetik" genannt). Gute und schlechte Gewohnheiten können somit die Geneexpression, sprich unser Erbgut, beeinflussen, und dies kann an den Nachwuchs weitergegeben werden. Mit deinen schlechten Essgewohnheiten bestrafst du also nicht nur dich selbst, sondern eventuell auch noch deine Kinder und Kindeskinder, die dann schon von vornherein genetisch vorbelastet sind. Wenn du nicht willst, dass deine künftigen Kinder und Enkelkinder dich später verfluchen, ist dies ein Grund, mehr auf deine Ernährung zu achten und auf Fast Food und alle Nahrungsmittel zu verzichten, die maschinell verarbeitet sind und die viele Zusatzstoffe mit unaussprechlichen Namen enthalten. Auch wenn Fertiggerichte und geliefertes Essen einfach und bequem sind und uns das Leben vereinfachen, solltest du trotzdem versuchen, die gesündere Variante zu wählen, damit dein Körper und Geist nicht unter dem Mangel an Nährstoffen leiden. Ganz klar: Vom Essen allein wirst du nicht schlauer. Dafür musst du schon dein Köpfchen anstrengen – doch genau dabei kann eine gesunde Ernährung dich unterstützen. Mit gesunder Ernährung erhöhst du nicht nur deine Chance auf ein gesundes Leben, sondern auch auf eine bessere Gehirnleistung. Eine optimale Gehirnfunktion ist absolut notwendig, wenn du auf einem hohen und qualitativ hochwertigen Leistungsniveau arbeiten möchtest.

Das nächste Mal ...

wenn du einkaufen gehst, denke daran, dass alles, was du in deinen Einkaufskorb legst, dir gesundheitlich und geistig entweder helfen oder schaden wird. Am besten kaufst du ungesunde Nahrungsmittel wie Süßigkeiten und Junkfood erst gar nicht, damit du zu Hause nicht in Versuchung kommst. Auf diese Weise kannst du dich langsam auf gesunde Essgewohnheiten einstellen und Ungesundes durch Gesundes ersetzen.

Die Herausforderung ...

Wie sehen deine Essgewohnheiten aus? Deine Herausforderung besteht für dieses Kapitel darin, jede Woche ein Nahrungsmittel auszuwählen, das gesund und energiereich ist und das du vorher noch nie probiert hast. Bei der erwähnten Gehirnnahrung gibt es sicherlich das eine oder andere, das du gewöhnlich nicht zu dir nimmst, aber in deine Ernährung einbinden kannst und das dir schmecken würde. Allerdings solltest du unbedingt darauf achten, dass du dagegen keine Allergie hast. Streiche gleichzeitig ein Nahrungsmittel, das du regelmäßig isst oder trinkst, welches aber nicht in die Kategorie der gesunden Lebensmittel gehört.

Fazit

Für eine gute Gehirnleistung und einen gesunden Körper musst du dich unbedingt von Junkfood fernhalten, vor allem von zu viel Zucker, fettigen und maschinell verarbeiteten Lebensmitteln. Jeder Happen hat nämlich Auswirkungen auf unseren Körper, unser Gehirn und Nervensystem. Alles, was wir uns schmecken lassen, macht sich bei unseren grauen Zellen, unserer Gesundheit und Gehirnleistung bemerkbar. Du solltest möglichst viele der aufgelisteten Nahrungsmittel und noch viele weitere gesunde Lebensmittel in deine Ernährung einbeziehen. Eine vielfältige und gesunde Ernährung ist wärmstens zu empfehlen, damit dein Gehirn nicht an Mangelernährung leidet, deine Leistung beeinträchtigt und dir das Leben verkürzt. Wenn du den Mut hast, dich im positiven Sinne zu verändern (dass du diesen Ratgeber in der Hand hältst, deutet darauf hin), hast du sicherlich auch den Mut, etwas Neues zu probieren! Hast du schlechte Ernährungsgewohnheiten, dann kannst du sie mit Disziplin und Geduld umstellen, weil du absolut dazu fähig bist. Recherchiere gründlich die Nahrungsmittel, die du häufig zu dir nimmst, und finde einen gesunden Ersatz für die ungesunden. Schenke deiner Ernährung mehr Aufmerksamkeit, indem du für dein Wohlbefinden eine bessere und gesündere Auswahl triffst. Die Verführung ist überall zu groß, weshalb deine Disziplin und Selbstliebe gefragt sind. Lass dich auch von schlechten Essgewohnheiten anderer in deinem Umfeld nicht beeinflussen. Du bist wertvoll, also behandle dich so, wie du es verdienst. Königlich eben!

Literatur

Abdel-Salam OME, Salem NA, El-Shamarka MES, Hussein JS, Ahmed NAS, El-Nagar MES (2012) Studies on the effects of aspartame on memory and oxidative stress in brain of mice. Eur Rev Med Pharmacol Sci 16(15):2092–2101. https://www.europeanreview.org/article/1241. Zugegriffen: 17. März 2019

Adan A (2012) Cognitive performance and dehydration. J Am Coll Nutr 31(2):71–78. https://www.researchgate.net/publication/230600141_Cognitive_Performance_and_Dehydration. Zugegriffen: 17. März 2019

Arab L, Ang A (2015) A cross sectional study of association between Walnut consumption and cognitive function among adult us populations represented in NHANES. J Nutr Health aging 19(3):284–290. https://link.springer.com/article/10.1007/s12603-014-0569-2. Zugegriffen: 17. März 2019

Davidson TL, Sample CH, Kanoski SE (2015) Western diet and cognitive impairment. Diet Nutr Demen Cogn Decline 295–305. https://doi.org/10.1016/B978-0-12-407824-6.00027-6

Dietz C, Dekker M (2017) Effect of green tea phytochemicals on mood and cognition. Curr Pharm Des 23(19):2876–2905. https://doi.org/10.2174/1381612823666170105151800

Dong S, Zeng Q, Mitchell ES, Xiu J, Duan Y, Li C, Tiwari JK, Hu Y, Cao X, Zhao Z (2012). Curcumin enhances neurogenesis and cognition in aged rats: implications for transcriptional interactions related to growth and synaptic plasticity. https://doi.org/10.1371/journal.pone.0031211

Duke University Medical Center (2013) Obesity in dads may be associated with offspring's increased risk of disease. ScienceDaily. https://www.sciencedaily.com/releases/2013/02/130205200243.htm. Zugegriffen: 31. Juli 2018

Federation of American Societies for Experimental Biology (2015) Eating green leafy vegetables keep mental abilities sharp. ScienceDaily. https://www.sciencedaily.com/releases/2015/03/150330112227.htm. Zugegriffen: 25. Nov. 2018

Gomez-Pinilla F (2008) Brain foods: the effects of nutrients on brain function. Nat Rev Neurosci 9:568–578. https://dx.doi.org/10.1038%2Fnrn2421

Gu Y, Vorburger RS, Gazes Y, Habeck CG, Stern Y, Luchsinger JA, Manly JJ, Schupf N, Mayeux R, Brickman AM (2016) White matter integrity as a mediator in the relationship between dietary nutrients and cognition in the elderly. Ann Neurol 79:1014–1025. https://doi.org/10.1002/ana.24674

Jacka FN, Cherbuin N, Anstey KJ, Sachdev P, Butterworth P (2015) Western diet is associated with a smaller hippocampus: a longitudinal investigation. BMC Medicine 13:215. https://bmcmedicine.biomedcentral.com/track/pdf/10.1186/s12916-015-0461-x?site=bmcmedicine.biomedcentral.com. Zugegriffen: 18. März 2019

Lauretti E, Luliano L, Pratico D (2017) Extra-virgin olive oil ameliorates cognition and neuropathology of the 3xTg mice: role of autophagy. 4(8):564–574. https://doi.org/10.1002/acn3.431

Leung CW, Laraia BA, Needham BL, Rehkopf DH, Adler NE, Lin J, Blackburn EH, Epel ES (2014) Soda and cell aging: associations between sugar-sweetened beverage consumption and leukocyte telomere length in healthy adults from the national health and nutrition examination survey. Am J Pub Health 104(12):2425–2431. https://dx.doi.org/10.2105%2FAJPH.2014.302151

Molteni R, Barmard RJ, Ying Z, Roberts CK, Gomez-Pinilla F (2002) A high-fat, refined sugar diet reduces hippocampal brain-derived neurotrophic factor, neuronal plasticity, and learning. Neurosci 112(4):803–814. https://www.ncbi.nlm.nih.gov/pubmed/12088740/Zugegriffen. Zugegriffen: 12. Juli 2018

Nehlig A (2016) Effects of coffee/caffeine on brain health and disease: what should I tell my patients? Pract Neurol 16:89–95. https://doi.org/10.1136/practneurol-2015-001162

Pase MP, Himali JJ, Jacques PF, DeCarli C, Satizabal CL, Aparicio H, Vasan RS, Beiser AS, Seshadri S (2017) Sugary beverage intake and preclinical Alzheimer's disease in the community. J Alzheimer's Assoc 13(9):955–964. https://doi.org/10.1016/j.jalz.2017.01.024

Pedersen T (2015) Fast food linked to depression. Psych Central. https://psychcentral.com/news/2012/04/01/fast-food-linked-to-depression/36798.html. Zugegriffen: 20. Aug. 2018

Ronan L, Alexander-Bloch AF, Wagstyl K Farooqi S, Brayne C, Tyler LK, Cam-CAN, Fletcher PC (2016) Obesity associated with increased brain age from midlife. Neurobiol Aging 47:63–70. https://doi.org/10.1016/j.neurobiolaging.2016.07.010

Sacher J, Mueller K, Arelin K, Holiga Š, Kratzsch J, Villringer A, Schroeter ML (2012) Overweight and obesity are associated with neural injury in the human cerebellum and hippocampus in young adults: a combined MRI, serum marker and gene expression study. Transl Psychiatry 2:e200. https://www.ncbi.nlm.nih.gov/pmc/articles/PMC3565188/ Zugegriffen: 17. März. 2019

Subash S, Essa MM, Al-Adawi S, Memon MA, Manivasagam T, Akbar M (2014). Neuroprotective effects of berry fruits on neurodegenerative diseases. Neural Regener Res 9(16):1557–1566. https://dx.doi.org/10.4103%2F1673-5374.139483

Van Dijk WW, Ouwerkerk JW, Smith RH, Cikara M (2015) The role of self-evaluation and envy in schadenfreude. Eur Rev Soc Psychol 26(1):247–282. https://www.researchgate.net/publication/282869353_The_role_of_self-evaluation_and_envy_in_schadenfreude. Zugegriffen: 17. März 2019

Witte AV, Kerti L, Hermannstädter HM, Fiebach JB, Schreiber SJ, Schuchardt JP, Hahn A, Flöel A (2014) Long-chain omega-3 fatty acids improve brain function and structure in older adults. Cereb Cortex 24(11):3059–3068. https://doi.org/10.1093/cercor/bht163

Wu Q, Suzuki M (2006) Parental obesity and overweight affect the body-fat accumulation in the offspring: the possible effect of a hight-fat diet through epigenetic inheritance. Obes Rev 7(2):201–208. https://doi.org/10.1111/j.1467-789X.2006.00232.x

Zarfeshany A, Asgary S, Javanmard SH (2014) Potent health effects of pomegranate. Adv Biomed Res 3:100. http://www.advbiores.net/article.asp?issn=2277-9175;year=2014;volume=3;issue=1;spage=100;epage=100;aulast=Zarfeshany. Zugegriffen: 18. März 2019

Teil II

Fertig ...

8

Verantwortung übernehmen

© Springer-Verlag GmbH Deutschland, ein Teil von Springer Nature 2019
N. A. Yesil, *Knack Dein Gehirn für Deinen Erfolg!*,
https://doi.org/10.1007/978-3-662-59196-3_8

Inhaltsverzeichnis

Das nächste Mal 104
Die Herausforderung 104
Fazit 104
Literatur 105

> **In diesem Kapitel …**
>
> lernst du, die komplette Verantwortung für dein eigenes Handeln, deine Entscheidungen, dein Verhalten und dein Denken zu übernehmen. Die Gewohnheit, anderen die Schuld zuzuschieben, wird jetzt endgültig ein Ende haben. Mangelndes Verantwortungsbewusstsein ist eine Schwäche, die wir beheben müssen. Dein Leben und deine Zukunft liegen in deiner Verantwortung, ob es dir gefällt oder nicht. Es gibt keinen Mülldienst, der dir die Verantwortung und Sorgen von den Schultern nimmt und dich von deiner Last befreit. Hast du auch schon einmal andere für deinen Kummer und dein Elend verantwortlich gemacht? Weist du ständig die Schuld von dir und machst andere für deine Misserfolge verantwortlich? Willst du stattdessen die Macht über dein Leben endlich selbst in die Hand nehmen, liegst du hier genau richtig.

Zunächst müssen wir eines nochmals klarstellen: Unser Leben unterliegt ganz alleine unserer Verantwortung. Wir müssen die Zügel in die Hand nehmen und dürfen sie nicht abgeben, wenn es holprig wird. Einige tun sich schwer damit und haben die Gewohnheit, ständig andere verantwortlich zu machen und zu beschuldigen, wenn ihnen etwas nicht passt. Haben sie etwas Gutes getan und etwas Tolles geschafft, ernten sie gerne die Lorbeeren. Womit viele jedoch ein Problem haben, ist, die Verantwortung auch dann zu übernehmen, wenn es einmal nicht gut läuft. Ist etwas Unangenehmes passiert, was durchaus vorkommen kann, verhalten sich viele so wie noch damals im Sandkasten, als immer mit dem Finger auf andere gezeigt wurde. Für viele ist es bequemer, andere für das eigene Versagen verantwortlich zu machen, um sich scheinbar ein positives Selbstbild zu bewahren. Solche Menschen sind im Alltag leicht zu identifizieren. Sie jammern und beklagen sich tagaus, tagein, übernehmen selten die Schuld und geben nur ungern zu, dass sie im Unrecht sind. Hat man zum Beispiel eine Klausur vermasselt, ist die Lehrerin oder der Lehrer oder vielleicht die Professorin oder der Professor schuld. Hat man falsche Entscheidungen getroffen, sind andere verantwortlich wegen ihrer schlechten Empfehlung. Hat man eine Frist verpasst, ist die Partnerin oder der Partner schuld. Steckt man in Geldnot, findet man ebenfalls einen Übeltäter, der dafür verantwortlich ist, sei es die Wirtschaft oder Vater Staat. Wir machen sogar das Wetter verantwortlich für unsere schlechte Laune oder unser Horoskop für das Liebesleben. Und so weiter und so fort dreht sich das Rad immerzu! Hier spricht man von einem „fundamentalen Attributionsfehler", bei dem die eigene Schuld den äußeren Umständen zugeschrieben wird.

Geht es aber um andere, machen wir es genau umgekehrt: Ihr Charakter ist schuld an ihrem Versagen. Zu anderen sind wir knallhart – und zu uns selbst? Unrealistisch sanft! Zum Beispiel bezeichnen wir die Dränglerin bzw. den Drängler auf der Autobahn als jemanden mit einem Dachschaden und wissen dabei nicht, ob vielleicht ihre bzw. seine Mutter soeben einen Unfall erlitten hat und sie bzw. er deswegen so eilt. Wenn wir es selbst tun, haben wir aus unserer Sicht einen guten Grund zum Rasen.

Seien wir ehrlich: Wir haben doch die Wahl, wo wir leben, arbeiten, studieren oder wohin wir reisen wollen. Letztendlich entscheiden wir, ob wir einen Ratschlag annehmen und ob und wann wir lernen oder schwänzen. Wir entscheiden und bestimmen, wie wir unsere Freizeit gestalten, mit wem wir ausgehen und wen wir heiraten. Hast du verschlafen, dich verrechnet oder vertan, ist es deine Schuld. Es ist auch deine Schuld, wenn du deine Ziele nicht ernst nimmst und angehst. Niemand wird eines Tages an deine Tür klopfen und mit einem Serviertablett in der Hand sagen: „Bitte schön, Sie hatten eine Portion Traum und drei Gläser Ziel bestellt. Sonst noch einen Wunsch?" Die Verantwortung liegt bei dir, und es ist nicht die Aufgabe anderer, dich zufriedenzustellen. Verantwortung zu übernehmen bedeutet, dass du für deine guten und schlechten Taten geradestehst.

Die Tendenz, die Schuld abzuwälzen, wird manchmal auch durch Dritte ausgelöst, da wir Verhaltensweisen gerne kopieren. Anderen die Schuld zuzuweisen scheint anzusteckend zu sein.

Beispiel

Beobachtet man Mitmenschen, die die Schuld von sich weisen, macht man dies oft unbewusst nach. In einem Experiment wurde genau das bewiesen: Lasen Teilnehmerinnen und Teilnehmer einen Zeitungsartikel, in dem der (ehemalige) Gouverneur von Kalifornien, Arnold Schwarzenegger, bestimmte Interessengruppen für einen Fehler beschuldigte, gaben auch diese Probandinnen und Probanden eher anderen die Schuld für die eigenen Fehler. Die Gruppe hingegen, die einen Zeitungsartikel las, im dem der Gouverneur die Verantwortung für einen Fehler übernahm, übernahm auch häufiger die Verantwortung für eigene Fehler (Fast und Tiedens 2010)

Laut Wissenschaft versuchen Menschen eher, ihr Selbstbild und Ego durch Schuldzuweisung an andere zu schützen, wenn sie andere dabei beobachten, wie sie dasselbe tun. Doch wie lässt sich das vermeiden? In Fast und Tiedens' Studie konnte die Tendenz zur Nachahmung Dritter bei der Schuldzuweisung minimiert werden, wenn zuvor das Selbstwertgefühl der Probandinnen und Probanden gestärkt wurde. So hatten sie es nicht mehr nötig, andere zu beschuldigen, um selbst gut dazustehen. Sie waren sich ihrer eigenen Werte bewusst!

Indem wir Verantwortung übernehmen, sind wir auch ein Vorbild für andere. Wir sollten stets beachten, dass unser Selbstbild und Selbstwertgefühl nicht wirklich besser werden, wenn wir anderen die Schuld zuweisen. Im Gegenteil: Die Unfähigkeit, Verantwortung zu übernehmen, zeugt nicht nur von Unreife, sondern macht dich machtlos und schwächt dein Selbstbewusstsein. Du machst es dir sozusagen in deiner Opferrolle bequem, und die Welt da draußen ist schuld an deinem Leid. Die Menschen in deinem Umfeld, auf die du den Zeigefinger richtest, werden auf Dauer dieses Verhalten nicht tolerieren, und das zu Recht, und sie werden sich distanzieren. Natürlich kommt es vor, dass tatsächlich andere Schuld am eigenen Leid haben, wie Freundinnen und Freunde, Katastrophen, die Arbeitgeberin oder der Arbeitgeber oder auch die Familie. Da es sich jedoch um unser Leben handelt, ist es wiederum unsere Verantwortung, das Problem bei den Hörnern zu packen. Du bist für dein Leben verantwortlich, und du musst jede Art von Unzufriedenheit in deinem Leben selbst ausräumen und darfst nicht darauf warten, dass andere es für dich tun. Kein Retter oder Held wird kommen und dir deine Welt wieder heil machen. Das ist deine Aufgabe. Gibt es ein Problem in deinem Leben, übernimm Verantwortung und löse es. Somit nimmst du das Kommando über dein Leben in die eigene Hand und übst dich gleichzeitig in Charakterstärke. Du gewinnst an Glaubwürdigkeit und verdienst dir den Respekt anderer, wenn du Verantwortung für dein Handeln übernimmst.

> **Tipp**
> Wenn etwas schiefgeht, steh dazu! Sei ehrlich und sag es der Arbeitgeberin oder dem Arbeitgeber, der Lehrerin oder dem Lehrer, der Partnerin oder dem Partner, den Eltern oder auch der Freundin oder dem Freund. Es ist KEINE Charakterschwäche, Fehler einzusehen und einzugestehen, sondern macht dich nur noch sympathischer.

Die Entscheidungen, die wir treffen, große und kleine, bestimmen und gestalten letztlich unser Leben. Manchmal treffen wir die falsche Wahl oder schätzen eine Situation nicht richtig ein. Wir machen Fehler, und das ist in Ordnung und völlig normal. Doch die Angst, uns zu blamieren und dem eigenen Ruf zu schaden, kann auch dazu führen, dass wir die Schuld auf andere abwälzen. Ist uns etwas Peinliches widerfahren, rechnen wir mit übertriebenen Konsequenzen und erwarten eine negative Beurteilung durch andere (Savitsky et al. 2001). Hier hilft es enorm, sich in die Lage der Beobachterin oder des Beobachters zu versetzen. Wir vergessen, dass andere, von denen wir möglichst nicht negativ beurteilt werden möchten, auch Fehler machen und sich ab und zu auch in peinlichen Situationen befinden. Sich in andere hineinzuversetzen scheint tatsächlich eine gute Strategie zu sein. Trainiert man, sich in die Lage der beobachtenden Person zu versetzen, kann dies dabei helfen, Schamgefühle zu überwinden (Jiang et al. 2018). Hab keine Angst davor, Fehler zu machen, weil du dich vor einer negativen Beurteilung durch andere fürchtest. Fehler zu begehen ist menschlich und in manchen Fällen ganz schön wertvoll.

Es mag vielleicht merkwürdig klingen, aber laut Harvard Business Review ist es gar nicht so schlecht, Fehler zu machen. Es ist wohl nichts Ungewöhnliches für Unternehmen, absichtlich Fehler zu begehen, weil sie viel aus diesen Fehlern lernen können und im Endeffekt von den gewonnenen Erkenntnissen profitieren (Schoemaker und Gunther 2006). So können sie verrückte Ideen ausprobieren und auf neue oder kreative Möglichkeiten stoßen. Ich halte das zwar für eine kluge Strategie, aber für uns Normalbürgerinnen und -bürger ist es nicht unbedingt praktikabel. Unternehmen können sich das leisten, wir nicht. Wer will schon absichtlich durch eine Prüfung fallen, seine Vorgesetzten anmachen oder seine gesamten Ersparnisse verplempern? Die Idee dahinter ist aber eindeutig: Fehler sind dazu da, um aus ihnen zu lernen. Sei mutig! Stehe dazu, übernimm die Verantwortung und finde heraus, wie du es nächstes Mal besser machen kannst. Wie sonst kann man aus Fehlern lernen und wachsen, wenn man die Schuld nie bei sich sucht oder nur dann, wenn es einem passt?

Mangel an Eigenverantwortung geht oft Hand in Hand mit Ausreden, eventuell auch mit Lügen. Verspätest du dich bei einem Termin, weil du verschlafen hast, und versuchst du, andere davon zu überzeugen, dass es nicht deine Schuld war, nach dem Prinzip: „Ich kann nichts dafür! Mein Bruder hat den Wecker ausgestellt", hast du statt einer aufrichtigen Entschuldigung nicht nur die Schuld auf deinen Bruder geschoben, sondern auch eine Ausrede erfunden und dazu noch gelogen. Dass sich das nicht gehört, weiß jeder, trotzdem lügen Menschen häufig, um gut dazustehen und das eigene Gesicht zu wahren. Wie bekannt, haben Lügen kurze Beine und werden irgendwann sowieso aufgedeckt. Du machst dich damit nicht nur unbeliebt, sondern ruinierst auch noch deinen Ruf, verlierst das Vertrauen anderer und an Selbstachtung. Sei ehrlich zu dir selbst und anderen gegenüber! Du gewinnst mit Ehrlichkeit den Respekt deiner Mitmenschen und nicht zu vergessen: Respekt dir selbst gegenüber. Auch wenn es niemand herausfindet, allein die Tatsache, dass du es weißt, ist Grund genug für schlechte Gefühle. Wann immer du jetzt in den Spiegel schaust, wird dir eine Lügnerin bzw. ein Lügner entgegenblicken. Akzeptiere dich mit deinen Schwächen und Stärken und denke daran, dass niemand makellos ist und jedem Fehler unterlaufen können. Und vor allem: Sei authentisch! Das heißt, dein Inneres soll mit deinem Äußeren, das alle sehen, übereinstimmen. Was du sagst, sollte mit deiner Weltsicht und Einstellung in Einklang stehen. Sag, was du meinst, und meine, was du sagst, ist das Motto. Sind das nicht auch Eigenschaften, die wir bei anderen sehr schätzen?

Das nächste Mal …

wenn du dein erwünschtes Ergebnis nicht erzielt hast, übernimm dafür 100 % Verantwortung und wälze die Schuld nicht auf andere ab. Konzentriere dich auf deine künftigen Erfolgspläne und verschwende keine Energie mit Ausreden und Schuldzuweisungen, um dich aus einer Situation zu retten. Es ändert ja sowieso nichts an der Situation, und eine Lösung wird dadurch auch nicht gefunden.

Die Herausforderung …

Wenn du dich über ein Problem ärgerst, hör dir selbst zu und analysiere deine Gedanken. Frage dich: „Übernehme ich gerade die Verantwortung oder wälze ich die Schuld auf andere ab?" Auch wenn es unangenehm ist: Steh zu deinen Fehlern. Die Situation wird vergessen, aber dein Image und Selbstbild werden dich noch lange begleiten.

Fazit

Verantwortung zu übernehmen ist eine wichtige Voraussetzung, um Kontrolle über das eigene Leben zu gewinnen und künftige Entscheidungen besser zu treffen. Mach es dir zur Gewohnheit, für eigene Taten geradezustehen und nicht zu klagen. Wir sind stolz, wenn uns etwas gelingt, und erwarten dafür Anerkennung. Die Verantwortung für Misserfolge übernehmen viele ungern und werfen alles, was ihnen nicht passt, auf die andere Seite des Zauns – weit weg vom eigenen Grundstück. Eines darfst du dabei nicht vergessen: Wenn du die Schuld ständig anderen in die Schuhe schiebst, gibst du auch gleichzeitig die Kontrolle über dein Leben an andere ab. Verantwortung zu übernehmen heißt „Power" haben. Während du die Verantwortung und somit die Kontrolle über dein Leben an andere abgibst, gerät dein Leben außer Kontrolle, und das bringt Unzufriedenheit. Übernimm lieber die Verantwortung für deine Fehler, und wenn du einen Preis dafür zahlen musst, dann steh dazu, und das mit schnurgeradem Rücken. Arbeitest du an einem großen Ziel, sind Fehler unumgänglich. Du bist kompetent und fähig, deine Ziele zu erreichen, auch wenn es einmal danebengeht. Es ist einfach cool, Fehler einzugestehen, weil es auf Charakterstärke hinweist. Nicht jeder kann das. Sei einer von denen, die es können.

Literatur

Fast NJ, Tiedens LZ (2010) Blame contagion: the automatic transmission of self-serving attributions. J Exp Soc Psychol 46:97–106. https://msbfile03.usc.edu/digitalmeasures/nathanaf/intellcont/blame_contagion-1.pdf. Zugegriffen: 18. März 2019

Jiang L, Drolet A, Scott CA (2018) Countering embarassment-avoidance by taking an observer's perspective. Motiv Emot 42(5):748–762. https://doi.org/10.1007/s11031-018-9673-7

Savitsky K, Epley N, Gilovich T (2001) Do others judge us as harshly as we think? Overestimating the impact of our failures, shortcomings, and mishaps. J Pers Soc Psychol 81(1):44–56. https://www.researchgate.net/publication/11867508_Do_others_judge_us_as_harshly_as_we_think_Overestimating_the_impact_of_our_failures_shortcomings_and_mishaps.Zugegriffen: 18. März 2019

Schoemaker PJH, Gunther RE (2006) The wisdom of deliberate mistakes. Harvard Bus Rev. https://hbr.org/2006/06/the-wisdom-of-deliberate-mistakes. Zugegriffen: 10. Juni 2018

9

Selbstdisziplin ist die Zauberformel

Inhaltsverzeichnis
Das nächste Mal 114
Die Herausforderung 114
Fazit 115
Literatur 115

> **In diesem Kapitel …**
>
> lernst du, wie wichtig Selbstdisziplin ist und warum sie ein wichtiger und wertvoller Bestandteil unseres Erfolgs und aller Bereiche unseres Lebens ist. Sie ist deshalb so wichtig, weil Menschen mit Selbstdisziplin und Selbstbeherrschung ihre Ziele hartnäckig verfolgen und sich nicht von Hindernissen und Ausreden von ihrem Weg abbringen lassen. Ob du an deinem Ziel ankommen wirst, hängt hauptsächlich davon ab, ob du die nötige Disziplin, das erforderliche Durchhaltevermögen und den notwendigen Mumm hast. Deshalb brauchen wir Selbstdisziplin, weil wir dadurch an unseren Entscheidungen und Zielen festhalten können, bis wir sie umgesetzt haben. Selbst dann, wenn es schwer wird und uns nach Aufgeben zumute ist. Jedes Ziel erfordert Anstrengung und harte Arbeit, so viel ist klar. Bringst du das, was du angefangen hast, auch zu Ende? Was machst du, wenn der Weg holprig wird? Hast du schon einmal einen Neujahrsvorsatz gebrochen? Lass uns schauen, wie du deine Selbstdisziplin stärken kannst.

Selbstdisziplin hat leider bei vielen einen schlechten Ruf. Sie wird oft mit Qual und Einschränkung in Verbindung gebracht. Eigentlich ist das komplette Gegenteil der Fall. Selbstdisziplin ist eine der wichtigsten Eigenschaften, um wichtige und große Ziele im Leben zu erreichen. Der Unterschied zeigt sich wie folgt: Diejenigen, die diszipliniert und ehrgeizig sind, arbeiten fleißig an ihren Zielen, auch dann, wenn Schwierigkeiten auftauchen und es problematisch wird. Diejenigen, denen es an Disziplin mangelt, machen bei der nächsten Gelegenheit kehrt und fahren wieder nach Hause, ohne am Ziel anzukommen. Nicht selten springen sie von einer glänzenden Idee zur nächsten, ohne eine Sache zu Ende zu bringen.

Extrem undisziplinierte Menschen sind generell nicht schwer zu erkennen: Sie scheitern in der Schule, brechen die Ausbildung oder das Studium ab oder schaffen es nicht, eine Arbeitsstelle auf längere Zeit zu behalten. Teilweise sind sie an Bildung oder einer Beschäftigung gar nicht interessiert, geschweige denn daran, ein aktives und produktives Mitglied der Gesellschaft zu sein. Ständig beklagen sie sich, wie ungerecht sie von der Gesellschaft behandelt

9 Selbstdisziplin ist die Zauberformel

werden, und alle anderen sind schuld am eigenen Leid. Mit dieser Einstellung hat noch kein Mensch einen Traum verwirklicht, es sei denn, er hat im Lotto gewonnen und kann sich damit seine materiellen Träume erfüllen.

Bist du bereit, Zeit und Energie in eine Sache zu investieren, hast du die Nase vorn im Gegensatz zu denen, die dies nicht tun. Sie bleiben nämlich auf der Strecke, weil es ihnen an Disziplin mangelt. Bereitest du dich beispielsweise seit Wochen auf eine wichtige Prüfung vor, hast du automatisch viel bessere Karten als diejenigen, die nichts tun. Das ist eigentlich logisch, und es bedarf keiner Wahrscheinlichkeitsrechnung, um das herauszufinden. Im Anlauf liegt nicht das Problem. Jeder kann jederzeit mit irgendetwas anfangen. Das Problem heißt weitermachen, bis man angekommen ist. Selbstdisziplin erfordert nämlich Zeit, Energie und enorme Ausdauer, an denen es vielen Menschen mangelt.

Und wie würdest du oder würden andere dich einschätzen? Dein Level an Selbstdisziplin kannst du erkennen, wenn du dir deine letzten Ziele und Neujahrsvorsätze anschaust. Hast du es bis zum Ziel durchgezogen? Wenn ja, bravo! Hut ab, denn die meisten geben bereits nach wenigen Tagen oder Wochen schon auf bis zum nächsten Jahresanfang, wenn sich der Kreislauf wiederholt. Schade eigentlich. Man hatte das Jahr mit spannenden Zukunftsplänen angefangen, und siehe da: Alte Gewohnheiten kommen wieder zum Vorschein, weil neue und für das Ziel notwendige Gewohnheiten fehlen. War dein Ziel zum Beispiel, fünf Kilo abzunehmen, müssen die Essgewohnheiten in unterschiedlichen Umgebungen wie bei der Arbeit und zu Hause geändert werden, gefolgt von vielen anderen Maßnahmen, darunter Sport treiben, gesunde Lebensmittel einkaufen, nicht spät am Abend essen etc. Werden alte Gewohnheiten nicht durch neue ersetzt, gewinnen sie leider wieder die Oberhand und dominieren wie gehabt das tägliche Leben. Mal lässt man den Unterricht oder die Arbeit sausen, mal hat man keine Lust auf Training oder auf andere Verpflichtungen, und mit einem Mal sündigen passiert schon nichts. Die Ausnahmen werden am Ende zur Regel, und der Neujahrsvorsatz und das Ziel sind somit vergessen. Ähnlich wie bei einem Riesenrad steigt man mit guten Vorsätzen motiviert ein und steigt genau da wieder aus, wo man eingestiegen ist, wenn die Disziplin fehlt und Motivation und Ausdauer nachlassen. Du kannst noch so schlau sein – die nötige Selbstdisziplin, täglich an deinem Ziel zu arbeiten, auch dann, wenn du mal keine Lust hast, ist entscheidend und der grundlegende Unterschied zwischen erfolgreichen und erfolglosen Menschen.

> **Beispiel**
>
> Wusstest du, dass Selbstdisziplin und Durchhaltevermögen viel wichtiger sind als Intelligenz? Genau das haben Forscherinnen und Forscher der University of Pennsylvania in zwei Studien näher untersucht. Sie wollten herausfinden, was genau leistungsstarke von leistungsschwachen Schülerinnen und Schülern unterscheidet. Dafür haben sie mehr als 100 Schülerinnen und Schüler der achten Klasse für längere Zeit unter die Lupe genommen. Zusätzlich zu den diversen Fragebögen, die die Schülerinnen und Schüler, Eltern und Lehrkräfte ausfüllen mussten, um die Selbstdisziplin und Lerngewohnheiten der Schulkinder zu bewerten, wurden auch die Intelligenz gemessen und die schulischen Leistungen untersucht. Und tatsächlich: Laut den Ergebnissen war der Zusammenhang zwischen Selbstdisziplin und akademischen Leistungen viel größer als der Zusammenhang zwischen Intelligenz und Leistungen. Die Selbstdisziplin der Schulkinder war also ein viel stärkerer Indikator für die schulischen Leistungen als ihr Intelligenzquotient. Diejenigen mit großer Selbstdisziplin hatten nicht nur einen besseren Notendurchschnitt, sondern auch weniger Fehltage, verbrachten weniger Zeit vor dem Fernseher und mehr Zeit mit ihren Hausaufgaben (Duckworth und Seligman 2005).

War Selbstdisziplin für dich bis jetzt ein Fremdwort, dann solltest du dich damit so schnell wie möglich anfreunden, denn ohne diese Eigenschaft kannst du deine Pläne und Träume ad acta legen. Menschen ohne Selbstdisziplin und Selbstbeherrschung scheitern nämlich häufig, weil sie schneller aufgeben, es ihnen an Ausdauer und Hartnäckigkeit fehlt oder sie unwichtigen Dingen wie Vergnügen Vorrang einräumen.

Viele möchten für die Arbeit, die sie investieren, sofort belohnt oder bezahlt werden (engl. „instant gratification"). Ziele, die zu viel Zeit brauchen, stehen für einige nicht auf dem Programm, und der kürzere Weg wird bevorzugt. Solche Menschen geben beispielsweise ihr gesamtes Monatsgehalt bis auf den letzten Cent direkt aus, anstatt für etwas Großes zu sparen wie einen Urlaub oder ein Eigenheim. Beim sogenannten Belohnungsaufschub (engl. „delayed gratification") verhält es sich genau umgekehrt: Hier wartet man auf die große Belohnung und verzichtet auf die kleine, momentane Befriedigung von Bedürfnissen. Daraus ergeben sich viele Vorteile, darunter auch weniger Depressionen, Frust, Angstgefühle, Drogenmissbrauch und bessere akademische Leistungen sowie Finanzen (Hoerger et al. 2011; Boyle et al. 2012; Kirby et al. 2005). Stell dich nicht mit weniger zufrieden, nur weil dein Gehirn sich nach sofortiger Belohnung sehnt. Erfolgreich zu sein hat einen Preis, und du musst bereit sein, diesen Preis dafür zu zahlen, auch wenn die Belohnung etwas auf sich warten lässt. Dazu gehören auch Selbstkontrolle und Verzicht auf einige Vergnügen und Freizeitaktivitäten.

Den momentanen Spaß musst du einschränken, und du musst dem Vorrang geben, was du unbedingt erledigen musst und solltest. Ich weiß, das ist nicht immer einfach. Ein Trick, der bei meinem Gehirn immer für Ansporn sorgt, ist die Belohnung für das Erreichen der täglichen Etappenziele, die ich mir jedes Mal gönne. Das können ein Film, mein Lieblingsessen oder auch andere Freizeitaktivitäten sein. Die Belohnung liegt dann jedes Mal zum Greifen nahe und nicht in der Ferne. Willst du bedeutende Ziele erreichen und ein stabiles Leben führen, musst du an deiner Selbstdisziplin, Ausdauer und Geduld arbeiten. Geduld und Ausdauer sind wie zwei Hälften eines Apfels: Hast du Ausdauer, dann hast du auch Geduld, und arbeitest du geduldig an einer Sache, hast du auch Ausdauer. Im Grunde ist es einfach, die Disziplin zu stärken. Es braucht nur konsequente Übung.

Hier einige praktische Tipps, die dir helfen können, deine Selbstdisziplin zu stärken:

- Tu die Dinge, die du erledigen musst, auch dann, wenn es dir NICHT danach ist, wie zum Beispiel zum Sport gehen, lernen, saubermachen, täglich dein Bett machen etc.
- Überspringe keine Schritte, die zum Ziel führen, sonst erhältst du nur schlechte Ergebnisse. Es gibt keine Abkürzungen, also suche nicht nach dem schnellen Weg zum Erfolg.
- Mach es zu deinem Hauptprinzip, Dinge, die du anfängst, auch zu vollenden. Alles, was du anfängst, musst du zu Ende bringen. Halbe Sachen sind nutzlos, genauso wie man in einem nur zur Hälfte gebauten Haus nicht wohnen kann.
- Schwänze nicht die Schule und lass dich nicht krankschreiben, ohne krank zu sein.
- Brich keine Diät ab.
- Kümmere dich um unerledigte Angelegenheiten und verschiebe sie nicht.
- Halte Versprechen ein.
- Lege Wert auf Pünktlichkeit.
- Halte Vorsätze fürs neue Jahr ein.
- Beende schlechte Gewohnheiten, die dich von deinen Zielen abhalten, verbringe zum Beispiel nicht zu viel Zeit mit Videospielen, Fernsehen, Instagram oder Facebook, sondern übe zielgerichtete Tätigkeiten aus.
- Schreibe Aufgabenlisten für den Tag und halte sie ohne Ausnahme ein.
- Belohne dich für die tägliche Anstrengung und Disziplin mit Kleinigkeiten.
- Geh nicht zu spät ins Bett, damit du am nächsten Tag topfit bist.

- Decke deine Schwächen auf (zum Beispiel Tendenz, Dinge aufzuschieben) und stärke deine Tugenden (zum Beispiel Geduld, Ausdauer).
- Lebe nicht über deine Verhältnisse und spare eventuell für deine Ziele oder bilde finanzielle Reserven für Notfälle.
- _____
- _____
- _____

Die Lücken oben darfst du selbst ausfüllen! Du kennst deine Schwächen schließlich am besten. Analysiere, in welchen Bereichen deines Lebens es dir an Selbstdisziplin mangelt. Hartnäckig und konsequent arbeitest du an deinen Schwächen und verfolgst du so lange deine Pläne, Ziele oder Träume, bis du sie erreicht hast. Im Grunde weißt du vermutlich ganz genau, wo es hapert. Vielleicht bist du superdiszipliniert in deinem Privatleben, aber nicht im Beruflichen. Meistens ist der Bereich, in dem es an Selbstdisziplin mangelt, auch der Bereich, in dem du Schwierigkeiten hast, denn hättest du daran mit mehr Hingabe gearbeitet, wären die Probleme vielleicht gar nicht da. Es gibt keine Taxifahrt zu unseren Zielen, und man stößt auch nicht zufällig an der nächsten Ecke darauf. Du musst, falls erforderlich, auf den Knien krabbeln, und das gerne und mit Freude.

Manchmal sieht man das Licht am Ende des Tunnels nicht sofort, weil es noch sehr weit entfernt ist. Wir wissen jedoch, dass es auf lange Sicht irgendwann kommen wird, wenn man nur durchhält. Manchmal müssen wir uns zur Zielerreichung neues Fachwissen und neue Kenntnisse aneignen, die uns als Werkzeug dienen, zum Beispiel durch Fortbildungen, das Erlernen einer neuen Sprache, ein Studium, eine Ausbildung, die Meisterprüfung, Sport etc. Die Welt verändert sich so schnell, dass es einem manchmal schwindelig wird. Firmen und Unternehmen verlangen von ihren Beschäftigten und Bewerberinnen und Bewerbern, dass sie auf dem aktuellsten Stand sind, und somit steigen die Anforderungen an unser Können. Das ständige Lernen und die permanente Fortbildung sind daher notwendig, nicht nur für das Unternehmen, für das wir arbeiten, sondern auch für uns selbst, um unseren Marktwert zu erhöhen und aufrechtzuerhalten. Die Konkurrenz schläft nicht und passt sich den Gegebenheiten an. Tust du es nicht, dann sind es andere, die es tun, um dir einige Schritte voraus zu sein. Und sie genießen dann die Vorteile, auf die du verzichten musst, wie zum Beispiel ein besseres Gehalt, eine Beförderung, mehr Verantwortung etc.

Es scheint tatsächlich zu helfen, an andere zu denken, die sich selbst gut beherrschen können. Laut Forschung scheint auch das Verhalten anderer ansteckend zu sein (van Dellen und Hoyle 2009). Wenn das momentane Vergnügen allzu verlockend erscheint, denke einfach an Menschen, egal ob du sie persönlich kennst oder nicht, die gerade das machen, was du nicht machen willst. Denkst du an andere, die bessere Eigenschaften haben als du selbst, wie zum Beispiel Selbstkontrolle oder Disziplin, dann kann es dich motivieren, es ihnen gleichzutun. Du kannst dir zum Beispiel sagen: „Ich kann hier nicht einfach so rumsitzen, wenn die anderen am Ackern sind." Bist du auf ein Problem gestoßen, dann konzentriere dich auf seine Lösung, um wieder motiviert an deinem Ziel weiterzuarbeiten. Etwas Neues zu lernen geht nicht von heute auf morgen. Es erfordert in der Regel Jahre an harter Arbeit und natürlich auch an Disziplin. Wissen ist gut, aber noch viel besser ist es, wenn man es anwendet. Wann immer du die Gelegenheit hast, wende dein Wissen auch an, um den Kreis von Theorie und Praxis zu schließen und das Gelernte nicht zu vergessen.

> **Tipp**
> Wissen ist Macht! Investiere kontinuierlich in deine Weiterbildung. Es lohnt sich und zahlt sich immer aus.

Durch einen Mangel an Selbstdisziplin und Willenskraft bleiben bedauerlicherweise viele Talente und Potenziale unentdeckt und verkümmern tief im Innern der Menschen. Liebe Leserin, lieber Leser: Selbstdisziplin ist ein Muss, wenn man etwas im Leben erreichen will. Dulde keine Hindernisse und keine Ausreden. Lässt du all deine Ausreden nicht mehr gelten, schaffst du damit Platz in deinem Leben für wichtige und wertvolle Ziele. Eine der häufigsten Ausreden, die Menschen nutzen, ist der Mangel an Ressourcen, der als Grund dafür angeführt wird, dass sie ihr Ziel oder ihren Traum nicht verwirklichen können. Das mag vielleicht momentan stimmen, ist aber trotzdem keine Rechtfertigung dafür, nichts dagegen zu tun. Geldmangel kann eventuell durch Änderung der eigenen Gewohnheiten oder durch Sparen behoben werden. Ein vorübergehender Nebenjob ist eine mögliche Lösung, um zum Beispiel für eine lang ersehnte Reise zu sparen.

Mit Sparen haben viele Menschen ein echtes Problem. Das ganze Geld wird bis zum letzten Cent ausgegeben, als gäbe es kein Morgen. Da ist es auch kein Wunder, dass große Ziele durch die sofortige Befriedigung von Bedürfnissen zu kurz kommen. Ich bin mir sicher, dass es immer einen Weg gibt, wenn der Wille sehr groß ist. Sei einfallsreich! Wie schaffen es die Studentinnen und Studenten, die nebenbei arbeiten? Was ist mit den Unternehmensgründerinnen und -gründern, die bei null anfangen? Und wie schaffen es Menschen, die im Krieg und bei anderen Katastrophen alles verloren haben und trotzdem ein neues Leben beginnen? Willst du etwas neu aufbauen, dann führe eine Recherche durch und finde heraus, wie andere auf diesem Gebiet angefangen und zum Beispiel ihren Geldmangel behoben haben. Für deine Recherchen musst du nicht mehr Tage in der Bibliothek verbringen und dich durch dicke Wirtschaftsbücher kämpfen. In der Informationsgesellschaft, in der wir heute leben und in der jeder einen kleinen Computer in der Hosentasche hat, sind Recherchen einfach durchzuführen und die Informationen nur einen Link entfernt.

Jeder, der erfolgreich ist, hat einmal klein angefangen und ist mit der Zeit gewachsen. Wenn du den ersten Schritt zum Wachstum nie gehst, wirst du sicherlich nicht eines Tages aufwachen und dich am Ziel finden. Betrachte die disziplinierte Arbeit nicht als Qual, sondern als Sprungbrett zu deinem Traum. Das Leben ist nicht linear. Es nimmt manchmal auch scharfe Kurven. Du kannst nicht immer das tun, was am einfachsten ist, was keine Risiken hat, was Sicherheit gibt und kein Unbehagen erzeugt. Wäre es einfach, sich einen Traum zu verwirklichen, würde keiner in schlecht bezahlten Jobs arbeiten, sondern es wären schon längst alle als Millionäre im Ruhestand. Hab keine Angst vor Zielen, die schwer zu erreichen sind und die weit weg liegen. Willst du um jeden Preis an deinem Ziel ankommen, darfst du dich vor fleißiger Arbeit nicht scheuen, und Selbstdisziplin ist hier der Knackpunkt und die Hauptzutat deines Erfolgsrezeptes.

Das nächste Mal …

wenn du auf eine Feier eingeladen bist, obwohl du dich unbedingt auf eine Arbeit, eine Klausur oder einen Vortrag vorbereiten solltest, sag einfach ab. Keine Angst, du verpasst schon nichts, und der Spaß läuft auch nicht davon. So übst du deine Selbstbeherrschung und Selbstkontrolle und setzt deine Prioritäten richtig, weil du auf Unwichtiges erst einmal verzichtest, es sei denn, du hast vorgearbeitet und bist in Topform. Dann kannst du natürlich entspannt feiern, ohne ein schlechtes Gewissen zu haben.

Die Herausforderung …

In den nächsten 14 Tagen gibst du 100 %. Wie? Du stehst früher auf, wenn es sein muss, und arbeitest an deinen Zielen. Du kannst nicht 70 % geben und 100 % erwarten. Das funktioniert nicht. Willst du etwas im Leben erreichen und dir einen Traum verwirklichen, ist Disziplin die Grundvoraussetzung. Am Ende dieser 14 Tage wirst du erstaunt sein, wie viel du in dieser Zeit geschafft hast.

Fazit

Es gibt keine Charaktereigenschaft, die mehr Auswirkung auf dein Leben und deine Ziele hat als Selbstdisziplin, und nichts, das sie ersetzen kann. Selbstdisziplin ist die Bereitschaft, konsequent an einem Ziel zu arbeiten, denn nur so kann man seine Chance erhöhen, auch am Zielort anzukommen. Sie ist daher die wichtigste Voraussetzung für deinen Erfolg und deine Entwicklung. Sie ist keine Strafe, sondern beweist Eigenliebe und Achtung vor dir selbst. Sie zeigt auch, dass du dein Leben schätzt und dich deswegen in Richtung eines glücklichen und erfüllten Daseins bewegst. Es ist nicht außergewöhnlich schwer, diszipliniert zu sein. Viel schwieriger ist es, ein unzufriedenes Leben zu führen, in dem Träume nicht realisiert werden. Selbstdisziplin ist keine angeborene Fähigkeit, sondern kann durch Engagement und konsequente Bemühung geübt, gelernt und zur Angewohnheit gemacht werden. Es hilft auch, sich ständig an die Folgen eines undisziplinierten Verhaltens zu erinnern, um konsequent und motiviert bei der Sache zu bleiben. Und dazu braucht es eben unbedingt Ausdauer, Geduld und Hartnäckigkeit. Das zu machen, was man gerade will und was einem Spaß macht, erfordert keine Disziplin. Etwas zu tun, auch wenn dir nicht danach ist, ist die Definition von Disziplin, und sie ist das Gegenteil von Faulheit und der Schlüssel zu deinem Erfolg.

Literatur

Boyle PA, Yu L, Segawa E, Wilson RS, Buchman AS, Laibson DI, Bennett DA (2012) Association of cognition with temporal discounting in community based older persons. BMC Geriatr 12:48. https://doi.org/10.1186/1471-2318-12-48

Duckworth AL, Seligman MEP (2005) Self-discipline outdoes IQ in predicting academic performance of adolescence. Psychol Sci 16(12):939–944. https://doi.org/10.1111%2Fj.1467-9280.2005.01641.x

Hoerger M, Quirk SW, Weed NC (2011) Development and validation of the delaying gratification inventory. Psychol Assess 23(3):725–738. https://dx.doi.org/10.1037%2Fa0023286

Kirby KN, Winston GC, Santiesteban M (2005) Impatience and grades: delay-discount rates correlate negatively with college GPA. Learn Individ Differ 15(3):213–222. https://doi.org/10.1016/j.lindif.2005.01.003

vanDellen MR, Hoyle RH (2009) Regulatory accessibility and social influences on state self-control. Pers Soc Psychol Bull 36(2):251–263. https://dx.doi.org/10.1177%2F0146167209356302

10

Angst vor dem Unbekannten ist dein größter Feind … oder nicht?

Inhaltsverzeichnis

Das nächste Mal 129
Die Herausforderung 130
Fazit 130
Literatur 131

> **In diesem Kapitel …**
>
> widmen wir uns der Angst, weil dieses Gefühl uns so fesselt, dass es uns bei unseren Zielen hemmen kann. Was auch immer der Grund für deine Ängste ist, es geht meist um Dinge, die von großer Wichtigkeit und Bedeutung sind. Neigst du vielleicht auch dazu, dich vor Aufgaben oder Situationen zu drücken, nur weil du Angst hast? Angst, ein neues Leben zu beginnen? Angst, Schluss zu machen? Angst vor den Risiken? Der Auslöser von Angst kann auch etwas ganz Neues sein, etwas, dessen Ausgang wir nicht kennen können. Unsere negativen Erlebnisse und Erfahrungen ziehen nicht einfach an uns vorbei. Sie hinterlassen Spuren, die uns daran hindern, etwas aktiv erneut zu versuchen. Es ist wichtig, die Ängste zu überwinden, weil sie sonst als Bremse wirken und unsere Ziele drosseln. Lass uns gemeinsam dieses Hindernis aus dem Weg räumen und einige hilfreiche Methoden kennenlernen, um Ängste zu erkennen und abzubauen. Die Frage, welche Rolle unser Gehirn bei unseren Ängsten spielt, wird gleich beantwortet.

Angst braucht keine große Definition. Wir alle sind mit diesem Gefühl vertraut. Angst zu haben ist im Grunde gar nichts Schlimmes. Es ist eine ganz normale chemische Reaktion des Körpers, genauer gesagt, unseres genialen Gehirns. Dieses versucht nämlich, uns vor Gefahren zu schützen, indem es „Vorsicht, Gefahr" signalisiert. Angst hat unseren Vorfahren, den Jägern und Sammlern, vor Tausenden von Jahren beim Überleben gut geholfen. Sah man damals einen Tiger oder einen Feind sich anschleichen, flüchtete man entweder, oder man demonstrierte Kampfgeist, also die berühmt-berüchtigte Kampf-oder-Flucht-Reaktion (engl. „fight or flight"). Mit anderen Worten: Bei Angst setzt unser Gehirn Botenstoffe wie Cortisol, Adrenalin und Noradrenalin frei, die uns entweder dazu bewegen, gegen die Gefahr anzukämpfen oder vor ihr zu fliehen. Gar keine Frage: Dies hilft uns weiterhin ungemein in lebensbedrohlichen Situationen. Rennt ein Pitbull auf dich zu, sollst du selbstverständlich mithilfe deiner instinktiven Fluchtreaktion rennen, was das Zeug hält.

Es geht mir hier nicht um die instinktive Angst, die uns immer noch beim Überleben hilft. Die Welt, in der wir jetzt leben, ist mit der unserer Vorfahren gar nicht mehr zu vergleichen. Was jedoch ziemlich identisch geblieben ist,

ist die Angstreaktion des Körpers. Sie feuert im Gefühlszentrum des Gehirns immer noch ungebremst, auch wenn die Situation gar nicht bedrohlich ist. Die Notrufzentrale im Gehirn klingelt bereits, wenn wir vor einer Herausforderung stehen, sei es im beruflichen, schulischen oder privaten Bereich. Zum Beispiel haben viele Angst bei dem Gedanken, einen Vortrag zu halten, als ob das Publikum sie auffressen würde. Unsere Vorfahren aus der Steinzeit hätten sicherlich über viele unserer heutigen Ängste gelacht. Damals wollte man nicht von einem Tier gefressen werden, während heute schon banalste Situationen wie eine Prüfung eine vergleichbare Angstreaktion auslösen.

Wir empfinden Angst, wenn uns etwas Unbekanntes bevorsteht, dessen Ausgang wir nicht abschätzen können. Wir wollen nicht scheitern und versagen. Warum haben wir Menschen eine solch große Angst vor dem Scheitern? Ganz einfach: Wir legen zu viel Wert auf die Meinung anderer. Wir wollen nicht als Versagerinnen und Versager dastehen und nicht als Verliererinnen und Verlierer abgestempelt werden. Vielleicht hast du Angst, dich zu blamieren oder etwas nicht bis zu einem bestimmten Termin zu schaffen. Für unser Selbstwertgefühl ist es auch nicht vorteilhaft, etwas nicht geschafft zu haben, denn schließlich wollen wir gewinnen, und das am besten jedes Mal. Du irrst dich aber gewaltig, wenn du Niederlagen mit Schwäche gleichsetzt. Etwas erst gar nicht zu versuchen ist die Schwäche, vor der du dich fürchten solltest, und nicht vor dem Fehlschlag, der auch mal vorkommen kann, wenn man mutig ist und handelt. Die Ungewissheit macht vielen wirklich zu schaffen. Meine Empfehlung: sich vorbereiten, handeln, gespannt abwarten und Tee trinken!

Sich vor dem zu scheuen, was unbekannt ist, ist bei genauerer Betrachtung überhaupt nicht praktisch und eigentlich ziemlich sinnlos. Denn wenn du nicht handelst, um dein Wunschziel zu verwirklichen, weil du Angst hast zu versagen, hast du schon im Voraus zu 100 % versagt. Handelst du dagegen, um dein Ziel zu erreichen, liegen die Chancen mindestens bei 50 %, wenn nicht noch viel höher. Häufig lassen wir uns auch von Statistiken, die mehr auf Hörensagen beruhen, beirren oder entmutigen, zum Beispiel durch Aussagen wie „Jede zweite fällt durch" oder „Nur fünf von hundert schaffen es weiterzukommen". Das ist ja gut möglich, es gibt eben für alle begrenzten Möglichkeiten einen Wettbewerb. Doch wenn du die Gelegenheit von vornherein anderen überlässt, erhöhst du nicht deine Chancen (in dem Fall ist deine Chance gleich null), sondern die der anderen, die sich trauen. Die anderen freuen sich nämlich, wenn du aus dem Pool der Wettbewerberinnen und Wettbewerber ausscheidest. Meine Empfehlung: Wirf den Hut in den Ring und kämpfe wie alle anderen, anstatt als Zuschauerin oder Zuschauer passiv dabeizustehen. Woher weißt du, dass du nicht eine oder einer der wenigen sein wirst, die es schaffen? Du hast keine Gelegenheit (und andere, die dich entmutigen, auch nicht), die Antwort auf diese Frage zu finden, ohne es zu versuchen. Egal, wie gering die Chancen auch sind, es ist immer sinnvoll, und es lohnt sich jedes Mal, es auszuprobieren. Jetzt überleg mal: War nicht alles, womit wir uns heute beschäftigen, irgendwann einmal unbekannt und neu? Unser erster Schultag, unser erster Arbeitstag und unser erstes Kundengespräch sind nur wenige Beispiele für Situationen, bei denen sich nach dem ersten Tag irgendwann Routine eingestellt hat.

Auch schlechte Erfahrungen und Erlebnisse sind nach kurzer Zeit schon wieder vergessen. Ideen und Versuche können scheitern, wir können unser Geld verlieren, bei etwas durchfallen, nicht angenommen werden. Mal schaffen wir es und mal nicht. Mal geht es uns gut und mal schlecht. Zum Beispiel schneiden wir anstatt in die Zwiebel auch mal in den Finger, verbrennen uns die Finger an der Herdplatte oder am Bügeleisen, verschlucken uns beim Wassertrinken oder verstauchen uns das Fußgelenk mit hohen Pumps. All das hindert uns trotzdem nicht daran, diese Dinge weiterhin zu tun. Wir lernen dazu und sind das nächste Mal vorsichtiger. Es ist ja nicht schlimm und eigentlich ganz normal, ein bisschen ängstlich zu sein. Schließlich können wir nicht vorhersehen, wie sich die Zukunft entwickeln wird.

Die Angst wird erst dann zum Problem, wenn du das Alarmsignal, das in deinem Gehirn leuchtet, nicht ausschaltest. Dein Gehirn prägt sich deine Ängste und die schlechten Erfahrungen ein und bildet so eine Abneigung gegen das Gefürchtete. Das Angstgefühl lauert nämlich immer noch im Gehirn, im Gefühlszentrum, der Amygdala (auch als Angstzentrum bezeichnet), als wäre es mit einem wasserfesten Stift dort notiert. Nur sind die Notizen in diesem Fall Nervenverbindungen. Diese Verbindungen oder „Verkabelungen" im Gehirn müssen aus der „Ich habe Angst"-Steckdose gezogen und in die „Na, geht doch"-Steckdose gesteckt werden.

Eigentlich ist es verständlich, dass man Angst hat, die gleichen Fehler erneut zu machen. Einige Erfahrungen hinterlassen jedoch leider tiefe Spuren und werden zu einem permanenten Problem. Das ist meist dann der Fall, wenn etwas sehr starke Emotionen wie Angstgefühle oder Enttäuschungen ausgelöst hat. Vielleicht hast du in der Vergangenheit falsche Entscheidungen getroffen, die du bitter bereust, unter denen du körperlich und psychisch immer noch leidest und die du in Gedanken immer wieder durchlebst. Schlechte Erfahrungen sollte man nicht absichtlich noch einmal machen. Was wir aber verhindern müssen, ist, dass diese Erfahrungen dazu führen, dass sie das Denken und Verhalten übermäßig stark beeinflussen und künftiges Handeln hemmen. In diesem Fall werden deine Lebensziele nämlich zu Gefangenen deiner Angst. Zum Beispiel hast du Angst, dich zu blamieren, und entziehst dich sozialen Situationen, oder du hast schlechte Erfahrungen mit deiner Partnerin oder deinem Partner gemacht, und jetzt verhindert die Angst, dass du eine neue Beziehung anfängst. Wie von einem Instant Messenger werden wir benachrichtigt, wenn uns etwas Ähnliches wieder über den Weg läuft.

Im Gehirn passiert Folgendes: Jedes Angstgefühl löst erst einmal in der Amygdala, die tief im Gehirn ihren Sitz hat, ein Alarmsignal aus. Diese gibt das Signal an den präfrontalen Cortex weiter, der sich im vorderen Teil des Gehirns befindet, also direkt hinter der Stirn. Der vordere Teil des Gehirns ist der Chef im Haus, trifft alle Entscheidungen und reguliert unter vielen Aufgaben auch unsere Emotionen. Wenn der Chef nun sagt: „Sei nicht dumm, du brauchst keine Angst zu haben", dann werden die Alarmglocken durch seine Anweisung ausgeschaltet. Kommt solch ein Befehl nicht, nimmt die Amygdala an, dass die Angst berechtigt ist. Der Alarm bleibt an, und du hast weiterhin Angst. Bleibt die Angst bestehen, gibt sich dein Mut geschlagen. Das Resultat: Du gehst der Situation aus dem Weg, handelst nicht, und dein großer Traum bleibt auf der Strecke. Um das zu verhindern, kann man den Chef, den Herrn Cortex, leider nicht feuern und ersetzen. Dieser ist nämlich unkündbar und sitzt schön bequem in seinem Sessel hinter deiner Stirn. Man kann ihm aber beibringen, bei unwichtigen und unberechtigten Ängsten, die von der Amygdala hereinströmen, mit Ruhe gegenzusteuern. Wie du die Situation bewertest, hat einen großen Einfluss auf deine Gefühle. Du kannst dein Gehirn trainieren, die Situation positiver einzuschätzen, damit deine Ängste und Zweifel nicht die Oberhand gewinnen.

Wenn dich Panik und Angst ergreifen, kannst du Sätze wie die folgenden im Geiste wiederholen. Dein Gehirn wird dir mit der Zeit glauben und dich beruhigen.

- Es ist ganz normal, aufgeregt zu sein.
- Nett gemeint, Amygdala! Kein Grund zur Sorge!
- Du hast alles im Griff!
- Immer schön tief einatmen! Du kriegst das schon hin!
- Relax, Paul/Paula (oder wie auch immer du heißt). Keine Panik!
- Lass nicht zu, dass die Angst deinen Mut frisst.
- Es ist schwer, aber nicht unmöglich! Trau dich einfach!
- Was ist das Schlimmste, das dir passieren kann?
  (Wenn die Antwort nichts Lebensbedrohliches in sich birgt und dich nicht am Boden zerstört zurücklässt, besteht höchstwahrscheinlich keine Gefahr).

Wir malen uns wirklich oft das Schlimmste aus. Jeder kennt das Gefühl, demzufolge das Schlechteste eintritt, doch hinterher entpuppt sich alles als halb so schlimm. Ständig quälen wir uns mit Fragen wie: Was, wenn ich immer Single bleibe, was, wenn ich nie eine Arbeit finde, was, wenn meine Beschwerden auf eine tödliche Krankheit hindeuten, was, wenn es danebengeht, was, wenn die Post oder der Bus sich verspätet, was, was, was? Hör auf, dir ständig über alles Sorgen zu machen. Das verursacht nur unnötigen Stress. Es verdirbt dir den Tag und vielleicht auch noch die Nacht, weil du über irgendwelche Probleme grübelst und dir unwahrscheinliche und gruselige Szenarien ausmalst. Anstatt die Situation richtig zu bewerten, lösen wir den Fehlalarm selbst aus und denken uns dabei noch, dass es sich um ein echtes Alarmsignal handelt! Du kannst solche Angst auslösenden Gedanken verhindern, indem du sie dir bewusst machst und durch positive Glaubenssätze (wie oben schon erwähnt) veränderst.

Was genau kann man tun, um die Angst zu besiegen? Ganz einfach: Wir haben in Kap. 5 etwas über Neuroplastizität gelernt, also die Fähigkeit unseres Gehirns, sich neu zu orientieren, zu vernetzen und zu formen. Auch bei der Angst kann uns diese Fähigkeit des Gehirns zur Rettung eilen. Wir können die Angst besiegen, genauso wie Menschen mit Phobien. Hat jemand beispielsweise Flugangst, überwindet er diese am besten durch Fliegen. Das gleiche Prinzip gilt für alle anderen Phobien gegen Aktivitäten und Objekte wie Spinnen, Hunde etc. Damit du die Angst ablegen kannst, muss du dich der Situation aussetzen (dies wird auch als „Exposition" bezeichnet) und dich so mit deinen Ängsten konfrontieren. Dann kann dein Gehirn, genauer gesagt die Amygdala, die negativen Verbindungen korrigieren, überschreiben oder gar ausradieren. Eine Korrektur ist immer möglich, Hauptsache, du arbeitest daran, die Angst zu bewältigen. Mit der Zeit wird sich die Angst vor der bedrohlichen Situation mindern, und Gewöhnung wird eintreten.

Vor einigen Jahren hatte ich einen unglücklichen Unfall. An einem frühen, noch dunklen Morgen fuhr ich ein Reh an. Der Schock, den dies bei mir verursachte, war so groß, dass ich lange Zeit das Fahren im Dunkeln und in ländlichen Gebieten komplett vermied. Weil ein Leben ohne Auto in den ländlichen Gebieten der USA jedoch unvorstellbar ist, war mein Leben dadurch natürlich entsprechend beeinträchtigt. Ich war nicht mehr flexibel und plante meine langen Autoreisen und -routen entsprechend der Tageszeit und je nach Paarungszeit der Rehe und Hirsche. Ich wollte einfach nicht riskieren, wieder von einem Reh überrascht zu werden. Nicht noch einmal wollte ich mein Leben gefährden und mein Auto verschrotten lassen müssen. Unglaublich, welch großen Schaden diese für mich früher einmal niedlichen Tiere verursachen können. Auch wenn die Gefahr lange vorbei war,

„Kommissarin" Amygdala merkte sich den Unfall genau und prägte sich die unangenehme Situation ein. Sie löste ab dann jedes Mal eine Angstreaktion aus, wenn ich im Dunkeln mit dem Auto unterwegs war. Wie sollte es auch vergessen sein, wenn jeden Herbst Rehe am Straßenrand stehen? Durch den Austausch mit Mitmenschen habe ich gemerkt, dass diese Art von Unfällen in meiner Gegend gar nicht so selten ist. Das hat die Situation für mich ein wenig entschärft, und die Sache war auf einmal nicht mehr so dramatisch. Es war beruhigend und tröstlich zu wissen, dass ich nicht die Einzige war. Ich dachte mir: Wenn andere damit klarkommen, dann kann ich das auch! Ein Jahr nach dem Unfall entschloss ich mich, wieder im Dunkeln zu fahren, aber vorsichtiger und langsamer, was die Fahrerinnen und Fahrer hinter mir oft gar nicht gut finden. Das ist mir, ehrlich gesagt, völlig egal. Hauptsache, ich komme heil an. Die Angst ist lange nicht mehr so groß, als dass sie eine Behinderung darstellen würde, auch wenn ich bei Nachtfahrten immer noch ein leicht mulmiges Gefühl habe.

Auch du kannst deine Ängste überwinden, wenn es dir vor etwas graut und wenn sie dich daran hindern, dein Ziel zu erreichen. Du kannst dich langsam, aber sicher der gefürchteten Situation aussetzen, und bald wirst du merken, dass es halb so schlimm ist wie gedacht. Bekommst du zum Beispiel kalte Füße bei öffentlichen Auftritten, solltest du dich gerade dieser Situation stellen und beispielsweise Reden halten, und das bei jeder Gelegenheit und so oft wie möglich. Das Gefühl von Lampenfieber kennt wohl jeder. Man bekommt es mit der Angst zu tun, wenn sich der große Augenblick nähert. Herzklopfen, Schwitzen, Übelkeit, Kribbeln im Bauch und beschleunigte Atmung sind alles Reaktionen des Körpers auf diese Stresssituation. Man ist gut vorbereitet und hat den Inhalt der Rede sicher im Kopf. Gerade will man loslegen, da bemerkt man die neugierigen Blicke der anderen. Die Stimme zittert und die Nervosität fällt anderen auf, was die Angst nur noch verschlimmert. Die Unsicherheit und die Angst vor Kritik schleichen sich ins Gehirn, und schon hat man vor Aufregung die Hälfte vergessen – oder, noch schlimmer, einen kompletten Blackout. Nicht selten klebt man dann an den Notizen, die eigentlich nur als Denkstütze dienen sollten. Woher ich das kenne? Das habe ich alles schon am eigenen Leib erfahren. Diese Art von Angst haben viele, und ich war früher eine davon. Redenhalten vor Publikum ist in der Tat ein sehr häufiger Angstauslöser. Laut einer Umfrage unter 2000 Menschen ist die Angst vor dem Redenhalten noch größer als die Angst vor dem Tod (Croston 2012).

Hast du ein ähnliches Problem, kannst du Folgendes tun: Stelle dir vor deiner Präsentation die Situation bildlich vor (siehe auch Kap. 13), mit imaginärem Publikum, erdachten Gesichtern, Räumlichkeiten und

Raumtemperatur, Raumbeleuchtung etc., um dich mental darauf vorzubereiten. Zudem kannst du die Rede oder den Vortrag aufzeichnen, hinterher analysieren und überlegen, wo es Verbesserungsbedarf gibt, oder einfach die klassische Methode wählen und vor dem Spiegel üben. Konzentriere dich auf den Inhalt deiner Rede, deine Umgebung und auf mögliche Fragen, die dich erwarten. Du kannst in deine Übung auch gerne mögliche Hindernisse einbeziehen, wie zum Beispiel den Fall, dass du dich versprichst oder den Faden verlierst. Für solche Szenarien kannst du dir dann überlegen, wie du weitermachen könntest – natürlich nicht, damit du noch mehr Angst bekommst, sondern damit du dich mit jeder Situation, ob gut oder schlecht, vertraut machst. Ich finde es sehr hilfreich, auch bei einer Panne ehrlich und locker zu bleiben. Wenn du zum Beispiel sagst: „Ich habe den Faden verloren, wo waren wir denn stehen geblieben?", oder „Eigentlich hatte ich mir einen Witz für den Fall eines Blackouts überlegt, aber den habe ich jetzt auch vergessen", dann lockert dies das Publikum und vor allem auch dich selbst.

Was mir zudem am Anfang bei meinen Vorbereitungen sehr geholfen hat, waren die Räumlichkeiten im College, die ich Wochen vor meiner ersten Vorlesung einige Male besuchte und auf mich wirken ließ. Ich konnte mich mit der Technik vertraut machen und mich schon einmal hinters Rednerpult stellen. Wann immer du die Möglichkeit hast, erkunde den Raum und die Umgebung des jeweiligen Anlasses, weil sich dadurch für das anstehende Event eine größere Vertrautheit und Gewöhnung einstellt. Du kannst dir so auch vorstellen, wie es tatsächlich ablaufen wird. Deine Vorstellungskraft wird dich zwar nicht von heute auf morgen gleich furchtlos machen und von deinen Ängsten befreien, aber sie kann dir helfen, dich mental auf die Situation vorzubereiten.

Ich könnte hier alles schönreden und davon erzählen, welch fabelhaftes und angeborenes Talent ich habe und wie glatt alles am ersten Tag lief. Doch das wäre gelogen. Es lief alles andere als perfekt. Ich hatte zwar meine Nervosität unter Kontrolle, aber nicht meine Schweißausbrüche. Damit hatte ich nicht gerechnet. Wie denn auch? An einem heißen Tag oder in der Sauna sind Schweißausbrüche ja zu erwarten, aber bei Lampenfieber? Das war mir neu. Dass sich ein Damm unter meiner Achsel befindet, wusste ich nicht, und schon gar nicht, dass der brechen kann. Ich musste in den ersten Wochen Taschentücher unter meine Achseln legen, um das Wasser abzufangen, bevor es für die Außenwelt sichtbar wurde. Das ist noch nicht alles: Ich musste heimlich hinter dem Pult die Tücher austauschen, weil sie einfach durchnässt waren. Weißt du was? Es ist mir überhaupt nicht peinlich, und eigentlich bin ich auf jeden Tropfen sehr stolz. Es ist nicht schlimm, sondern lustig und eine Geschichte, die ich gerne mit anderen teile. Daraus ergibt sich ein witziges Gesprächsthema, bei dem dann meistens auch andere mit lustigen Anekdoten herausrücken, die ihnen vorher immer peinlich waren. Solange du dich nicht selbst dabei erniedrigst, ist es eine tolle Bewältigungsstrategie, sich ein wenig über sich selbst lustig zu machen. Jeder ist mal Anfängerin oder Anfänger und beginnt bei null, also ist es unsinnig, hohen Druck auf sich selbst auszuüben, als müsste man sofort und von Anfang an Spitzenleistungen erbringen. Chefärztinnen und -ärzte hatten auch irgendwann einmal ihre ersten Patientinnen oder Patienten, Krankenpflegerinnen und -pfleger gaben ihre erste Spritze, die wehtat, und die erste Kundin bzw. der erste Kunde wollte von dir bedient werden, obwohl du keine Ahnung hattest, was du machen solltest.

Das bleibt zum Glück nicht immer so. Unser Gehirn sorgt dafür, dass du besser wirst, und stellt, je mehr du lernst und übst, neue Verbindungen her. Nicht umsonst heißt es, „Übung macht den Meister". Man muss durch diese Übergangsphase vom Anfänger zum Profi einfach hindurch, und das braucht nun mal eine gewisse Zeit. Viele gehen der gefürchteten Situation aus dem Weg, was sie leider auch daran hindert, den einen oder anderen Lebenstraum zu verwirklichen, wie zum Beispiel in ferne Länder zu reisen. Hindert dich deine Angst daran, dein Ziel oder deinen Traum zu verwirklichen, darfst du dich nicht deinen Ängsten hingeben, sondern musst den Schweinehund in dir überwinden und dich trotz deiner Angst trauen. Eines muss ich dir beichten: Dass ich dir diesen Ratschlag gebe, bedeutet nicht, dass ich mich immer alles problemlos traue. Fast täglich muss ich das schüchterne Mädchen, das in mir steckt, beruhigen und ihm Mut zusprechen. Wir müssen nicht perfekt sein, sondern bereit, uns zu strecken, nicht zu zögern und Fortschritte zu machen. Hauptsache, du hast den Mut und stellst dich der Situation, auch wenn es dir vor Aufregung die Kehle zuschnürt. Wenn du dich auf positive Aspekte und die Belohnung konzentrierst, dann ist deine Aufmerksamkeit genau da, wo sie sein soll, und wird von den Ängsten weggelenkt.

Ablenkung spielt tatsächlich eine bedeutende Rolle und hat einen direkten Einfluss auf Körper und Gehirn. Du kennst das sicherlich: Du leidest unter große Schmerzen und vergisst sie für einen Moment, wenn du an etwas anderes denkst. Das ist keine reine Einbildung.

> **Beispiel**
> Christian Sprenger vom Universitätsklinikum (UKE) Hamburg-Eppendorf und seine Kolleginnen und Kollegen fanden heraus, dass Ablenkung das Scherzempfinden mindern kann (2012). Die Ergebnisse zeigten deutlich, dass bei starker Ablenkung das Rückenmark weniger aktiv war.

In diesem Fall werden entsprechend weniger Schmerzsignale ans Gehirn gesendet. Resultat: Wir haben weniger Schmerzen, weil die Aufmerksamkeit woanders ist.

> **Tipp**
> Stell dir eine Taschenlampe vor, mit der du leuchtest. Statt das Licht, sprich deine Energie, auf die Ängste zu lenken, richte das Licht und damit deinen Fokus auf das Positive, das Event oder deine Ziele.

Viele machen es genau umgekehrt: Statt sich auf das zu konzentrieren, was gut gelungen ist, richten sie den Fokus auf das, was nicht gut gelaufen ist. Deine Aufmerksamkeit geht genau dahin, wo du sie hinlenkst. Wähle daher die positive Richtung. So kommst du deinem Ziel nicht nur näher, sondern stärkst gleichzeitig dein Selbstbewusstsein und trainierst deinen Mut.

Hier sind einige Methoden, die laut Wissenschaft gegen Angst helfen sollen. Bekommst du es mit der Angst zu tun, kann dir der eine oder andere der folgenden Ansätze helfen, sie zu mindern:

Sport: In Kap. 6 („Sport macht schlau") wurden viele Vorteile von körperlicher Aktivität aufgezählt, Angstminderung ist einer davon. Sport setzt Hormone frei wie Dopamin und Endorphine, die uns glücklich machen. Ich kann Sport nicht oft genug empfehlen, weil er dir bei vielen Aspekten deines Lebens helfen kann. Also beweg dich für deine geistige Gesundheit und für deine Ziele.

Vorstellungskraft: Die Vorstellungskraft ist wie eine mentale Generalprobe und kann dabei helfen, die Ängste zu mindern. Durch Einbildung im wörtlichen Sinne versetzt du dich in die gefürchtete Situation, wodurch du im Voraus Erfahrungen sammelst und dich daran gewöhnst (mehr dazu in Kap. 13).

Emotionale Ansteckung: Die Laune anderer, ob gut oder schlecht, ist ansteckend. Suche die Nähe positiver und mutiger Menschen, denn ihre gute Laune und ihr Mut werden auf dich abfärben.

Meditation gegen Angst: Meditation hat einen beruhigenden und entspannenden Effekt und kann eine positive therapeutische Wirkung haben. Durch Meditation kannst du die Bereiche im Gehirn stimulieren, die Angst und Sorgen kontrollieren, was zu deren Minderung beitragen kann (Corliss 2014).

> **Beispiel**
> Eine Studie kam zu dem Ergebnis, dass gestresste Teilnehmerinnen und Teilnehmer nach einer achtwöchigen Achtsamkeitsübung nicht nur weniger Stress hatten, sondern dass sich nachweislich auch ihre Amygdala verkleinerte, also die Region im Gehirn, die bei emotionaler Reaktion aktiv ist, ganz besonders, wenn man Angst hat (Hölzel et al. 2010).

Achte während der Meditation oder Achtsamkeitsübung darauf, dass du tief und langsam ein- und ausatmest. Das wird dich beruhigen und deinem Gehirn signalisieren, dass alles in Ordnung ist. Dies wiederum wird dein angespanntes Nervensystem ausgleichen, und die Angst wird sich verringern.

Umformulierung von Angst in (positive) Spannung: Wenn du in einer Situation nervös und etwas ängstlich bist, dann hilft es dir, die Angst umzuformulieren. Benutze Sätze wie „Ich bin (positiv) gespannt" und vermeide Sätze wie „Bleib ruhig" oder „Ich bin so nervös". Das ständige Wiederholen von positiven und Mut erzeugenden Glaubenssätzen ist eine durchaus nützliche Methode. Es hilft, neue Denkmuster im Gehirn zu erzeugen und die alten gegen neue auszutauschen. Du wirst dadurch deine Chancen eher erhöhen, bessere Leistungen zu erbringen, als wenn du Sätze benutzt, die dich an deine Angst erinnern. Deine innere Stimme von negativ auf positiv umzustellen kann ebenfalls helfen, Ängste zu bewältigen (dazu mehr in Kap. 12).

Therapien und Selbsthilfegruppen: Bei enormen Ängsten, die so schlimm sind, dass sie dein Leben beeinträchtigen, solltest du dich an eine Spezialistin oder einen Spezialisten wenden. Eine Therapie oder Selbsthilfegruppe ist eventuell die Lösung, um deine Ängste zu lindern. Therapien, insbesondere die kognitive Verhaltenstherapie (sprich Gesprächstherapie), sind so wirkungsvoll, dass sie dank Neuroplastizität sogar strukturelle Veränderungen im Gehirn bewirken können (Mason et al. 2017).

All diese Tipps und Methoden können dir helfen – aber auch nur dann, wenn du aktiv gegen deine Ängste vorgehst und dich der gefürchteten Situation stellst. Jeder Mensch hat eine andere Toleranzgrenze, wenn es um

Risiko und Stress geht. Doch mit ein bisschen Mut und Risikobereitschaft kann kein Hindernis der Welt deinem Willen standhalten. Ohne Mut und viel Mühe geht gar nichts. Mut bedeutet, etwas Wichtiges und Sinnvolles zu wagen. Es bedeutet nicht, dass du dein gesamtes Geld in die Spielhalle tragen sollst, nur weil du dir den Traum vom Wohlstand verwirklichen möchtest. Diese Art von Mut ist nichts anderes als Tollkühnheit und Dummheit. Bei deiner Entscheidung sollst du selbstverständlich potenzielle Risiken in Erwägung ziehen, Pro und Contra abwägen und eventuell noch Änderungen vornehmen. Entscheidest du dich gegen eine Sache, sollten nicht deine Ängste der Grund dafür sein, sondern die Tatsache, dass es einfach nicht sinnvoll ist. Finde die Ursache für deine Angst, damit du die negativen Gefühle durch neue, positive Erfahrungen ersetzen kannst. Wenn du ganz genau weißt, was dir Angst macht, kannst du auch besser an das Problem herangehen, das dich hindert.

Betrachten wir das Thema Angst noch aus einer anderen Perspektive: Angst ist nicht immer ein Störfaktor. Wie schon erwähnt, kann sie uns das Leben retten. Darüber hinaus kann ein bisschen Angst in einigen Fällen kurzfristig durchaus hilfreich sein. Sie kann dich dazu bewegen, dass du dich noch mehr anstrengst und du umso motivierter bist. Die Angst, ein schlechtes Leben zu führen, die Angst durchzufallen und die Angst, keine gute Arbeit zu leisten: All das kann dazu führen, dass du dich im Endeffekt mehr anstrengst und auf etwas Wichtiges hinarbeitest, damit das gefürchtete Ereignis eben nicht eintritt. Dass du zum Beispiel Angst hast durchzufallen und dies dazu führt, dass du lieber lernst statt mit Freunden auszugehen, zeugt meiner Meinung nach von Selbstdisziplin und ist eine positive Wirkung von Angst. Du kannst die Angst zu deinen Gunsten nutzen, indem du dir zum Beispiel Sätze sagst wie „Nie wieder werde ich es zulassen", oder „Ich habe Angst, so zu enden wie …". Von alleine gehen übertriebene Ängste meist nicht weg und bleiben somit als dauerhaftes Hemmnis im Leben bestehen.

Willst du dein Leben verändern, musst du dich mit dem Angstgefühl anfreunden. Mut ist, wenn du trotz Angst, Risiken, Hindernissen und Unsicherheit etwas machst. Trau dich an neue und unbekannte Ziele heran und denk daran, dass nur Mut dich im Leben vorwärtsbringt und Angst wie eine Sackgasse ist, die nirgendwohin führt. Wir können uns von der Tapferkeit anderer eine dicke Scheibe abschneiden. Beispiele gibt es genug. Wir müssen nur genau hinschauen. Denke an die mutigen Menschen, die damals trotz Angst von Ostberlin über die Berliner Mauer auf die westliche

Seite geklettert sind. Der Traum von Freiheit war viel größer als die Mauer und größer als die Angst vor den negativen Konsequenzen. Angst hat auch Malala, das Mädchen aus Pakistan, nicht gestoppt, in die Schule zu gehen und sich für die Bildung von Mädchen einzusetzen, obwohl sie und ihre Familie von den Taliban Morddrohungen erhielten (Yousafzai und McCormick 2015; Adam 2017). Sie hat einen Kopfschuss überlebt, ist jetzt Aktivistin und Studentin der Universität Oxford und wurde zudem mit dem Friedensnobelpreis ausgezeichnet. Sie ist heute viel mächtiger als zuvor und die Stimme für viele junge Mädchen weltweit, denen sie auch als Inspiration dient. Respekt! Immer noch kämpfen Menschen in vielen Bereichen der Welt um ihre Freiheit und Mädchen für ihre Bildung. Menschen werden ermordet und verfolgt. Während du diese Zeilen liest, liegen Tausende in Krankenhäusern und ringen um ihr Leben. Viele wiederum sehnen sich einfach danach, ihre Grundbedürfnisse nach Nahrung, frischem Wasser und einer Unterkunft zu stillen – Dinge, die wir im Überfluss genießen.

Höchstwahrscheinlich liest du dieses Buch in einem sicheren Land, hast ausreichend zu essen und bist frei wie ein Vogel. Wir haben den freien Willen, die Freiheit und das Glück, unser Leben selbst so zu gestalten, wie wir es haben wollen. Im Vergleich zu anderen sind viele unserer tagtäglichen Besorgnisse und Ängste unbedeutend und klitzeklein. Lass dich daher bei deinen Träumen und Zielen nicht durch deine Ängste blockieren und miss deinen Ängsten keine große Bedeutung bei. Lerne, deine Angst und Unbekanntes herzlich zu empfangen. Am entgegengesetzten Ende der Angst liegt das Wachstum. Es ist immer einfach, auf Wellen zu reiten und mit dem Strom zu schwimmen. Sei aber mental darauf vorbereitet, auch mal in die entgegengesetzte Richtung zu schwimmen, trotz Angst vor Pannen oder Niederlagen.

Apropos: Für den Fall, dass du neugierig geworden bist: Die Paarungszeit der Rehe und Hirsche ist in Alabama in der Regel im Früh- bis Spätherbst.

Das nächste Mal …

wenn du Angst hast, versuche die Ursache dafür herauszufinden. Schreibe alle Gründe genau auf und überlege, was du tun musst, um dich von jedem einzelnen zu lösen. Ziel ist es, den Fokus weg von der Angst auf die Lösung zu richten.

Die Herausforderung …

Denke an etwas, das du dich noch nie getraut hast oder vor dem du Angst hast. Richtig geraten – du tust es trotzdem! Trainiere deinen Mut, indem du dich der beängstigenden Situation stellst. Dein zukünftiges Ich wird es dir danken. Von alleine geht das Gefühl der Angst nämlich nicht weg. Du musst aktiv tätig werden und dich, so schwer es auch ist, der Situation stellen. Sonst macht es sich die Angst in deiner Amygdala schön bequem und hört nicht auf, dir das Leben schwer zu machen.

Fazit

Das Angstgefühl ist eine normale Reaktion des Körpers, um uns vor Gefahren zu schützen. Negativen Erfahrungen und allem, was neu und unbekannt ist, wollen wir oft aus dem Weg gehen. Die Amygdala – der Bereich im Gehirn, der für Emotionen zuständig ist – kann irrationale Ängste auslösen, die an alte und unerfreuliche Erfahrungen erinnern. Deswegen versucht sie, ähnliche Situationen zu vermeiden. Daher ist sie unser größtes Hindernis, wenn es darum geht, unser Potenzial zu entfalten. Folglich muss das Gelernte wieder verlernt werden, indem man sich der gefürchteten Situation stellt. Damit werden neue Nervenverbindungen hergestellt und mentale Blockaden abgebaut. Tust du nichts, kann dies für deine Ziele hinderlich sein und gibt nur Anlass zu Unzufriedenheit, weil du die für dich wichtigen Vorhaben nicht umsetzen kannst. Konzentriere dich auf gelungene und positive Aspekte, wie zum Beispiel auf die Erfahrung, die du machen möchtest, also die Belohnung am Ziel. Deine Ziele verdienen die größte Aufmerksamkeit – und nicht die Ängste, die mit Übung bewältigt werden können. Die Umformulierung von Angst in (positive) Spannung, positive Mitmenschen, Sport und Meditation sind nur einige von vielen Methoden, welche die Angst mindern können. Die Angst geht durch die Übungen vielleicht nicht komplett weg. Das muss sie auch nicht! Ziel ist es, trotz der Angst zu handeln, sodass sie kein Hemmnis für dein Leben darstellt. Traue dir Neues zu und scheue dich nicht vor unbekannten Situationen. Was jetzt unbekannt ist, wird morgen schon zum Alltag gehören, denn unbekannte Situationen werden mit der Zeit vertraut, und die Angst löst sich in Luft auf. Vergiss nicht, dass du viel stärker bist als deine Angst. Miss ihr keine große Bedeutung bei und lass nicht zu, dass sie dein Leben dominiert. Ein bisschen Lampenfieber ist das Salz in der Suppe und erinnert uns daran, dass wir mitten im Leben stehen. Ein Leben, das man immer voraussehen kann, wäre doch langweilig, oder?

Literatur

Adam K (2017) Noble Prize winner Malala Yousafzai to study at Oxford. The Washington Post. https://www.washingtonpost.com/news/worldviews/wp/2017/08/17/nobel-peace-prize-winner-malala-yousafzai-to-study-at-oxford/?noredirect=on&utm_term=.228ff4776ad4. Zugegriffen: 15. März 2019

Corliss J (2014) Mindfulness meditation may ease anxiety, mental stress. Harvard Medical School. https://www.health.harvard.edu/blog/mindfulness-meditation-may-ease-anxiety-mental-stress-201401086967. Zugegriffen: 1. Sept. 2018

Croston G (2012) The thing we fear more than death. Psychology Today. https://www.psychologytoday.com/us/blog/the-real-story-risk/201211/the-thing-we-fear-more-death. Zugegriffen: 7. Febr. 2019

Hölzel BK, Carmody J, Evans KC, Hoge EA, Dusek JA, Morgan L, Pitman RK, Lazar SW (2010) Stress reduction correlates with structural changes in the amygdala. Soc Cogn Affect Neurosci 5(1):11–17. https://doi.org/10.1093/scan/nsp034

Mason L, Peters E, Williams SC, Kumari V (2017) Brain connectivity changes occurring following cognitive behavioural therapy for psychosis predict long-term recovery. Transl Psychiatry 7:e1001. https://doi.org/10.1038/tp.2016.263

Sprenger C, Eippert F, Finsterbusch J, Bingel U, Rose M, Büchel C (2012) Attention modulates spinal cord responses to pain. Curr Biol 22(11):1019–1022. https://doi.org/10.1016/j.cub.2012.04.006

Yousafzai M, McCormick P (2015) Malala. Meine Geschichte. Fischer, Frankfurt a. M.

11

Stress als Hindernis oder Treibstoff?

Inhaltsverzeichnis

Das nächste Mal 141
Die Herausforderung 141
Fazit 141
Literatur 142

> **In diesem Kapitel …**
>
> rede ich dir den Stress erst einmal schön schlecht. Nicht umsonst klagen die meisten über diesen ständigen Begleiter. Stress verursacht hohe seelische und körperliche Belastungen, doch die wenigsten wissen, welche Folgen er auf die Leistung hat. Wenn Stress lange andauert, kann er eine Reihe von Kettenreaktionen auslösen und auf andere Aspekte des Lebens abfärben. Probleme wie Lustlosigkeit, Schlafstörungen, Irritationen und Depressionen sind nur einige davon, und Stress verringert somit auch die Energie und Leistungsfähigkeit. Du lernst in diesem Kapitel Methoden kennen, die bei der Stressbewältigung helfen können. Aber wie kannst du dem Alltagsstress entgehen? Was passiert im Gehirn bei Stress? Warum solltest du anderen helfen, gerade wenn du gestresst bist? Aber halt! Nicht jede Art von Stress ist schlecht für Geist und Körper. Du wirst sehen, dass deine Einstellung enorme Auswirkungen auf dein Wohlbefinden hat.

Unser Alltag stellt gewisse Anforderungen an uns. Er verlangt reibungslose Leistungen und eine Topverfassung, und das am besten rund um die Uhr. Wann immer wir mehr zu tun haben, als wir schaffen können, empfinden wir Stress. Mal haben wir ihn selbst verursacht, mal andere. Der Effekt ist derselbe. Kein Wunder, dass Stress einen schlechten Ruf hat. Zu viel davon raubt uns nämlich die Energie, trübt die Stimmung und verhindert eine normale Funktion von Körper und Geist. Stress hat gewisse Gemeinsamkeiten mit Angstgefühlen, und beide gehen oft Hand in Hand. Hat man Angst vor etwas, führt dies häufig zu Stress, und mit dem Stress kommt meist auch die Angst, etwas nicht rechtzeitig zu schaffen. Tun wir nichts dagegen, kann die Überanstrengung leicht zu viel werden. Es ist wichtig, die Ursache von Angst oder Stress zu erkennen, um dann eine Lösung zu finden. Bist du zum Beispiel gestresst, weil du ständig unter Zeitdruck stehst, solltest du deine Aufgaben auf mehrere Tage verteilen. Somit kannst du den Druck herausnehmen, und außerdem wirst du bessere und klügere Entscheidungen treffen, wenn du dafür mehr Zeit hast. Bist du immer gestresst auf dem Weg zur Arbeit oder Schule, weil du ständig im Stau steckst, dann fahre 15 min eher los, um den Stress in Zukunft zu vermeiden. Jedes Problem hat auch die passende Lösung. Finde sie!

In einigen Fällen ist Stress einfach unvermeidlich, wenn sich zum Beispiel ein großer und wichtiger Tag nähert. Im kurzfristigen Stress liegt nicht das Problem, er wird erst dann zu einer gefährlichen Belastung, wenn er länger andauert. Dauerstress, auch chronischer Stress genannt, der schon eine Weile anhält, bringt neben gesundheitlichen Schäden auch kognitive Einbußen mit sich. Stress beeinträchtigt nämlich das Gedächtnis, weil der Körper dadurch Unmengen des Stresshormons Cortisol produziert, das den Hippocampus, die Gehirnregion, die als Gedächtniszentrale bezeichnet wird, regelrecht überschwemmt. Cortisol aktiviert die Kampf- oder Fluchtreaktion, und das bedeutet: Der Körper befindet sich wie bei Angst in Alarmbereitschaft. Er benötigt Energie, um dich vor der stressigen Situation zu retten. Kurzfristig ist dies prima, weil du Energie hast, um die stressige Situation zu meistern. Aber auf Dauer geht uns die Kraft aus. Hält der Stress länger an, produziert der Körper ständig Stresshormone, und der Cortisolwert ist auf lange Sicht einfach zu hoch. Stell dir vor, du wirst von einem Bären gejagt. Du wirst zunächst rennen, was das Zeug hält, um nicht aufgefressen zu werden. Wenn der Bär dir aber den ganzen Tag hinterherrennt, klappst du irgendwann erschöpft zusammen, egal wie fit du bist. Genau so reagiert unser Körper auf Stress. Arbeite hart und fleißig – aber nicht bis zum Umkippen. Dauerstress zu Hause oder auf der Arbeit, Beziehungsprobleme, Arbeitslosigkeit oder finanzielle Sorgen sind alles Situationen, die die Seele überstrapazieren. Irgendwann ist der Spaß vom Dauermarathon vorbei, weil dem Körper Energie entzogen und das Immunsystem geschwächt wird (American Psychological Association 2006). Das wiederum macht uns anfällig für Krankheiten und Infektionen.

Wie schon erwähnt, hat chronischer Stress sehr negative Auswirkungen auf unser Gehirn. Er beeinträchtigt die Neurogenese und verhindert somit das Entstehen neuer Nervenzellen im Hippocampus (Schoenfeld und Gould 2012). Der Hippocampus ist, wie du ja schon weißt, wichtig für das Lernen und um neue Erinnerungen abzuspeichern.

> **Beispiel**
>
> Unser Gedächtnis und unser Erinnerungsvermögen leiden unter Dauerstress. Belege dafür liefert das US-amerikanische Nationale Institut für Herz, Lunge und Blut (NHLBI) in Zusammenarbeit mit der Universität Boston. Diese führten eine Langzeitstudie mit dem Titel „Framingham Heart Study" durch. Diese Studie mit mehr als 2000 Teilnehmerinnen und Teilnehmern kam zu folgendem Ergebnis: Die Probandinnen und Probanden, die am meisten gestresst waren, also die mit dem höchsten Cortisolwert, hatten das schlechteste Erinnerungsvermögen. Nicht nur das, sie hatten auch ein kleineres Gehirnvolumen, wobei Frauen am stärksten betroffen waren (Echouffo-Tcheugui et al. 2018).

Der Rückgang des Gehirnvolumens hat wohl damit zu tun, dass Nervenzellen, der Hauptbestandteil unseres Nervensystems, also die Neurone, durch Stress schrumpfen können (Greenberg 2017). Weil durch die kleinen und geschrumpften Neurone die Kommunikation zwischen den Nervenzellen behindert wird, kann es sein, dass wir nicht mehr klar denken können. Fazit: Zu viel Stress kann die Gehirnstruktur verändern und unsere geistige Fitness beeinträchtigen. Es scheint also einen Zusammenhang zwischen Cortisol, Stress und unserer Gehirnleistung zu geben. Was wir tun müssen, ist relativ eindeutig: unseren Stress mindern oder, noch besser, schon eingreifen, bevor er uns überrollt.

Du selbst kannst deinen Stresslevel am besten abschätzen und beurteilen, welche Schutzmechanismen dir am besten helfen. Bist du gestresst oder willst du dich einfach auf einen großen und anstrengenden Tag vorbereiten, findest du im Folgenden einige Anti-Stress-Tipps, die von der Wissenschaft empfohlen werden und von mir bereits getestet wurden. Sie sind auch sehr gut geeignet zur Vorbeugung gegen Stress und für mehr Balance im Leben:

- **Sport:** Wie schon in Kap. 6 erwähnt, ist Sport für die körperliche und geistige Gesundheit sehr nützlich. Er mindert Stress und schützt gegen Depressionen. Zieh deine Laufschuhe an und laufe einmal um den Block. Die frische Luft und der Wind in deinem Gesicht werden dir sicherlich guttun.
- **Meditation:** Genauso wie sie gegen Angst hilft, ist Meditation auch gut gegen Stress und daher sehr zu empfehlen (Sharma 2014). Sie ist viel mehr als mit gekreuzten Beinen dazusitzen, sich zu entspannen und auf den Atem zu konzentrieren. Ein Nebeneffekt von Stress ist hoher Blutdruck, der bis zum Herzinfarkt oder Schlaganfall führen kann. Laut jüngsten Studien verändern schon acht Wochen lang durchgeführte Entspannungsübungen wie Meditation 172 verschiedene Gene, die dafür sorgen, den Blutdruck zu senken (Aryamvally 2018). Außerdem soll eine ungefähr einstündige Meditation Schmerzen um ganze 40 % lindern (Zeidan et al. 2011). Willst du dieser Methode eine Chance geben, gibt es reichlich Material für Anfängerinnen und Anfänger in Form diverser Apps, Bücher, Kurse oder Videos auf YouTube.
- **Schlaf:** Sorge dafür, dass du genug Schlaf bekommst! Zu wenig Schlaf macht krank, schlapp und übellaunig. Außerdem kann Schlafmangel zu weiteren stressbedingten Erkrankungen führen. All das kannst du durch ausreichend Schlaf verhindern.

- **Sag auch mal NEIN:** Wenn du viel um die Ohren hast, sag auch mal freundlich NEIN, wenn Mitmenschen dich um einen Gefallen bitten. Du bist nicht verpflichtet, immer nur Ja zu sagen und andere auf deine Kosten zufriedenzustellen. Wie heißt es so schön im Flugzeug: „Die Sauerstoffmaske zuerst selbst aufsetzen", bevor du dich um andere kümmerst.
- **Zeitmanagement:** Zeitmanagement ist oft die Lösung! Konzentriere dich auf wesentliche Aufgaben und setze deine Prioritäten an der richtigen Stelle. Unwichtiges kannst du erst einmal weglassen, bis die Arbeitsbelastung nachgelassen hat.
- **Freu dich auf etwas:** Finde etwas, worauf du dich freuen kannst. Die Vorfreude auf positive Erlebnisse allein kann schon Stresshormone senken.

> **Beispiel**
> Selbst die Erwartung, über etwas Lustiges zu lachen, reichte aus, um bei Probandinnen und Probanden die Beta-Endorphine (körpereigene Schmerzmittel, die an der Linderung von Depressionen beteiligt sind) um 27 % zu erhöhen. Gleichzeitig kurbelte die Vorfreude die Wachstumshormone (wichtig für unser Immunsystem) um sage und schreibe 87 % an. Cortisol sank um 39 % und Adrenalin um 70 %, was eindeutig auf weniger Stress hindeutet (American Psychological Society 2008).

Suche dir für heute Abend einen lustigen Film aus und freu dich drauf!
- **Tief einatmen:** Atemtechniken, besonders die Tiefenatmung, helfen dir durch den Extra-Sauerstoffschub dabei, dich zu entspannen und so Stress zu mindern.
- **Musik:** Entspannungs- oder Gute-Laune-Musik (KEINE Depri-Musik, die man meist nach einer Trennung hört) ist ein absolutes Wundermittel gegen Stress. Sie hilft, Stresshormone im Körper zu verringern, den Blutdruck zu senken und die Herz-/Pulsfrequenz zu verlangsamen (Collingwood 2018). Erstelle eine Playlist mit deiner Lieblingsmusik, die dir Power gibt und auf die du in stressigen Zeiten zugreifen kannst.
- **Pflanzen:** Sie sind nicht nur hübsch als Deko, sondern haben auch einen Heilungseffekt. Pflanzen sollen laut einer Studie eine beruhigende und stressmindernde Wirkung haben (Dijkstra et al. 2008). Umgib dich bitte nicht mit künstlichen, sondern mit natürlichen Pflanzen!

- **Ernährung:** Achte auf eine gesunde Ernährung, die reich an Vitaminen und Nährstoffen ist. Eine gesunde Ernährungsweise gibt Energie, macht weniger krank und hebt damit die Laune. Wichtig: Wenn du gestresst bist, greif nicht nach Junkfood. Du kannst deinen Bedarf nach Frustessen mit gesunden Alternativen decken. So kannst du zum Beispiel einen niedrigen Blutzuckerspiegel mit Trauben anstatt mit Bonbons ausgleichen, aber bei einem Stück Schokolade geht die Welt auch nicht unter (bei einer ganzen Tafel sieht das schon anders aus).
- **Kontakt zu Mitmenschen:** Nimm Kontakt zu Menschen in deinem sozialen Umfeld auf, denn ihre Gesellschaft und liebevolle Unterstützung werden dich aufmuntern und von trüben Gedanken ablenken. Allein zu sein, um nachzudenken, tut aber manchmal auch gut! Je nachdem, wonach dir gerade ist.
- **Küssen:** Wer hätte gedacht, dass auch Küssen Stress mindert (Floyd et al. 2009). Die Studienergebnisse basieren hauptsächlich auf der Untersuchung von Paaren, aber vielleicht klappt es ja auch bei deinem kleinen Bruder oder Hund. Einen Versuch ist es allemal wert.
- **Bleib optimistisch:** Gib die Hoffnung auf bessere und entspannte Tage nicht auf. Optimistische Menschen empfinden weniger Stress und haben weniger Stresshormone im Körper als pessimistische Menschen (Jobin et al. 2014).
- **Gönne dir Entspannung:** Verwöhne dich und tu die Dinge, die dir am meisten Spaß machen oder Ruhe bringen, damit du deine Energiereserven auftanken kannst. Lesen, Tanzen, Sauna, Massage, Gesichtsmasken (meine Rettung in der Not), Schaumbäder mit Kerzen, Stressbälle, Kamillentee, Spaziergänge im Wald/Park und kleine Shopping-Touren mit Freundinnen und Freunden sind allesamt tolle Möglichkeiten zur Entspannung, zum Energietanken und zur Ablenkung.
- **Keine schädlichen Gewohnheiten:** Halte dich um jeden Preis von schädlichen und riskanten Verhaltensweisen wie illegalem Drogenkonsum, übermäßigem Alkoholkonsum etc. fern. Dies sind nicht nur schlechte Bewältigungsstrategien, sondern machen auch noch das Leben und den Körper kaputt. Eventuell hast du dann ein neues Problem – nämlich weitere kognitive Einbußen und vielleicht auch noch Sucht!
- **Finanzen unter Kontrolle bekommen:** Schulden und Geldmangel können einigen Schaden verursachen, und dazu gehört mit Sicherheit auch Stress. Achte darauf, dass du nicht mehr ausgibst, als du einnimmst,

und lebe schuldenfrei. Mach keine Schulden, die du nicht zurückzahlen kannst, sonst hast du nicht nur Stress und Schulden, sondern auch noch Feinde.

Du kannst Stressabbau auch als eine Art Ventil betrachten, durch das du mit verschiedenen Methoden Dampf vom Stress ablassen kannst. Tust du nichts, nimmt der Druck nur noch weiter zu, was das Leben noch mehr erschwert. Folglich solltest du aktiv Maßnahmen zur Minderung und Beseitigung deiner Unzufriedenheit ergreifen. Vielleicht solltest du sogar in Erwägung ziehen, dich gerade dann um andere zu kümmern, wenn du gestresst bist. Ich weiß: Anderen zu helfen ist das Letzte, was man im Sinne hat, wenn man gestresst ist. Der Fokus richtet sich in diesen Momenten meist auf sich selbst. Gerade deswegen sollte man anderen helfen, weil es guttut und der Fokus beim Helfen ja auf andere gerichtet ist und so vom eigenen Stress ablenkt. Dies ist zwar eine etwas ungewöhnliche, aber wirksame Stressbewältigungsstrategie, denn sie soll tatsächlich den Stress mindern (Raposa et al. 2016).

Bislang haben wir uns damit befasst, wie schlecht Stress für uns ist. Nun ist es Zeit, den Stress aus einer anderen Perspektive zu betrachten. Stress ist nicht immer nur schlecht für uns. Wenn er kurzfristig auftritt, kann er uns einen gewaltigen Schub verleihen. Ähnlich wie die Angst kann uns Stress dabei helfen, die erforderliche Arbeit zu leisten, Termine einzuhalten und uns körperlich oder geistig auf etwas vorzubereiten. Unserem Gehirn scheint dies auch nichts auszumachen. Ganz im Gegenteil: Kurzfristiger oder akuter Stress scheint sich auf unser Gehirn positiv auszuwirken. Kurzfristiger Stress soll dazu führen, dass Stammzellen im Hippocampus produziert werden, was dann zur Bildung neuer Gehirnzellen führen kann (Kirby et al. 2013). Bei langfristigem Stress verhält sich dies genau umgekehrt. Wir können also von kurzfristigem Stress profitieren und damit unsere Leistungsfähigkeit steigern.

Einen erheblichen Einfluss darauf, wie du dich fühlst, hat auch deine persönliche Interpretation von Stress. Hierbei hilft der sogenannte Framing-Effekt, die Umformulierung einer Situation, wie schon in Kap. 4 erwähnt. Wenn du dir die Vorteile vor Augen hältst – zum Beispiel die Tatsache, dass Stress dazu da ist, unseren Körper mit Energie zu versorgen (in gewisser Weise tut er ja genau das) – dann leidest du und dein Körper nicht so darunter, wie wenn du Stress als Bedrohung wahrnimmst.

> **Beispiel**
>
> So haben wir einen direkten Einfluss auf Körper und Geist und können unsere Aufmerksamkeit bewusst vom Negativen aufs Positive lenken. Eine Studie der Harvard University hat diese Behauptung überprüft und Belege dafür gefunden, dass die Interpretation von Stress und die Einstellung dazu in der Tat Auswirkungen auf Körper und Geist haben (Jamieson et al. 2012). In dieser Studie wurde einer von zwei Testgruppen vermittelt, was mit dem Körper passiert, wenn man gestresst ist, und dass Stress uns in angespannten Situationen hilft und die Leistungsfähigkeit steigert. Die Probandinnen und Probanden erfuhren, dass der Körper sich erregt, das Herz schneller schlägt und so zusätzlich Blut pumpt. Dann wurden beide Gruppen einer stressigen Situation ausgesetzt, indem sie eine fünfminütige Rede vor einer zweiköpfigen Jury halten mussten. Die Jurymitglieder machten während des Vortrags eine böse Miene, um umso mehr Stress zu erzeugen. Das Ergebnis war sehr beeindruckend: Die Testpersonen, die gelernt hatten, dass Stress hilfreich ist, hatten eine bessere physiologische Stressreaktion aufzuweisen als die Kontrollgruppe. Ihre Herzfrequenz war zwar immer noch relativ hoch und Stress war trotzdem vorhanden, aber ihre Adern zogen sich nicht so stark zusammen, wie dies bei Stress normalerweise üblich ist.

Diese Reaktion ist eine viel gesündere Variante von Stress, insbesondere für das Herz. Nun geht es nicht darum, dass du dich absichtlich Stress aussetzt. Vielmehr solltest du deine Sichtweise und Einstellung umstellen, damit Stress dir nicht schadet, sondern hilft. Siehst du Stress als etwas Vorübergehendes und nichts Schlimmes, schützt du dich im Geiste gegen den negativen Effekt. Interpretierst du Stress hingegen als bedrohlich und negativ, reagiert der Körper auch negativ darauf. Sätze, die bei mir für sofortige Stressminderung sorgen, sind: „Bleib ruhig und hör auf zu jammern", oder „Ist momentan nun mal so …". Der Fokus bewegt sich somit gleich vom Problem, vom Stress, weg, der Körper beruhigt sich wieder, und der Arbeit wird erneut meine volle Aufmerksamkeit zuteil – und nicht dem Stress.

Wie auch immer du die Situation betrachtest: Dein Gehirn wird es dir glauben und entsprechend reagieren. Lass nicht zu, dass Stress Macht über dich ausübt und deine Ziele sabotiert, sondern lenke deine Gedanken und Gefühle mit praktischen und hilfreichen Methoden in eine positive Richtung. Du hast zwei Optionen: Entweder löst du das Problem, das dir Stress verursacht. Wenn das nicht geht, zum Beispiel aufgrund äußerer Umstände, musst du eben deine Reaktion auf das Problem ändern. Am besten tust du beides. Weise die negativen Gedanken ab, denn wenn du dich ständig bemitleidest und dir vorsagst, wie gestresst du bist, verstärkst du nur den Stress und sorgst damit für Unzufriedenheit. Empfindest du doch ein wenig

Stress, zum Beispiel weil du dich auf etwas Wichtiges vorbereiten musst, dann behalte einen kühlen Kopf und denke daran, wie wichtig deine Einstellung ist. Wiederhole im Geiste, dass die Stressphase kurzfristig ist und dass dies manchmal einfach dazugehört. Tut man etwas mit Leidenschaft, zum Beispiel einen Traum verfolgen, dann macht der Stress nicht viel aus, weil man gerne und mit großer Begeisterung bei der Sache ist. Du solltest ein bisschen Stress nicht als Last empfinden und dich nicht beklagen, damit Körper und Geist keinen Widerstand leisten und sich deinen Anstrengungen nicht verweigern. Wie heißt es so schön: „Wenn das Leben uns in die Knie zwingt, tanzen wir Limbo."

Das nächste Mal ...

wählst du drei der oben genannten Anti-Stress-Methoden, die dir am meisten zusagen, und setzt sie im täglichen Leben als Vorsorge gegen Stress oder als Stressminderung ein. Vielleicht hast du deine eigene Methode, die dich wieder ins Gleichgewicht bringt und deinen Stress mindert. Was immer für dich funktioniert und richtig ist: Wende es an!

Die Herausforderung ...

Wenn du merkst, dass es dir zu viel wird, möchte ich dich bitten, ein Selbstexperiment durchzuführen: Hilf jemandem, den du nicht kennst, ohne dafür eine Gegenleistung zu erwarten. Es gibt Dutzende von Studien, die belegen, dass anderen zu helfen den Stresspegel mindert. Wieso sollte es nicht auch bei dir klappen?

Fazit

Gestresst zu sein ist kein angenehmes Gefühl. Auf lange Sicht ist es schädlich und eine Gefahr und Belastung für die körperliche und geistige Gesundheit. Wenn wir mehr um die Ohren haben, als wir bewältigen können, kann dies Stress verursachen. Wir haben leider nicht immer Einfluss auf bestimmte Situationen und müssen durch eine stressige Phase einfach durch. Manchmal sind wir auch selbst schuld, weil wir uns die Zeit falsch einteilen. Es ist wichtig, die Ursache zu identifizieren und eine aktive

Stressminderung anzustreben. Da Stress nicht immer vermeidbar ist, kann man als Gegenmaßnahme verschiedene Methoden zur Stressminderung anwenden und möglichst ein Gleichgewicht wiederherstellen. Auf der einen Seite gibt es den langfristigen Stress, der eine gesundheitliche Gefahr für Körper und Geist darstellt. Auf der anderen Seite gibt es den kurzfristigen Stress, den man vor einem wichtigen Termin oder Event verspürt und der gar nicht so schlecht ist, denn er bewegt oder zwingt uns regelrecht dazu, Dinge rechtzeitig zu schaffen, in Gang zu bringen und uns auf wichtige und wesentliche Aufgaben zu konzentrieren. Wie du die Situation interpretierst, wird sich letztlich in deinem Körper und Geist widerspiegeln. Deine Erwartung und deine Interpretation können sogar deine Körperchemie verändern. Denkst du ständig daran, wie gestresst du bist und wie schlimm das ist, reagiert dein Gehirn darauf und aktiviert negative Nebenwirkungen wie die Freisetzung von Cortisol. Betrachtest du die Lage als halb so schlimm, dann passt sich der Körper entsprechend an.

Literatur

American Psychological Association (2006) Stress weakens the immune system. http://www.apa.org/research/action/immune.aspx. Zugegriffen: 13. Aug. 2018

American Physiological Society (2008) Anticipating a laugh reduces our stress hormones, study shows. ScienceDaily. https://www.sciencedaily.com/releases/2008/04/080407114617.htm. Zugegriffen: 7. Juni 2018

Aryamvally A (2018) Relaxation response alters gene expression to help reduce blood pressure. Medindia. https://www.medindia.net/news/healthinfocus/relaxation-response-alters-gene-expression-to-help-reduce-blood-pressure-178449-1.htm. Zugegriffen: 5. Juni 2018

Collingwood J (2018) The power of music to reduce stress. Psych Central. https://psychcentral.com/lib/the-power-of-music-to-reduce-stress/. Zugegriffen: 5. Juni 2018

Dijkstra K, Pieterse ME, Pruyn A (2008) Stress-reducing effects of indoor plants in the built healthcare environment: the mediating role of perceived attractiveness. Prev Med 47(3):279–283. https://doi.org/10.1016/j.ypmed.2008.01.013

Echouffo-Tcheugui JB, Connor SC, Himali JJ, Maillard P, DeCarli CS, Beiser AS, Vasan RS, Seshandri S (2018) Circulating cortisol and cognitive and structural brain measures. The Framingham Heart Study. Neurology 91:e1961–e1970. https://doi.org/10.1212/WNL.0000000000006549

Floyd K, Boren JP, Hannawa AF, Hesse C, McEvan B, Veksler AE (2009) Kissing in marital and cohabiting relationships: effects on blood lipids, stress, and relationship satisfaction. W J Commun 73(2):113–133. https://scholarcommons.scu.edu/cgi/viewcontent.cgi?referer=http://mentalfloss.com/article/501990/10-scientific-benefits-kissing&httpsredir=1&article=1008&context=comm

Greenberg M (2017) The stress-proof brain: master your emotional response to stress using mindfulness & neuroplasticity. New Harbinger, Oakland

Jamieson JP, Nock MK, Mendes WB (2012) Mind over matter: reappraising arousal improves cardiovascular and cognitive response to stress. J Exp Psychol Gen 141(3):417–422. http://projects.iq.harvard.edu/files/nocklab/files/jamieson_2012_mindovermatter_reappraisingarounsal_cardiocog_stress_jepg.pdf. Zugegriffen: 17. März 2019

Jobin J, Wrosch C, Scheier MF (2014) Associations between dispositional optimism and diurnal cortisol in a community sample: when stress is perceived as higher than normal. Health Psychol 33(4):382–391. https://doi.org/10.1037/a0032736

Kirby ED, Muroy SE, Sun WG, Covarrubias D, Leong MJ, Barchas LA, Kaufer D (2013) Acute stress enhances adult rat hippocampal neurogenesis and activation of newborn neurons via secreted astrocytic FGF2. https://doi.org/10.7554/eLife.00362

Raposa EB, Laws HB, Ansell EB (2016) Prosocial behavior mitigates the negative effects of stress in everyday life. Clin Psychol Sci 4(4):691–698. https://doi.org/10.1177/2167702615611073

Schoenfeld TJ, Gould E (2012) Stress, stress hormone, and adult neurogenesis. Exp Neurol 233(1):12–21. https://doi.org/10.1016/j.expneurol.2011.01.008

Sharma M, Rush SE (2014) Mindfulness-based stress reduction as a stress management intervention for healthy individuals: a systematic review. J Evid-Based Integr Med 19(4):271–286. https://doi.org/10.1177/2156587214543143

Zeidan F, Martucci KT, Kraft RA, Gordon NS, McHaffie JG, Coghill RC (2011) Brain mechanisms supporting the modulation of pain by mindfulness mediation. J Neurosci 31(14):5540–5548. https://doi.org/10.1523/JNEUROSCI.5791-10.2011

12

Selbstgespräche, aber bitte nur, wenn sie positiv sind!

Inhaltsverzeichnis

Das nächste Mal 149
Die Herausforderung 150
Fazit 150
Literatur 151

> **In diesem Kapitel …**
>
> lernst du, dass Selbstgespräche uns sowohl helfen als auch schaden können, denn die innere Stimme hält sich niemals zurück. Alles, was wir denken, beeinflusst unsere Motivation, unser Selbstbewusstsein und unser künftiges Handeln. Die innere Stimme hilft uns dabei, etwas zu planen, zu analysieren und zu bewerten. Wir sind gut darin, alle Szenen, die wir tagsüber erlebt haben, stumm im Kopf noch einmal abzuspielen. Das Problem sind nicht die neutralen, sinnvollen und vernünftigen, sondern die negativen Selbstgespräche. Wir stellen uns auch gerne Worst-Case-Szenarien vor, die nie passiert sind und die auch nie passieren werden. Die Selbstkritik kann sehr brutal sein. Du wirst lernen, bewusst die negative Stimme zu erkennen, wenn sie Unsinn redet, und sie gegen realistische und positive Gedanken auszutauschen. Ich zeige dir, wie du deinen inneren Dialog zu deinen Gunsten lenken kannst, um bessere Laune, mehr Motivation und Mut zu haben und bessere Ergebnisse zu erreichen.

Unsere Gedanken schwirren pausenlos umher, und wir führen den ganzen Tag stumme Gespräche mit uns selbst. Es gibt keinen „Ausschalter", weshalb die Gedanken so gut wie nicht abzustellen sind, es sei denn, man ist ein geübter Mönch in Tibet. Auch die weniger Gesprächigen unter uns sind ganz schön aktiv, wenn es um innere Konversationen geht. Neutrale und optimistische Selbstgespräche sind im Grunde gut und können dich bestätigen. Sie können zu künftigen Handlungen motivieren und dabei helfen, Aufgaben und Arbeiten zu erledigen. Selbstgespräche wie zum Beispiel „Ich bin so aufgeregt", oder „Was ziehe ich heute an? Ich muss heute besonders hübsch aussehen", werden dich nicht niederschmettern. Die meisten Gespräche, die wir mit uns selbst führen, sind ja harmlos, doch mit negativen Selbstgesprächen kann es gefährlich werden: Sie sind oft hart und brutal, eine Art Mobbing, nur sind wir hier selbst unser Opfer. Die innere Wiederholung eines ärgerlichen Ereignisses schallt wie das Echo in den Bergen, wodurch es mehrfach und immer wieder von neuem durchlebt wird. Es ist genauso, wie wenn man immer wieder auf eine schmerzende Körperstelle drückt und sich absichtlich wehtut.

Oft sind die Gedanken nicht nur negativ, sondern auch völlig unrealistisch. Überlegungen wie „Mein Boss will mich bestimmt entlassen. Warum sollte er mich sonst sprechen wollen?", sind vermutlich weit von der Realität entfernt. Solche Gedanken können zur Gewohnheit werden und verursachen dabei nur negative Gefühle, die uns den Tag verderben und so unsere Ziele beeinflussen oder sogar zunichtemachen. Negative Gefühle und negative Selbstgespräche sind wie Gift für den Mut und unser Selbstbild. Um uns etwas zu trauen und unseren Zielen nachzugehen, sind Mut und ein gesundes Selbstbild jedoch zwingend nötig.

Verinnerliche externe Ereignisse nicht immer so, als hättest du sie verursacht. Und wenn doch? Wer kann schon von sich behaupten, perfekt zu sein? Vielleicht stimmen ja einige Aspekte deines negativen Selbstbildes. Du bist vielleicht eine schlechte Köchin oder ein schlechter Koch, unfreundlich, frech, unsportlich oder wirklich schlecht in einem Fach, was durch schlechte Noten belegt ist. Wir tun und sagen ja auch Dinge, auf die wir nicht unbedingt stolz sind. Ein bisschen Selbstkritik ist in Ordnung, solange sie im normalen Bereich liegt und uns hilft, künftig die Dinge anders anzupacken. Das Ziel ist nicht, die negativen Eigenschaften zu leugnen und sich alles schönzureden. Ganz im Gegenteil: Man sollte sich realistisch einschätzen, seine Schwächen identifizieren und gezielt an diesen Lücken arbeiten. Wir müssen uns Mut zusprechen und dürfen nicht kapitulieren. Nur weil wir etwas nicht gut hingekommen haben, heißt das noch lange nicht, dass es immer so bleiben wird. Wie schon in Kap. 6 („Sport macht schlau") erwähnt, gibt es eine Wechselbeziehung zwischen Gefühlen und Verhalten. Genauso wie unser Denken und somit auch die innere Stimme unser Verhalten steuern, kann auch unser Verhalten oder können Gesten unsere Gefühle steuern und somit die Tonlage im Kopf bestimmen (Goldin-Meadow und Beilock 2010).

Jeder kleine Fortschritt schmeichelt der Seele, tut dem Selbstbewusstsein gut und dient als Motivation, weiterhin an sich zu arbeiten. Wenn andere uns etwas erzählen, stellen wir die Richtigkeit manchmal infrage, aber bei uns selbst? Niemals! Die Geschichten, die wir uns über uns selbst erzählen, machen es sich in unserem Unterbewusstsein richtig bequem, weil wir ja alles glauben, was wir über uns denken. Wir nehmen diese Geschichten für bare Münze, und das wiederum beeinflusst unser Selbstbild, unser Verhalten und unsere Gefühle. Es ist wichtig, die gemeine kritische Person in uns aufzudecken und sie bewusst zu entlarven, weil sie uns unsicher macht, unser künftiges Handeln zügelt und die Motivation, den Mut und die Lust zunichtemacht. Und wie löst du dich von der negativen Stimme oder deinem negativen Selbstbild, das du oder andere dir ins Gehirn eingepflanzt haben? Höre auf deine innere Stimme und lausche ganz genau, was sie sagt. Du musst die negativen Selbstgespräche identifizieren und gegen positive Glaubenssätze austauschen. Eine gesunde Dosis an positiven Glaubenssätzen hilft dir, Kraft zu schöpfen, und führt zu mehr Energie und Motivation.

Hier sind einige Beispiele, wie du negative Gefühle und ein negatives Selbstbild mit geschickter Wortwahl ins Positive umwandeln kannst:

- Ich bin zu nichts zu gebrauchen … Mensch Lena, du hast dir Mühe gegeben. Sei stolz!
- Ich werde bestimmt durchfallen … Du bist vorbereitet, gib einfach dein Bestes!
- Ich sage heute nichts. Ich will mich ja nicht schon wieder blamieren … Du leistest heute deinen Beitrag, egal ob er gut oder schlecht ist!
- Das war dumm von mir … Das nächste Mal machst du's anders.
- Ich habe nichts im Griff … Bleib ruhig! Du hast alles unter Kontrolle.
- Hätte ich doch nicht … Nun ist es passiert, egal. Du hast etwas dazugelernt.
- Nichts kriege ich auf die Reihe … Ärgerlich, aber mit Übung wird's besser.
- Ich habe mich total blamiert … Morgen ist es schon wieder vergessen.
- So etwas kann ja nur mir passieren … Übertreib mal nicht! Das könnte jedem passieren.
- Ich schaffe das bestimmt nicht … Wieso denn eigentlich nicht? Ein Versuch ist es allemal wert.
- Keiner hat mich lieb … Egal, was andere über dich denken, du magst dich so, wie du bist.
- Das ist zu schwer für mich … So, genug gejammert, jetzt aber an die Arbeit.
- Es klappt bestimmt nicht … Wird schon gut gehen.

Durch das ständige Wiederholen positiver Glaubenssätze werden sie zu deiner Realität. Sie öffnen dir den Weg zu positiven Gefühlen, anstatt sie zu blockieren.

> **Tipp**
> Richte deinen Fokus auf die positiven Aspekte, wie zum Beispiel auf das, was du gelernt hast und wie du es das nächste Mal anders machen würdest. Das wird dir helfen, dein Selbstbild zu stärken und deine Stimmung aufzuhellen.

Auch wenn du diese Sätze tausend Mal wiederholen musst, bevor du dich selbst überzeugst: Tu es! Es lohnt sich! Mit der Zeit glaubt dir dein Gehirn und hört auf, dich fertigzumachen. Es wird dir helfen, den Mut nicht zu verlieren und zudem den Stress zu mindern, wenn du nicht in negativen Gedanken stecken bleibst. Entweder du textest dich zu und fühlst dich mies oder du behandelst dich mit Samthandschuhen. Durch die Neuausrichtung von negativ auf positiv (oder auch neutral) wirst du deine vermeintlichen Mauern in Türen verwandeln, die sich mit deinem Engagement von alleine öffnen. Athletinnen und Athleten profitieren von dieser Methode ganz besonders, weil sie dadurch eine bessere Leistung erzielen können (Van Raalte et al. 2016). Sie können durch Selbstgespräche die Konzentration und Aufmerksamkeit steigern und gleichzeitig Ablenkungen ausschalten (Hatzigeordiadis und Galanis 2017). Auch wir können aus dieser Methode immer dann einen Nutzen ziehen, wenn wir eine Leistung erbringen müssen. Wenn es nicht so wird, wie du es dir erhofft hast, dann versinke nicht gleich in einem Sumpf aus Selbstmitleid, sondern sprich dir Mut zu und versuche, das Problem zu lösen.

Auch hier gibt es zwei Seiten der Medaille. Negative Selbstgespräche sind nicht gut, aber positive, die unrealistisch sind, sind es auch nicht. Sie machen uns blind. Flüstert dir deine innere Stimme beispielsweise zu: „Du brauchst nicht zu lernen. Die Prüfung bestehst du auch so", dann schadet dir der innere Dialog, auch wenn er positiv formuliert war. Es kann aber noch viel schlimmer kommen und lebensgefährlich werden. Wenn du denkst: „Ach, du brauchst dich nicht anzuschnallen, wird schon nichts passieren", dann kann die Situation durch die falsche und dumme positive Stimme sehr schnell lebensbedrohlich werden. Hier musst du aufpassen, dass dir die innere Stimme hilft und nicht schadet.

Das nächste Mal ….

wenn dir etwas misslingt, mach dir keine Vorwürfe und rede dir auch keine Schuldgefühle ein. Einige Pannen im Leben sind echt lustig, weswegen wir auch gerne anderen davon erzählen. Ein bisschen Humor als Bewältigungsstrategie hilft immer und ist sehr effektiv, wenn es darum geht, die Kritikerin bzw. den Kritiker im Kopf umzustimmen. Ausrufe wie „Upps" oder „Ach du heilige Keksdose" haben für mich einfach magische Wirkung, da sie die negativen Gefühle bei einer Panne automatisch deutlich mindern. Unbedingt ausprobieren!

Die Herausforderung …

Höre ganz genau auf deine innere Stimme. Wie ist ihre Tonlage? Entspricht sie der Realität oder ist sie falsch oder vielleicht übertrieben? Frage dich bei jedem inneren Gespräch, ob es dir hilft oder eher schadet. Wenn du dich dabei ertappst, dass es dir mehr schadet, also für negative Gefühle sorgt, musst du wie bei den Beispielen oben deine Wortwahl ändern. Allein die Tatsache, dass du das Negative erkennst und wahrnimmst, wird dich dazu bewegen, dich nicht daran festzuklammern und so die Wirkung entschärfen. Und genau das ist der Punkt.

Fazit

Die innere Stimme hilft uns allen, uns zu analysieren und zu bewerten. Neutrale oder positive Gedanken führen zu neuen Entscheidungen und einer energischen Vorgehensweise. Bei negativen Selbstgesprächen sieht dies etwas anders aus. Sie sind belastend und können an unseren Kräften zehren, wenn wir die Negativität und die heftige Selbstkritik verinnerlichen. Es kann unsere Ziele sabotieren, wenn die Stimme uns den letzten Mut nimmt, daran weiterzuarbeiten. Bombardiere dich nicht mit negativen Gedanken, wenn dir etwas misslungen ist, und denke nicht ständig an deine Schwächen. Wie alles andere auch kann dies durch Übung verändert werden. Du kannst bewusst deine Gedanken von negativ auf positiv umstellen. Damit dir das gelingt, musst du zuallererst deine Gedanken analysieren, die schlechten herausfiltern und geschickt umformulieren. Konzentriere dich auf all die positiven und gelungenen Handlungen und Aspekte deines Lebens und nicht nur gezielt auf die ärgerlichen und negativen Ereignisse. Sei sanft und geduldig mit dir selbst und erwarte nicht immer eine perfekte Leistung von dir. Akzeptiere dich so, wie du bist, mit deinen Fehlern, Lücken und Mängeln und quäle dich nicht mit deiner inneren Stimme, wenn einmal etwas danebengeht. Es ist einfach nur menschlich, und du bist hier keine Ausnahme.

Literatur

Goldin-Meadow S, Beilock SL (2010) Action's influence on thought: the case of gesture. Perspect Psychol Sci 5(6):664–674. https://dx.doi.org/10.1177%2F1745691610388764

Hatzigeorgiadis A, Galanis E (2017) Self-talk effectiveness and attention. Curr Opin Psychol 16:138–142. https://doi.org/10.1016/j.copsyc.2017.05.014

Van Raalte JL, Vincent A, Brewer BW (2016) Self-talk: review and sport-specific model. Psychol Sport Exerc 22:139–148. https://doi.org/10.1016/j.psychsport.2015.08.004

13

Wenn du es erwartest oder es dir vorstellst, ist es schon fast geschehen!

Inhaltsverzeichnis

Das nächste Mal 160
Die Herausforderung 160
Fazit 160
Literatur 161

> **In diesem Kapitel ...**
>
> geht es um unsere Vorstellungskraft und unsere Erwartungen und darum, wie sie uns bei unseren Zielen helfen können. Mentale Übung ist keine Träumerei, sondern bewirkt Wunder in Körper und Geist. Du wirst sehen, dass unsere Erwartungen und unsere Vorstellungskraft großen Einfluss auf unser Gehirn und unsere Leistungen haben. Welche Wirkung hat der Placebo-Effekt auf das Ergebnis? Was genau passiert im Gehirn, wenn du dir etwas vorstellst und etwas Bestimmtes erwartest? Warum läuft dir das Wasser im Mund zusammen, wenn du dir deine Lieblingsspeise vorstellst? Lass uns der Frage auf den Grund gehen, was unsere Vorstellungskraft und die Erwartungen alles bewirken können und wie du von beiden profitieren kannst.

Vorstellungskraft

Wer hätte gedacht, dass unsere Fantasie und Tagträume uns tatsächlich dabei helfen können, bessere Leistungen zu erbringen? Der Grund: Unser Gehirn kann zwischen imaginären und tatsächlichen Geschehnissen nicht unterscheiden. Für das Gehirn ist die Vorstellung von Bewegung dasselbe wie die tatsächliche Bewegung. In beiden Fällen wird nämlich dieselbe Gehirnregion aktiviert (Hétu et al. 2013). Deshalb läuft dir auch das Wasser im Mund zusammen und du musst schlucken, wenn du an deine Lieblingsspeise denkst. Ich weiß, das hört sich verrückt an, aber es stimmt. Allein die Vorstellung kann dazu führen, dass das Gehirn Nervenverbindungen herstellt – ohne dass das Ereignis tatsächlich stattfindet. Genau davon können wir profitieren, indem wir durch die mentale Simulation unsere Leistungsfähigkeit erhöhen. Das bedeutet, dass du durch die Vorstellung schon geübter wirst und bei der tatsächlichen Ausübung einer Tätigkeit bessere Leistungen erbringen kannst.

Viele Leistungssportlerinnen und -sportler nutzen zunehmend die Vorteile dieser Methode, denn schließlich ist es auch wissenschaftlich belegt, dass unsere Vorstellungskraft Einfluss auf das Gehirn hat und somit auch auf die Leistung. Für die meisten Olympiateilnehmerinnen und -teilnehmer ist das mentale Training bereits fester Bestandteil des Trainingsalltags. Sie lassen sich von Sportpsychologinnen und -psychologen helfen, damit sie ihre Vorstellungskraft richtig nutzen und somit Selbstvertrauen und Erfahrung gewinnen. Gerade bei den Olympischen Spielen geht es ja um Millisekunden, da bleibt keine Zeit für langes Nachdenken. Olympische Skiläuferinnen und -läufer oder Bobfahrerinnen und -fahrer nutzen zum Beispiel lange vor dem eigentlichen Wettbewerb solche mentalen Tricks (Clarey 2014). Es ist ein Training, das nur im Kopf abläuft, denn egal an welchem Tag und zu welcher Uhrzeit, die Piste im Kopf ist immer freigegeben. Die Athletinnen und Athleten gehen die gesamte Strecke mehrmals im Geiste durch. So häufig könnten sie auf einer echten Piste gar nicht trainieren.

> **Beispiel**
>
> Die geistige Übung ist so wirksam, dass sie die Funktion und Struktur des Gehirns verändern kann. Wie dies in der Praxis aussieht, zeigt eine interessante Studie um den Forscher Pascual-Leone. In dieser Studie wurden die Probandinnen und Probanden in zwei Gruppen aufgeteilt. Sie hatten die Aufgabe, täglich zwei Stunden Klavier zu üben. Die eine Gruppe wurde angewiesen, bestimmte Noten mit einer Hand einzustudieren, und sie durfte dabei am Piano üben. Die zweite Gruppe sollte ebenfalls mit einer Hand die Noten lernen, aber diese Gruppe durfte das Klavier nicht anfassen, nur davorsitzen und die Verbindung zwischen den einzelnen Fingern und den Noten mental einstudieren. Das Gehirn der Testpersonen wurde davor, täglich während der Studie und danach mithilfe von TMS (transkranieller Magnetstimulation) vermessen. Eine große Überraschung bescherte die zweite Gruppe, die das Klavier nicht anfassen durfte. Obwohl diese Gruppe nur durch mentale Simulation lernte, also ohne das Piano anzufassen und ohne die Finger zu bewegen, hatte sie nach fünf Tagen nicht nur das Klavierstück gelernt, sondern zeigte auch ähnliche Veränderungen im Gehirn wie die Probandinnen und Probanden der Gruppe, die tatsächlich am Piano üben durfte (Pascual-Leone et al. 2005). Ihr Bewegungscortex, die Region im Gehirn, die die Bewegung der fünf Spielfinger steuert, hatte sich erheblich vergrößert, obwohl keine Finger eingesetzt wurden.

Wenn das nicht ausreicht, um dich zu beeindrucken, habe ich hier eine weitere Studie für dich.

> **Beispiel**
>
> Diese Studie kam zu einer interessanten, wenn auch absurd klingenden Feststellung und zeigt ganz deutlich, dass unsere Vorstellungskraft wirklich großen Einfluss auf unser Gehirn und unseren Körper hat. In diesem Experiment mussten sich die Testpersonen ein ganz spezifisches körperliches Training vorstellen, ohne sich wirklich zu bewegen (Ranganathan et al. 2004). Das überraschende Ergebnis: Die Teilnehmerinnen und Teilnehmer wurden nach nur 12 Wochen um mehr als 13 % kräftiger, und das ohne Training. Aber wie ist das möglich? Laut Forschung senden die entsprechenden Gehirnregionen Signale an die Muskeln, was dann die entsprechenden Muskeln aktiviert und sie zum Kraftzuwachs anregt. Weil das Gehirn zwischen imaginären und tatsächlichen Übungen nicht unterscheiden kann, geht es wohl davon aus, dass die Probandinnen und Probanden tatsächlich trainiert haben.

Ich weiß, was du jetzt denkst! Komm bloß nicht auf die Idee, statt zum Sport zu gehen bequem in den TV-Werbepausen in Gedanken Hanteln zu stemmen. Das wird nicht funktionieren. Zu einer Strandfigur oder zu einem Waschbrettbauch wird dir allein die Vorstellungskraft auf jeden Fall nicht verhelfen. Es zeigt lediglich, wie gut es mit dem Vorstellen klappt, am besten verbunden mit der tatsächlichen Tätigkeit.

> **Tipp**
>
> Nutze deine Vorstellungskraft, um dich auf einen großen Tag vorzubereiten, sei es eine Vorführung, ein Meeting oder eine Prüfung. Stell dir das Event mehrfach bildlich und detailliert vor, um dich mit der Situation vertraut zu machen.

Sehr hilfreich ist auch, sich die Zukunft bildlich vorzustellen und entsprechend zu handeln. Du musst deinen Gedanken den Weg zeigen, damit sie wissen, wo es langgehen soll. Eigentlich sind wir alle mit dieser Methode vertraut. Viele, darunter auch ich, haben schon einmal ein Kleidungsstück gekauft, obwohl es einige Größen zu klein war. Üblicherweise wird es im Schrank oder an einer sichtbaren Stelle als Motivation aufgehängt, in der Hoffnung, dass wir irgendwann, möglichst bald, reinpassen. Jedes Mal, wenn wir hinsehen, denken wir an das Ziel und stellen uns bildlich vor, wie wunderschön wir darin aussehen und wie viele Komplimente wir bekommen werden. Und schon dient es als Motivation, auf den leckeren Nachtisch zu verzichten. Diese Methode lässt sich quasi für alle Ziele nutzen. Was immer du dir vorstellst, du kannst es vielleicht nicht direkt sehen, anfassen, an die Wand hängen oder auf die Kommode stellen. Doch du kannst dein Ziel in deinen Gedanken bildlich festhalten und es dir ganz genau ausmalen. Die Vorstellung von deiner Zukunft wird dich in schwierigen Zeiten motivieren, nicht aufzugeben. Mit deiner Zukunftsvision arbeitest du dann so lange an deinem Ziel, bis deine Vorstellung von dir und deiner Zukunft real geworden ist.

Zur Orientierung hier einige Tipps, wie du in Gedanken bildhaft an deinen Zielen festhalten kannst:

- Stell dir dein großes Ziel detailliert und bildlich vor. Denke an das, was du werden oder lernen willst. Was musst du tun, damit es real wird?
- Überlege, welche Ressourcen du brauchen wirst. Stell dir ganz genau vor, wie du an die Mittel kommen wirst.
- Nutze deine Fantasie und Vorstellungskraft so, als wäre das Ziel schon erreicht. Wie sieht es aus? Wie fühlt es sich an?
- Jetzt nimmst du in deiner Vorstellung die Vogelperspektive ein und betrachtest das große Ziel von oben. Welche kleinen Etappenziele führen dahin? Welche Hindernisse siehst du, und wie kannst du sie bewältigen?
- Nutze in deiner Vorstellung so viele Sinnesorgane wie möglich und stelle dir zum Beispiel die Räumlichkeiten, die Gesichter um dich herum, den Geruch, die Stimmen der Beteiligten bis hin zum Stift in deiner Hand vor.
- Übe oft und regelmäßig. Morgens vor dem Aufstehen und abends vor dem Einschlafen sind ideale Zeiten zum Üben. Je mehr du übst, desto besser wirst du, ganz sicher! Mit Übung wird dein Gehirn sich auf deine aktiven Maßnahmen vorbereiten und dich bei deinen Zielen unterstützen.
- Wann immer du an dir zweifelst (es wird passieren), mach die Augen zu und gehe wieder auf deine mentale Reise, um dich daran zu erinnern, was dich am Ziel erwartet!

Ich habe von dieser Methode sehr profitiert und mein Lampenfieber beim Unterricht vor einer Gruppe überwunden. Bei einer Dozentin gehört das Redenhalten ja einfach dazu. Bis heute bereite ich mich mental auf meinen Unterricht vor. Wenn der Kurs dann wirklich stattfindet, ist er für mich nichts mehr Neues, weil ich den Unterrichtsverlauf im Geiste schon mehrfach durchgegangen bin. Es wird dir vielleicht zunächst komisch vorkommen, aber ich kann nur eines sagen: Die Methode funktioniert hervorragend. Auch du kannst deine Vorstellungskraft nutzen und dich auf die tatsächliche Handlung vorbereiten.

Doch nur durch Vorstellung allein hat noch keiner ein Ziel erreicht und ist keiner satt geworden. Ähnlich wie beim Schwimmen, das nur im Wasser gelernt werden kann, kommst du deinem Ziel nur näher, wenn du tatsächlich aktiv wirst. Du kannst die Schwimmzüge zu Hause üben und dir vorstellen, du wärst im Wasser, aber ersetzen kann dies das eigentliche Schwimmbecken nicht. Unsere Vorstellungskraft hilft auch wunderbar zum Stressabbau. Versuch es doch selbst einmal. Mach die Augen zu und stell dir etwas vor, das dir große Freude bereitet. Vielleicht denkst du an ein vergangenes Fest oder an einen zukünftigen Urlaub. In beiden Fällen wird es deine Laune deutlich anheben, weil die Vorstellung davon sehr real und lebhaft wirkt. Aber Vorsicht: Deine Vorstellungskraft kann auch leicht das Gegenteil bewirken, wenn du sie falsch einsetzt. Denn sie kann hinderlich sein, falls du dir das Schlimmste vor Augen führst. Stellst du dir zum Beispiel vor einem wichtigen Zahnarztbesuch bildlich vor, wie die Betäubungsspritze ins Zahnfleisch eindringt und der Bohrer sich am Zahn zu schaffen macht, hat dies natürlich einen negativen Effekt. Du bekommst weiche Knie und vermeidest den notwendigen Besuch. Stattdessen solltest du dir die Konsequenzen ausmalen, wenn du dich weigerst und nicht hingehst, wie zum Beispiel gesundheitliche Folgen wie Zahnfleischentzündungen oder eine Zahnlücke, wenn der Zahn später nicht zu retten ist.

Erwartungen
Eine Methode, die genauso wirkungsvoll und effektiv ist wie unsere Vorstellungskraft, ist die Arbeit mit Erwartungen. Die Erwartungen zeigen auch eine Wirkung im Gehirn, und das beste Beispiel dazu ist der Placebo-Effekt. Ein **Placebo** ist ein Scheinmedikament ohne jeglichen Wirkstoff. Die Schein-Pille sieht genauso aus wie die echte, ist aber meist nur aus Zucker. Der Placebo-Effekt wird im medizinischen Bereich und in der Forschung häufig genutzt, und das mit Erfolg. Dabei geschieht Folgendes: Eine Patientin oder ein Patient bekommt ein Medikament verabreicht, aber ohne den Wirkstoff, den sie bzw. er erwartet. Man würde denken, dass das Medikament ohne Wirkstoff auch wirkungslos bleibt. So ist es aber nicht. Tatsächlich zeigt es eine Wirkung auf Körper und Geist, als würde eine echte Behandlung stattfinden. Unser Körper verfügt nämlich über eigene Schmerzlinderungsmittel, die er ausschütten kann. Weil ein Placebo-Mittel keinen Wirkstoff enthält, ist die Heilung ausschließlich auf die Erwartungen der Patientin oder des Patienten zurückzuführen. Dabei handelt es sich nicht um Einbildung. Auch das Placebo bewirkt nachweislich eine tatsächliche Veränderung der Hirnchemie (Zubieta und Strohler 2009; Marchant 2016). So werden schmerzlindernde Gehirnchemikalien freigesetzt, als wäre ein echtes Schmerzmittel eingesetzt worden.

13 Wenn du es erwartest oder es dir vorstellst ...

Unsere Erwartungen können uns in vielen Bereichen unseres Lebens zur Hilfe eilen. Wir kommen im täglichen Leben öfters in den Genuss dieses Phänomens, nur kommt uns das Wort Placebo dabei nicht in den Sinn. Denk doch nur an all die Wohlfühl-Tees, von denen wir alle die eine oder andere Sorte vorrätig haben. Das Angebot reicht von „Innere Ruhe", „Hol Dir Kraft", „Schlank & Fit", „Entspannung" bis hin zu „Voller Schwung", „Positive Energie", „Loslassen" und „Lebensfreude", und wir greifen zu der Sorte, die wir gerade brauchen. Wir erwarten den auf der Verpackung versprochenen Effekt und fühlen uns gleich besser. Gäbe es einen „Anti-Pickel-Tee", würden wir auch den kaufen und trinken. Die Abheilung der hässlichen Pusteln würden wir am nächsten Tag dem Tee zuschreiben und nicht dem normalen Heilungsprozess des Körpers. Eigentlich würde es genügen, wenn es einen Placebo-Tee gäbe, eine Kräutermischung mit dem Namen „Super-Duper-Tee, wirkt Wunder gegen _____". Du schreibst dann in die Lücke, welche Wirkung du dir oder anderen wünschst. Spaß beiseite – die Idee, die dahintersteckt, ist eindeutig: Was immer du letztlich erwartest, ist genau das, was du bekommen wirst. Weil deine Erwartungen einen großen Einfluss auf dich haben, solltest du von dir und deinem Leben nur das Beste erwarten.

Wenn du dir einredest, dass du keine Kraft hast, wirst du auch keine haben. Wiederholst du ständig „Ich schaff das nicht", dann schaffst du es auch nicht, weil du damit ja schon rechnest. Wenn du eine negative Einstellung zu dir selbst hast, dann sorgst du unbewusst dafür, dass sie auch in Erfüllung geht. Das nennt sich **selbsterfüllende Prophezeiung** (engl. „self-fulfilling prophecy"), ein Konzept, das besagt, dass Menschen die Erwartungen anderer oder die eigenen Erwartungen verinnerlichen und sich dann diesen Erwartungen entsprechend verhalten (Merton 1948). Wenn du dir sagst: „Ich schreibe sowieso immer eine Sechs in Mathe, also brauche ich erst gar nicht zu lernen", dann erwartest du diese Sechs und akzeptierst sie schon von vornherein. Wenn du dann noch mit einer Sechs nach Hause kommst, hast du den Beweis und denkst: „Ja, wusste ich doch." Du richtest quasi eine Mauer vor dir auf, die in Wirklichkeit gar nicht da sein muss. Vielleicht haben andere – Familie, Lehrerinnen und Lehrer, Freundinnen und Freunde oder Eltern – diese Mauer vor dir aufgebaut, indem sie dir gesagt haben, du seist nicht gut genug für dies und das. Wenn du dies akzeptierst, wird es leider zu deiner Realität, weil du dich entsprechend verhalten wirst.

Die selbsterfüllende Prophezeiung kannst du auch zu deinen Gunsten nutzen, indem du hohe Ansprüche an dich stellst und dich dann bemühst, ihnen gerecht zu werden. Diese hohen Ansprüche kannst du dir auch als edle Jacke vorstellen, die dir zwei Nummern zu groß ist. Egal, du ziehst sie trotzdem an, und mit der Zeit und durch deine Anstrengungen und Bemühungen wächst du als Person in die Jacke hinein (ohne echte Gewichtszunahme natürlich), bis sie wie angegossen sitzt. Du wirst zu dem, was du dir zutraust und aus dir machst. Du wirst schließlich den Kurs einschlagen, den du für dich ausgesucht hast. Erwarte Großartiges von dir und sei nicht bescheiden. Wenn du nicht an dich glaubst, wieso sollten es andere tun?

Das nächste Mal ...

wenn dir jemand sagt, dass du etwas nicht kannst, entgegnest du einfach: „Noch nicht, aber bald." Wenn du es verinnerlichst, dann ist die Wahrscheinlichkeit größer, dass du dich entsprechend verhältst und die Behauptungen anderer entkräftest. Erwarte nur das Beste von dir und freu dich auf deine Zukunft, während du von deinem „Hol Dir Kraft"-Tee trinkst.

Die Herausforderung ...

Stell dir deine Zukunft als Kurzfilm über dein Leben vor. Du bist die Regisseurin oder der Regisseur und gleichzeitig die Hauptperson des Kurzfilms, der dein Wunschleben abbildet. In diesem Film stellst du dir jetzt dein Traumziel vor und wie du dieses anstrebst, mit Höhen und Tiefen. Wie sieht dein Leben vorher und nachher aus? Welche Gefühle weckt dies in dir? Genau wie in einem Actionfilm gibt es auch im realen Leben Hindernisse, die beseitigt werden müssen, also scheue dich nicht vor Drama und Spannung. Vergiss anschließend das lang ersehnte Happy End nicht. Dein Lebenstraum soll ja gut enden. Erstelle dir einen Plan und finde heraus, welche Schritte du jetzt unternehmen kannst, damit dein Film real wird.

Fazit

Unser Gehirn kann zwischen echten und imaginären Erfahrungen nicht unterscheiden. Von dieser Erkenntnis kannst du profitieren und dich durch mentales Training auf künftige Vorhaben besser vorbereiten. Dazu musst du dir dein Ziel ganz genau und bildlich mit allen Einzelheiten vorstellen. Dadurch, dass du dir deine Ziele ständig vorstellst, bleibst du nicht nur motiviert, sondern wirst mit ihnen auch vertraut. Dein Gehirn wird durch die mentale Übung Verbindungen so herstellen, als würdest du die Dinge wirklich tun, und dich so auf das tatsächliche Ereignis vorbereiten. Lass also deinen Gedanken und deiner Fantasie freien Lauf und lass dich von den positiven Gefühlen, die dabei erzeugt werden, motivieren und inspirieren. Doch Vorsicht ist geboten: Die Vorstellung allein ist kein Ersatz für harte Arbeit und funktioniert am besten in Kombination mit deinen Bemühungen. Wir haben durch unsere Erwartungen auch die Kraft – wie beim Placebo-Effekt –, die Chemie unseres Körpers zu verändern. Nutze die selbsterfüllende Prophezeiung zu deinen Gunsten und erwarte ein Stück mehr von dir, als du dir zutraust. Dein Geist wird sich schon im Sinne deiner Erwartungen verhalten und dir einen gewaltigen Schub in die richtige Richtung verschaffen.

Literatur

Clarey C (2014) Olympians use imagery as mental training. New York Times. https://www.nytimes.com/2014/02/23/sports/olympics/olympians-use-imagery-as-mental-training.html. Zugegriffen: 21. Mai 2018

Hétu S, Grégoire M, Saimpont A, Coll MP, Eugène F, Michon PE, Jackson PL (2013) The neural network of motor imagery: an ALE meta-analysis. Neurosci Biobehav Rev 37(5):930–949. https://doi.org/10.1016/j.neubiorev.2013.03.017

Marchant J (2016) Placebos: honest fakery. Nature 535:14–15. https://www.nature.com/articles/535S14a#ref2. Zugegriffen: 9. März 2019

Merton RK (1948) The self-fulfilling prophecy. Antioch Rev 8:193–210

Pascual-Leone A, Amedi A, Fregni F, Merabet LB (2005) The plastic human brain cortex. Annu Rev Neurosci 28:377–401. http://brain.huji.ac.il/publications/Pascual-Leone_Amedi_et%20al%20Ann%20Rev%20Neurosci%202005.pdf. Zugegriffen: 17. März 2019

Ranganathan VK, Siemionow V, Liu JZ, Sahgal V, Yue GH (2004) From mental power to muscle power – gaining strength by using the mind. Neuropsychologia 42(7):944–56. http://lecerveau.mcgill.ca/flash/capsules/articles_pdf/Gaining_strength.pdf

Zubieta JK, Strohler CS (2009) Neurobiological mechanisms of placebo responses. Ann N Y Acad Sci 1156(1):198–210. https://doi.org/10.1111/j.1749-6632.2009.04424.x

Teil III

Los!

14

Alltägliche und nützliche Gewohnheiten sind Gold wert

Inhaltsverzeichnis

Das nächste Mal 183
Die Herausforderung 184
Fazit 184
Literatur 185

> **In diesem Kapitel …**
>
> nehmen wir uns die Gewohnheiten vor, die wir täglich pflegen. Entweder helfen sie bei unseren Zielen oder sie beeinträchtigen diese. Hilfreiche und praktische Gewohnheiten können dazu beitragen, dass du deine Zeit und Energie zielführend nutzt, während ineffektive Gewohnheiten dich von deinem Ziel entfernen und dich daran hindern können, Fortschritte zu machen. Warum ist es kontraproduktiv, viele Entscheidungen vor wichtigen Angelegenheiten zu treffen? Wie kannst du deine Morgen- und Abendroutine optimieren, und welche Rolle spielt die Nachtruhe für deine geistige Leistungsfähigkeit? Hast du vielleicht die Gewohnheit, wichtige Aufgaben erst am Abend davor zu erledigen? Obwohl wir an unseren Gewohnheiten sehr hängen, können wir sie mit Anstrengung und Entschlossenheit ändern. Ziel dieses Kapitels ist es, die nutzlosen Gewohnheiten zu identifizieren und sie durch bessere und hilfreiche zu ersetzen.

Unsere alltäglichen Gewohnheiten sind oft sehr praktisch und hilfreich. Es ist nicht schlimm, immer zur selben Zeit ins Bett zu gehen, immer an derselben Tankstelle zu tanken und im Büro immer wieder dieselbe Toilette aufzusuchen. Es wäre ja schlimm, wenn wir unsere kostbare Gehirnenergie und Zeit jeden Tag für einfache Dinge verschwenden würden. Genau dafür ist Routine ja gut. Ganz egal, ob du mit deinem Leben zufrieden oder unzufrieden bist, du hast eine Routine, die gut funktioniert und die du gut beherrschst. Sie gibt dir das Gefühl von Geborgenheit und Sicherheit. Daher ist es für viele Menschen extrem schwer, den Job zu wechseln, die Partnerin oder den Partner zu verlassen oder in einen anderen Stadtteil zu ziehen. Immer wieder machen wir Urlaub am selben Ort und bevorzugen vertraute Umgebungen.

Nun fragst du vielleicht, was Gewohnheiten mit dem Erreichen deines Zieles oder Traumes zu tun haben. Mir geht es hier hauptsächlich um zwei Aspekte: erstens um die Art von Routine, die uns bei unseren Zielen unterstützen kann und die wir eventuell neu erlernen müssen; zweitens um die Gewohnheiten, von denen wir uns trennen müssen, weil sie nichts taugen oder schlecht sind. Wenn du immer wieder nur dasselbe tust, wie kann sich dein Leben dann ändern? Wie kannst du dich entwickeln und wachsen, wenn du nicht offen bist für Veränderungen und dich nichts Neues traust? Du kannst nicht dein Leben mit alten Gewohnheiten neu gestalten. Wenn all deine alten Gepflogenheiten dir geholfen hätten, wärst du jetzt vielleicht viel zufriedener mit dir selbst. Deine Gewohnheiten haben einen erheblichen Einfluss auf deine Lebensqualität. Wenn du mit deinem Leben unzufrieden bist, musst du deine Gewohnheiten ganz genau analysieren. Eines ist klar: Um neue und bessere Ergebnisse zu erzielen, musst du neue und bessere Gewohnheiten an den Tag legen.

Gut und schlecht sind relative Begriffe und haben für jeden eine andere Bedeutung. Was für mich schlecht ist, ist für dich vielleicht eine gute Sache. Du musst zuerst für dich definieren, was gut und was schlecht ist. Eines ist jedoch klar: Entfernst du dich durch eine Gewohnheit weiter von deinem Ziel oder Lebenstraum, lässt sich diese Gewohnheit sehr wohl als „schlecht und ineffektiv" bezeichnen. Unterstützen dich Angewohnheiten hingegen bei deinen Zielen, sind sie zweifellos „gut und hilfreich". Schlechte oder ineffektive Gewohnheiten sind zum Beispiel erst einen Tag vor der Klausur zu lernen, spät ins Bett zu gehen, zu rauchen, zu lügen etc. Wir kleben regelrecht an unseren Gewohnheiten, und eine Routine zu ändern, ist nicht gerade ein Kinderspiel. Es ist unbequem und erfordert viel Willenskraft, weil man die Angewohnheiten schließlich oft schon seit Jahren hat und der Pfad im Gehirn bereits gebahnt ist.

Und wie lange dauert es, eine neue Gewohnheit zu lernen? Forscherinnen und Forscher haben sich mit diesem Thema beschäftigt und herausgefunden, dass man im Durchschnitt 66 Tage braucht, um eine Gewohnheit zu entwickeln (Lally et al. 2009). Wenn du dir beispielsweise vornimmst, jeden Morgen vor der Arbeit zu meditieren, dann musst du ca. zwei Monate regelmäßig meditieren, damit du dich daran gewöhnst und es Teil deiner Morgenroutine wird. Mit einem oder zwei Mal wird es noch lange keine „befahrene Straße" für deine Gehirnzellen. Du musst deine Neurone schon regelmäßig bewegen, damit sie den Weg zu deiner neuen Angewohnheit auswendig lernen. Je öfter die entsprechenden Nervenzellen im Gehirn feuern, desto stärker werden die Verknüpfungen. Mit der Zeit gewöhnst du dich daran, und die neuen Informationen und Gepflogenheiten werden sich einen Platz im Gehirn und somit in deinem Leben verschaffen. Vielleicht geht es bei dir ja etwas schneller, vielleicht dauert es aber auch länger. Der Hauptgedanke ist jedenfalls: Sei geduldig mit dir selbst, denn das Gehirn braucht einfach Zeit, um sich an etwas Neues zu gewöhnen. Eine Elektrikerin oder ein Elektriker kann ja auch nicht in zwei Minuten neue Kabel in der Wand verlegen. Es kann Tage oder Monate dauern, aber sie bzw. er arbeitet daran, bis alles sitzt.

Mach es ebenso: Arbeite an deinen neuen und hilfreichen Gewohnheiten, bis sie auch bei dir sitzen, egal, wie lange du damit beschäftigt bist. Führst du eine Tätigkeit regelmäßig und oft durch, wirst du sie bald ohne langes Nachdenken und ohne Anstrengung beherrschen. Keiner kann dir diese Arbeit abnehmen. Du bist die Elektrikerin oder der Elektriker und die Klempnerin oder der Klempner für dein Gehirn. Also sieh zu, dass du deine Gehirnzellen durch diverse Informationsquellen optimal verkabelst, damit sie dich bei deinen Zielen unterstützen.

Vieles, was du jetzt beherrschst, sei es eine Fremdsprache, ein Instrument oder eine Tätigkeit, war am Anfang ja auch schwer und ungewohnt. Daher ist es wichtig zu wissen, dass alles, was neu ist, am Anfang schwer erscheint und dich erst einmal verunsichern wird. Aus diesem Grund handeln viele erst gar nicht: Sie möchten dieses ungute Gefühl vermeiden. Dein Gehirn wird dir sagen: „Du, das ist zu anstrengend, hör auf damit", weil es dich vor Stress und Misserfolgen schützen möchte. Hast du in der Vergangenheit einmal kein Glück gehabt oder andere enttäuscht, sucht dein Gehirn ständig nach Zusammenhängen und versucht zu verhindern, dass dies erneut passiert. Du wirst daher dazu tendieren, dich am Gewohnten festzuhalten und alles Neue misstrauisch zu betrachten. Nach dem Motto: „Wenn du dich nichts Neues traust, kannst du auch nichts falsch machen."

Aber eines kann ich dir mit Sicherheit sagen: Das meiste, was wir uns wünschen – unsere Ziele, Träume und Sehnsucht –, liegt außerhalb der Komfortzone, in einem Bereich außerhalb der Grenzen, den wir nicht kennen und der uns total fremd ist. Wir setzen uns selbst diese imaginären Grenzen, platzieren uns in der Mitte des Kreises und bewegen uns innerhalb dieser Grenzen. Manchmal sind es andere, die uns vorschreiben, wie wir zu leben haben, wie die Eltern oder Partnerinnen und Partner. Diesen Kreis akzeptieren wir dann als Fakt und denken, dass nichts anderes außerhalb des Kreises für uns möglich ist. Räumlich gesehen gibt es vielleicht gewisse Grenzen, an die wir uns halten müssen. Aber im Geiste kann dir keiner Vorschriften machen, und du bist frei wie ein Vogel. Meine Empfehlung: Wisch den Kreis weg und zeichne einen neuen mit viel größerem Radius, bis auch dieser weggewischt und vergrößert werden kann. Ein neues Ziel bedeutet Wachstum. Du dehnst dich mental mit jeder Herausforderung, und dein Kreis vergrößert sich von ganz alleine. Wären die großen Ziele in Reichweite, hätten wir sie schon längst erreicht, und der große Traum stünde nicht mehr auf der Wunschliste. Daher musst du deine unnützen Routinen ändern und durch bessere ersetzen, denn nur so kannst du über dich hinauswachsen und dich an neue Aufgaben und Ziele herantrauen. Möchtest du etwas in deinem Leben verändern, müssen deine Gewohnheiten an die neuen Ziele und Pläne angepasst werden.

Im Grunde weiß jeder ganz genau, wo Änderungen notwendig sind. Verbringst du viel Zeit im Internet und Co., statt dich deinen Aufgaben zu widmen? Siehst du zu viel fern? Bist du süchtig nach sozialen Medien oder Drogen? Diese Gewohnheiten sind für dich vielleicht unterhaltsam und erfüllen den Zweck, dich zu amüsieren. Doch wenn sie zu viel von deiner Zeit in Anspruch nehmen, sodass für deine großen Ziele wenig Zeit übrigbleibt, musst du auch hier ein paar Schritte weiterdenken, damit du ganz genau siehst, wohin das alles führen kann. Eine schlechte Angewohnheit löst meistens eine Kettenreaktion aus, die viele Aspekte des Lebens beeinflussen kann. Nehmen wir beispielsweise den übermäßigen Fernsehkonsum und schauen wir, welche Kettenreaktionen er auslösen kann: zu viel fernsehen ⇒ weniger Zeit für wichtige Tätigkeiten (zum Beispiel fürs Lernen oder für Sport) ⇒ weniger Vorbereitung, dadurch weniger fit ⇒ mangelnde Leistung ⇒ unterdurchschnittliches Ergebnis ⇒ Enttäuschung ⇒ schlechte Laune und Unzufriedenheit ⇒ Demotivation oder vielleicht Depressionen ⇒ Ziel nicht erreicht! Um ein solches Endergebnis zu verhindern, musst du in Gedanken die Konsequenzen deiner Handlung oder Untätigkeit weiterspinnen. Du kannst natürlich weiterhin fernsehen. Keiner behauptet, du sollst dich zu Hause zu Tode langweilen. Du sollst dir lediglich dein Ziel vor Augen führen und dich erst um wichtige Aufgaben kümmern, bevor du dir eine Auszeit gönnst.

Was genau musst du tun, um eine Gewohnheit so zu ändern, dass sie dir hilft? Das geht am besten Schritt für Schritt. Hast du dir beispielsweise zum Ziel gesetzt abzunehmen, wirfst du am besten zu allererst alle Chipstüten und Ähnliches weg. Danach füllst du deine Vorratskammer mit gesunden Nahrungsmitteln und Snacks. Als Motivation kaufst du dir am besten noch ein paar hübsche Oberteile und hängst sie bei dir ins Zimmer, besser noch in die Küche. Du musst deine Umwelt so gestalten, dass du dir die schlechten Gewohnheiten erschwerst und die neuen und guten erleichterst und förderst. Es ist eine Art Psycho-Trick, der dir hilft, dich zum gewünschten Handeln zu bewegen und in Selbstbeherrschung zu üben.

Es ist nicht einfach, eine Gewohnheit von heute auf morgen zu ändern, wie zum Beispiel das Rauchen aufzugeben. Hier ist Schritttempo eventuell die beste Lösung. Du kannst heute deinen Konsum um die Hälfte reduzieren, nächste Woche nochmals um die Hälfte etc. Aus dem täglichen Konsum wird „öfters", dann „manchmal", bis „selten" und schließlich „nie" erreicht ist. Hauptsache, du fängst an und machst Fortschritte in die richtige Richtung. Nach demselben Prinzip kannst du dir auch eine Gewohnheit zulegen, wie zum Beispiel Sport treiben. Du fängst vielleicht mit einmal pro Woche an und erhöhst die sportliche Betätigung auf zwei- und später auf dreimal und so weiter. Du wirst dich nach einer gewissen Zeit daran gewöhnen, aber Hauptsache, du kommst erst einmal in die Gänge.

Vielleicht geht es bei dir auch blitzschnell, ohne lange Gewöhnungsphasen. Vielleicht bist du an einem Punkt angenommen, an dem dir etwas komplett reicht oder du das eine oder andere nicht mehr ertragen kannst. Es kommt tatsächlich häufig vor, dass Menschen von heute auf morgen radikale Entscheidungen treffen und beispielsweise mit dem Rauchen aufhören oder zur Vegetarierin bzw. zum Vegetarier werden. Das ist natürlich prima, solange du dich nicht überfordert fühlst und dich nicht von deinem Entschluss abwendest. Wähle die beste Methode für dich und ziehe sie durch. Schließlich kennst du dich und die Tricks, die bei dir am besten funktionieren.

Hier sind einige hilfreiche Tipps und Gewohnheiten, die einen riesigen Einfluss auf mein Leben hatten, und ich bin mir sicher, dass du vom einen oder anderen ebenfalls profitieren kannst:

Die goldene Stunde am Morgen

Angenommen, dein Wecker klingelt um 6 Uhr morgens. Was machst du? Gehörst du zu denen, die erst dann aufstehen, wenn es unbedingt sein muss, oder stehst du gleich auf der Matte? Für viele ist jede Extraminute Schlaf Gold wert. Beim Frühstück wird gehetzt oder es wird komplett ausgelassen. Schon verlässt man das Haus ohne genügend Energie und mit null Startkapital fürs Gehirn, das dann wegen Mangel an Nährstoffen keine optimale Leistung liefern wird. Wie schon in Kap. 7 erwähnt, ist unsere Nahrungsaufnahme für unsere Gehirnleistung sehr wichtig, und Frühstück spielt da eine wesentliche Rolle. Es ist die erste und wichtigste Mahlzeit des Tages und eine perfekte Gelegenheit, um unser Gehirn und unseren Körper mit der richtigen Energie aufzuladen. Das Frühstück darf wirklich nicht ausgelassen werden, weil das Energiedepot des Körpers nach einer nächtlichen Nüchternphase ziemlich leer ist. Kein Frühstück bedeutet: Dem Gehirn fehlt die nötige Energie, damit es optimal denken und sich konzentrieren kann.

> **Beispiel**
>
> Um herauszufinden, welche Auswirkung ein nicht eingenommenes Frühstück auf die Leistung hat, haben Forscherinnen und Forscher der University of Pennsylvania School of Nursing 1269 Kinder im Alter von 6 Jahren unter die Lupe genommen. Sie fanden heraus, dass Kinder ohne Frühstück Leistungsprobleme aufwiesen und bei mündlichen Leistungen sowie bei den IQ-Werten schlechter abschnitten als Kinder, die regelmäßig gefrühstückt hatten (Johnson 2013).

Frühstück alleine ist jedoch nur die halbe Miete. Ebenso wichtig ist es, was genau du zu dir nimmst. Auch hier musst du auf den Nährwert achten, weil dein Gehirn dann entsprechend mit guter Energie versorgt wird. Mit Getreideprodukten wie Müsli, mit Ei, Joghurt oder Quark, Vollkornbrot mit Käse, Tomaten, Gurken und Avocados kann man nichts falsch machen. Ein weiterer Pluspunkt von Frühstück ist, dass man schon etwas im Magen hat und später keinen Heißhunger entwickelt. Das Frühstück auszulassen erhöht laut einer Studie mit weiblichen Versuchspersonen zwischen 18 und 45 Jahren sowohl den freien Cortisolwert, also das Stresshormon, als auch den Blutdruck (Witbracht et al. 2015). Der Tag fängt damit schon stressig an – keine gute Voraussetzung für einen entspannten und produktiven weiteren Ablauf.

Stattdessen kannst du Folgendes machen: Stehe eine Stunde vor deiner gewohnten Uhrzeit auf. Für mich ist das die goldene Stunde, weil es die perfekte Zeit ist, den Tag positiv zu beginnen und Energie zu tanken. Wenn du die Gewohnheit hast, am Wecker die Schlummertaste zu drücken und wieder einzuschlafen, dann lass ab jetzt die Finger davon. Ganz ehrlich: Die paar Minuten bringen ja eh nichts, und du vergeudest die friedlichste und effektivste Zeit des Tages.

Du kannst diese Extrazeit jedoch nur dann für dich selbst nutzen, wenn du die Außenwelt ignorierst. Das heißt, in dieser Zeit bleibst du von deinem Handy, von E-Mails und allen sozialen Medien fern, die dich ablenken und dir deine Energie rauben. Hat man das Handy erst einmal in der Hand, dann bleibt es auch da, und schon ist die kostbare Stunde verschwendet. All dies kann bis nach deiner goldenen Stunde warten. Keiner sagt, dass du weniger schlafen sollst. Dies kannst du ausgleichen, indem du früher ins Bett gehst. Das Gehirn ist am frühen Morgen voller Power und Energie, was du für gute Zwecke nutzen kannst. Warum früh am Morgen und nicht am Abend? Wir sind am Morgen schön ausgeruht, der Körper ist durch den Schlaf erholt, und das Gehirn läuft auf Hochtouren. Außerdem ist man am Abend viel zu müde, erschöpft von den Geschehnissen des Tages, und man hat weniger Lust und Energie. Ich bin jeden Morgen schon um 5 Uhr auf den Beinen und widme mich wichtigen Aufgaben des Tages. Meistens beginnt der Tag für mich mit Sport. Ich weiß, das klingt brutal, aber die Welt ist um diese Uhrzeit schön ruhig und es gibt keine Ablenkungen, keine Anrufe, keinen, der meine Aufmerksamkeit braucht. Wie sagt man so schön: „Morgenstund hat Gold im Mund."

> **Tipp**
> Schreibe in deine Aufgabenliste für den Tag die Aufgabe ganz oben hin, vor der dir am meisten graut, sodass du sie als Allererstes erledigst. Das löst ein befriedendes Gefühl aus und lässt alle anderen Aufgaben einfacher erscheinen!

Beginne den Tag mit positiven Gedanken und Worten, weil sich das auf den ganzen Tag übertragen wird. Gib den richtigen Ton für den Tag an. Nutze dazu Motivationsvideos, Power-Musik, Bücher oder Sprüche, die deinen Geist so richtig wachrütteln. Ich nenne das „fruchtbare Gehirnwäsche", denn damit konditionierst du dein Gehirn auf positive Gedanken und Power. Dies gibt Kraft, den Tag zu meistern und mit anspruchsvollen Aufgaben besser klarzukommen.

Nächtlicher Schlaf ist mehr als nur Erholung
Gewohnheiten am Abend vor dem Einschlafen sind genauso wichtig wie Rituale am Morgen. Der Abend ist auch eine ideale Zeit, um sich für den nächsten Tag vorzubereiten, zum Beispiel um Klamotten für den nächsten Tag bereitzulegen, Sportsachen einzupacken, Lunchpakete fertigzumachen, die Kaffeemaschine oder Teekanne für den Morgen vorzubereiten etc. Ich kann eine Kaffeemaschine mit Zeitschalter nur empfehlen, die den Kaffee zu dem von dir festgesetzten Zeitpunkt von alleine aufbrüht. Der Duft des Kaffees wird dich aus dem Bett locken, das kann ich aus Erfahrung sagen. Je besser du dich am Abend vorbereitest, desto reibungsloser, angenehmer und stressfreier wird der nächste Tag anfangen und auch so verlaufen. Damit du genau weißt, was du am nächsten Tag machen musst, schreibe deine Ziele am Abend davor alle detailliert auf. Bevor du einschläfst, kannst du den Tag noch einmal Revue passieren lassen, um zu sehen, ob es so verlaufen ist, wie du es wolltest. Bewegst du dich in Richtung deiner Ziele? Was war das Highlight des Tages? Was hätte besser sein können? Welche Pläne hast du für morgen? Es ist wie eine Tagesbilanz, bei der du Soll und Ist gegenüberstellst.

Schlafen bedeutet alles andere als Feierabend für Körper und Gehirn. Unser Körper regeneriert und erholt sich im Schlaf und stellt damit sicher, dass wir am nächsten Tag frisch und munter sind. Unser Gehirn schaltet auch nicht ab, wenn wir die Augen zumachen. Schlafen wir, arbeitet unser Gehirn auf Hochtouren. Es ist immer „online", und das ist ein Grund zur Freude, denn das bedeutet, wir sind am Leben. Während du schläfst, verrichten die Nervenzellen wichtige Arbeiten, und dies ist besonders für die Gedächtnisbildung und das Lernen extrem wichtig. Informationen, die sich tagsüber angesammelt haben, verfestigen sich im Gedächtnis, und die Daten werden so abgespeichert. Dies gilt insbesondere für neue Informationen, die du tagsüber gesammelt hast und die verarbeitet werden. Auch werden während des Schlafs Informationen vom Kurzzeitgedächtnis im Langzeitgedächtnis verankert.

> **Tipp**
>
> Die letzten Minuten, bevor wir einschlafen, sind sehr wichtig, denn während wir schlafen, lernen wir weiter. Die letzten Gedanken und zuletzt aufgenommenen Informationen werden verarbeitet und gespeichert. Es ist daher sinnvoll, wichtige Informationen, die du dir merken musst, wie zum Beispiel für eine Klausur, Prüfung etc., kurz vor dem Schlafengehen zu wiederholen, damit dein Gehirn sich damit beschäftigt, während du schläfst.

Wenn wir schon beim Thema Schlafen sind, dann solltest du wissen, dass mit Schlafentzug wirklich nicht zu spaßen ist, weil du durch Schlafmangel am nächsten Tag nicht nur müde und launisch bist und hässliche Augenringe hast. Zu wenig Schlaf führt dazu, dass Energie für kognitive Leistungen wie Aufmerksamkeit, Gedächtnis und Problemlösungsfähigkeit fehlt – alles wichtige Elemente für einen erfolgreichen und produktiven Tag in allen Lebensbereichen. Wenig Schlaf kann auch das Nervennetzwerk verändern und kognitive Funktionsstörungen hervorrufen (Meerlo et al. 2008). Sieh zu, dass du genug Schlaf bekommst, denn Schlaflosigkeit bringt auf längere Sicht nicht nur gesundheitliche Schäden mit sich, sondern kann sogar dazu beitragen, dass Gehirnzellen absterben (Zhang et al. 2014). Und nicht nur das: Auch die Bildung neuer Gehirnzellen (Neurogenese) wird dadurch beeinträchtigt (Kreutzman et al. 2015).

Ein Grund, warum viele an Schlafmangel leiden, ist, dass sie einfach nicht rechtzeitig ins Bett gehen. Bis zu einem gewissen Grad kann ich das nachvollziehen: Man kommt müde von der Arbeit und findet jetzt erst Zeit für Familie, Freundinnen und Freunde oder Freizeitaktivitäten. Vollkommen verständlich! Trotz allem sollte man sich bewusst machen, dass wenig Schlaf für unsere Gehirnleistung schädlich ist. Schlaf ist nicht nur wichtig, um Informationen vom Vortag abzuspeichern, sondern spielt auch für den nächsten Tag eine große Rolle. Das heißt, während du schläfst, hält dein Gedächtnis die Informationen vom Vortag fest. Gleichzeitig kommt die Putzkolonne und entsorgt die schädlichen Abfallproteine, die sich im Gehirn tagsüber angesammelt haben, und macht so gründlich sauber, dass du am nächsten Tag reinen Tisch hast und optimal funktionierst, insbesondere dein Gedächtnis. Das geht nun mal am besten, wenn wir schlafen und unser Gehirn nicht mit neuen Informationen und Sinneseindrücken bombardieren, die es verarbeiten muss.

Laut Tierexperimenten schrumpfen die Neurone während des Schlafs, und die Lücken im Gehirnzwischenraum zwischen den Zellen vergrößern sich um 60 % (Xie et al. 2013). Der Freiraum ermöglicht es der Gehirn-Rückenmark-Flüssigkeit, durch die Zwischenräume zu strömen und die toxischen Proteine und andere Giftstoffe auszuspülen. Dies könnte erklären, warum wir nach einem guten Nachtschlaf bessere Leistung erbringen, besser lernen und energischer sind. Als Metapher können wir uns hier eine Spülmaschine vorstellen, die über Nacht das Geschirr saubermacht. Unterbrichst du den Waschzyklus, ist der Dreck nicht ganz weg, und das Geschirr ist am nächsten Tag nicht zu gebrauchen. Haben wir wenig geschlafen, gilt dies auch für uns. Bevor du das nächste Mal einen Teil deines Schlafs opferst, auch wenn es für Lernzwecke ist, bedenke, dass du dann selbst schuld bist, wenn es mit dem Ergebnis nicht klappt.

> **Beispiel**
>
> Den Beweis dafür liefert eine Forschungsgruppe der University of California (Fuligni et al. 2012). Diese begleitete 535 Schülerinnen und Schüler der 9. Klasse von drei öffentlichen High Schools in Los Angeles über längere Zeit, um zu untersuchen, wie sich ihre Schlaf- und Lernroutine auf ihre Leistungen auswirkte. Die Schülerinnen und Schüler lieferten die Daten anhand einer Checkliste, die sie 14 Tage lang täglich vor dem Schlafengehen ausfüllen mussten. Dieselben Schülerinnen und Schüler lieferten dann jeweils in der 10. und 12. Klasse erneut Daten mittels Checkliste. Wie sich herausstellte, hatte Schlafmangel für die Schülerinnen und Schüler am darauffolgenden Tag gleich zwei verheerende Folgen: Wenn sie Schlaf fürs Lernen opferten, hatten sie mehr Schwierigkeiten, am nächsten Tag den Unterrichtsstoff zu verstehen. Sie schnitten darüber hinaus schlechter bei Arbeiten und Tests sowie bei Hausaufgaben ab.

Schlaf fürs Lernen zu opfern ist also kontraproduktiv und bewirkt genau das Gegenteil von dem, was du bewirken möchtest. Das heißt natürlich nicht, dass du weniger lernen und dich weniger anstrengen sollst. Du sollst nur nicht deinen Schlaf dafür opfern. Du kannst früher anfangen oder, noch besser, Tage oder Monate vorher damit beginnen, dich vorzubereiten. Du kannst auch weniger relevante Aufgaben verschieben, bis du die wichtige Arbeit hinter dir hast.

Hast du vielleicht Schwierigkeiten einzuschlafen und bekommst einfach kein Auge zu? Das ist ein häufiges Problem und bei vielen der Grund für Schlafmangel. Auch wenn du rechtzeitig ins Bett gehst, kannst du dir das Einschlafen unbewusst durch Computer-, Tablet- oder Handy-Nutzung erschweren. Durch die Helligkeit der elektronischen Geräte kann dem Gehirn vermittelt werden, dass es nicht Nacht ist, sondern Tag, wodurch die biologische Uhr aus dem Rhythmus kommt. Die Helligkeit der Bildschirme hemmt die Produktion des Schlafhormons Melatonin, was dir das Einschlafen erschweren kann (Sutherland 2013). Normalerweise steigt der Melatoninwert am Abend an, weil die Lichtmenge abnimmt. Er signalisiert uns, dass es Zeit zum Schlafengehen ist, und macht uns müde. Vermeide daher zu helles Licht, und wenn du am PC oder Tablet arbeiten musst, und wenn Fernsehen unbedingt sein muss, dann mit so wenig Helligkeit wie möglich. Es gibt bestimmte Apps, die die Bildschirmhelligkeit durch warme Farben regulieren und blaues Licht herausfiltern. Unsere elektronischen Kuscheltiere rauben uns wirklich den Schlaf.

> **Beispiel**
>
> Der Forschung zufolge besteht sogar ein Zusammenhang zwischen Schlafmangel und der Nutzung sozialer Medien. Laut einer Studie, die mit mehr als 5000 kanadischen Schülerinnen und Schülern zwischen 11 und 20 Jahren durchgeführt wurde, nutzten 73 % der Schülerinnen und Schüler mindestens eine Stunde pro Tag soziale Medien wie WhatsApp, Facebook und Snapchat. Selbst diese nur einstündige Nutzung sozialer Medien pro Tag war ausreichend für einen unzureichenden Schlaf (Sampasa-Kanyinga et al. 2018).

Wenn du nicht darauf verzichten kannst, versuche zumindest, den Schaden zu begrenzen, indem du die von dir festgesetzte Zeit nicht überschreitest. Erlaube nicht, dass dein Leben davon beherrscht und negativ beeinflusst wird. Schlaf ist keine Zeitverschwendung, sondern absolut notwendig für die Regeneration unseres Körpers und Gehirns.

Hast du Schwierigkeiten einzuschlafen, oder möchtest du einfach deine Schlafqualität verbessern, findest du im Folgenden einige Tipps, die dir helfen können, besser zu schlafen und am nächsten Tag fit und munter zu sein.

- Nimm unmittelbar vor dem Schlafengehen keine schwere Mahlzeit mehr zu dir. (Wenn du in der Nacht aufwachst: Finger weg vom Kühlschrank und Geduld bis zum Frühstück!)
- Ein kleines Nickerchen tut immer gut, doch dies nur kurz und nicht zu spät am Abend, denn sonst bekommst du bei der eigentlichen Nachtruhe Probleme mit dem Einschlafen.

- Halte das Schlafzimmer kühl.
- Ein sauberes und ordentliches Schlafzimmer ist komfortabel und beruhigend, also achte auf eine angenehme Atmosphäre und ein entsprechendes Ambiente!
- Trinke nicht zu viel vor dem Schlafengehen, denn sonst weckt dich die volle Blase, und du kannst eventuell nicht wieder einschlafen.
- Treibe Sport! Einer der vielen Vorteile von Sport ist ein guter Schlaf, weil er Körper und Geist ermüdet (Chennaoui et al. 2014). Mach vorzugsweise nicht unmittelbar vor dem Schlafengehen Sport, weil sonst der Körper angeregt wird und Zeit braucht, um sich wieder zu entspannen.
- Schreibe alles, was dich bedrückt, auf, wie Aufgaben für den nächsten Tag, damit du nicht ständig daran denken musst und endlich einschlafen kannst.
- Beende den Tag möglichst nicht mit Nachrichten und anderen negativen Informationen, denn das prägt sich im Unterbewusstsein negativ ein.
- Meide koffeinhaltige Getränke vor dem Schlafen. Für große Kaffee-Fans empfehle ich am Abend entkoffeinierten Kaffee.
- Geh während der Woche am besten immer zur gleichen Zeit ins Bett, damit der Körper nicht aus dem biologischen Rhythmus gerissen wird.
- Ein heißes Bad oder Fußbad kann dir ebenfalls dabei helfen, dich zu entspannen.

Und wie viel Schlaf braucht man, um am nächsten Tag bei Kräften zu sein? Expertinnen und Experten raten zu sieben bis acht Stunden. Weniger als sechs Stunden sind problematisch, weil dies für unser Gehirn zu wenig Zeit ist, um die ganze Arbeit zu schaffen. Betrachte Schlaf nicht nur als das Ende eines jeden Tages, sondern auch als Beginn eines komplett neuen.

Vermeide es, unwichtige Entscheidungen vor wichtigen zu treffen
Wir treffen tagaus, tagein Dutzende von Entscheidungen, sowohl wichtige als auch unwichtige. Die Auswahl an Produkten und Leistungen, die wir in Anspruch nehmen können, ist heutzutage so groß, dass es einem die Entscheidung oft schwer macht. Es beginnt schon mit der Frage, welchen Handytarif man wählen soll. Meist grübelt man wochenlang, um eine perfekte Entscheidung zu treffen. Das ist ja nicht weiter schlimm. Es wird jedoch dann zu einem Problem, wenn wir zu viele unnötige Entscheidungen treffen, für die wir hinterher büßen müssen. Damit du einen optimalen Tag hast und gute Leistungen erbringst, solltest du Unwichtiges aus deinem Tagesablauf herausfiltern und dich so lange auf das Wesentliche konzentrieren, bis das Wichtigste erledigt ist. Der Grund: Unsere

Kapazität, Entscheidungen zu treffen, ist begrenzt. Wenn du dein Gehirn also für unwichtige Entscheidungen anstrengst, zum Beispiel lange darüber grübelst, welche Schuhe du heute anziehen sollst, wird dein Entscheidungsreservoir unnötig ausgeschöpft, wodurch weniger Energie für wichtigere und kluge Entscheidungen übrig ist.

> **Beispiel**
> Zum Beispiel hat eine Studie Käuferinnen und Käufer in einem Einkaufszentrum untersucht und dabei ermittelt, welche Auswirkung ihre getroffenen Entscheidungen auf einfache Mathematikprobleme haben können. Die Schlussfolgerung: Je mehr Entscheidungen die Käuferinnen und Käufer beim Einkauf getroffen hatten, desto schlechter lösten sie mathematische Probleme (Vohs et al. 2008).

Damit dir das nicht passiert, solltest du deine Einkäufe dann erledigen, wenn du hinterher keine wichtigen Tätigkeiten wie zum Beispiel eine Prüfung absolvieren musst, weil diese Entscheidungen sich auf deine Leistung auswirken können.

Mark Zuckerberg, Gründer von Facebook, ist in diesem Zusammenhang ein Extrembeispiel. Der Grund, warum er jeden Tag ein graues T-Shirt anzieht, ist folgender: Er möchte sich unnötige Entscheidungen ersparen, Energie einsparen und so seine Entscheidungen lieber für wichtige Missionen nutzen (SkyHigh 2014). Ich weiß, du denkst jetzt bestimmt: „Soweit kommt's noch." Ich könnte das auch nicht. Dafür ziehe ich zu gerne hübsche Klamotten an. Vielleicht kannst du ja einfach deine Schuhauswahl am Abend vorher treffen, damit du den Tag nicht mit unnötigen Entscheidungen beginnen musst und dein Gehirn nicht umsonst übermüdest. Die Schuhliebhaberinnen und -liebhaber unter euch werden mich verstehen: Die Entscheidung ist manchmal wirklich schwer.

Vermeide Multitasking, wenn es „um die Wurst" geht
Wie du gesehen hast, können zu viele Entscheidungen das Gehirn übermüden, aber auch Multitasking kann einiges an Schaden verursachen. Versucht man, mehr als eine Sache zur selben Zeit zu machen, spricht man von Multitasking. Wir telefonieren, während wir E-Mails schreiben, und springen von einem Thema zum nächsten („Task Switching" genannt), wenn wir eigentlich konzentriert nur an einer Sache arbeiten sollten. Jeder macht diesen Fehler, ohne Ausnahme. Es spart vermeintlich Zeit und man hat das Gefühl, mehr geschafft zu haben. Klingt harmlos? Nicht so ganz. Während

wir ständig hin und her wechseln, sind wir nicht nur langsamer, sondern machen auch mehr Fehler (Monsell 2003). Eigentlich sind wir stolz und froh, viel zu erledigen, und kommen uns dabei ganz schön schlau vor. Stattdessen machen wir alles nur schlimmer.

Wie gut Multitasking funktioniert, kannst du mit dieser klassischen Übung einfach selbst testen: Führe mit dem linken Fuß kreisförmige Bewegungen im Uhrzeigersinn aus und zeichne gleichzeitig mit der rechten Hand eine Sechs in die Luft. Ich vermute, es klappt nicht so gut. Der Grund dafür ist eigentlich ganz logisch. Das Gehirn kann sich jeweils nur auf eine Sache konzentrieren und nicht auf mehrere gleichzeitig. Das ist genauso, wie wenn du jemandem eine Wegbeschreibung geben und sagen würdest: „Biege hier links und rechts ab." „Was denn nun? Links oder rechts?", würde jeder fragen. Genauso reagiert auch unser Gehirn, wenn mehrere Aufgaben miteinander konkurrieren. Es kommt ins Trudeln und macht Fehler. Gerade wenn du an komplexen Aufgaben oder an etwas Wichtigem arbeitest, solltest du dich nur der einen Sache widmen, wenn du dafür nicht mit deinen grauen Zellen büßen willst.

Es gibt hier natürlich auch eine Ausnahme: Diese Regel gilt nicht für eine parallel durchgeführte Tätigkeit, die automatisch abläuft und weder Konzentration noch Denken erfordert. Hörbuch oder Musik hören und gleichzeitig die Wohnung putzen ist ein ideales Beispiel. Während ich auf dem Laufband jogge, schaue ich gerne meine Serien. Da kann keiner von mir erwarten, dass ich eine Stunde nur die Wand anstarre. Dann würden meine Gehirnzellen erst recht durchdrehen.

Vom Pessimisten zum Optimisten
Bist du ein zufriedener, positiver und optimistischer Mensch, hast du schon einmal gute Karten, denn dann bist du mutiger, weniger besorgt, motivierter und glücklicher als pessimistische Menschen. Im Klartext bedeutet dieser Unterschied ERFOLG. Wir denken öfters, dass wir erst dann richtig glücklich sein können, wenn ein bestimmtes Ziel erreicht ist. Das ist laut Studien so nicht ganz korrekt. Laut Shawn Achor, Zufriedenheitsforscher und Autor des Buchs *The Happiness Advantage*, zeigen gerade Menschen mit positiver Einstellung bessere Leistungen auf jeder Ebene, zum Beispiel in Bezug auf Produktivität, Kreativität, Energie, Freundschaften und Engagement, und können mit Stress und Angstgefühlen besser umgehen (2018). Er ist nicht der Einzige, der das behauptet.

14 Alltägliche und nützliche Gewohnheiten sind Gold wert

> **Beispiel**
>
> Bei einer Metaanalyse von 225 Studien mit mehr als 275.000 Testpersonen haben die Forscherinnen und Forscher einen starken Zusammenhang zwischen Lebenszufriedenheit und Erfolg ermittelt (Lyubomirsky et al. 2005). Glückliche Menschen waren auf vielen Ebenen des Lebens erfolgreicher, darunter in Bezug auf Ehe, Gesundheit, Freundschaften bis hin zu Einkommen und Arbeitsleistungen.

Gehörst du zu denen, die das Glas immer als halb leer betrachten, sei getröstet: Wie alles andere auch, lässt sich eine optimistische Denkweise erlernen.

Hier einige Tipps, wie du Optimismus und Zufriedenheit üben kannst:

- Das beste Heilmittel gegen Pessimismus: Sport, Sport, Sport (ich kann es nicht oft genug wiederholen). Durch Sport werden im Gehirn Chemikalien freigesetzt, die die Laune anheben, was positive Auswirkungen auf Körper und Geist hat.
- Denke an etwas, worauf du dich freust, wie zum Beispiel einen Urlaub, ein Treffen mit Freundinnen und Freunden etc. Vorfreude ist die schönste Freude und macht glücklich und optimistisch!
- Auch wenn es Tage gibt, die zu wünschen übrig lassen, gibt es sicherlich Ereignisse oder Momente, die positiv waren. Denke an diese Momente, auch wenn sie noch so kurz sind, und gib die Hoffnung auf bessere Tage nicht auf!
- Beklage dich nicht und jammere nicht. Wenn du dich doch dabei ertappst, denke an all die positiven und schönen Dinge und Menschen in deinem Leben und sei dankbar dafür, dass sie dein Leben bereichern!
- Anderen zu helfen macht glücklich. Hier ist es egal, ob Fremden oder Freundinnen und Freunden: Hauptsache, du kümmerst dich um deine Mitmenschen (mehr dazu in Kap. 19).
- Umgib dich mit positiven (gerne auch lustigen) Menschen. Gute Laune ist wirklich ansteckend!
- Denke daran, dass es – egal wie ausweglos eine Situation im Moment auch erscheint – immer nach einer gewissen Zeit besser wird. Freu dich auf die Zukunft, in der die momentane Situation nichts mehr bedeuten wird.
- Wir alle sind von Zeit zu Zeit wütend auf andere wie Familienmitglieder, Freundinnen und Freunde, aber auch Mitarbeiterinnen und Mitarbeiter oder Kolleginnen und Kollegen. Doch musst du lernen, über Enttäuschungen hinwegzukommen. Sonst löst dies nur negative Gefühle aus,

und damit schadest du dir selbst. Sei nicht nachtragend, sondern lass den Groll einfach hinter dir. Zu grollen wiegt schwer, also befreie dich von dieser Last. Das Leben ist wirklich zu kurz, um diese Last freiwillig zu tragen.
- Betrachte Niederlagen und Hürden als normalen Prozess und als Gelegenheit zum Lernen. Dann wirst du unverwüstlich, wenn Probleme auftauchen, und blickst zuversichtlicher in die Zukunft.
- Stress trübt die Laune und die Stimmung. Beseitige Stress und alle anderen negativen Gefühle, die dich belasten. Stress kannst du mit hilfreichen Methoden abbauen (siehe Kap. 11).

Lass uns eines klarstellen: Optimismus heißt nicht, dass wir immer frohen Mutes sein und die Welt durch eine rosarote Brille sehen müssen. Ein wenig Pessimismus ist nicht immer schlecht, sondern kann helfen, uns auf das Schlimmste vorzubereiten und vorsichtig zu sein. Wird die Dosis aber so hoch, dass sie die Laune verdirbt und die Ziele hemmt, musst du etwas dagegen tun. Zu viel Pessimismus ist nicht gut, aber zu viel Optimismus hat auch einen Haken. Es ist unklug, ein positives Ergebnis zu erwarten, wenn schlechte Entscheidungen und eine unzureichende Vorbereitung das Gegenteil wahrscheinlich machen. Dir einzureden, „Ach, es wird schon irgendwie", ist keine schlaue Art von Optimismus, sondern reine Dummheit. Das Leben ist nicht Zuckerwatte, aber auch nicht Apfelessig. Sei realistisch und optimistisch zugleich und bleib zuversichtlich, denn das Leben besteht nicht nur aus Hoffnungslosigkeit und Enttäuschungen, sondern ist mit seinen Höhen und Tiefen voller Überraschungen.

Weniger „Screen Time", mehr Zeit für anderes!
Das elektronische Zeitalter hat leider die Bildschirmsucht mit sich gebracht. Warum spreche ich hier von einer Sucht? Überleg mal, wie oft am Tag du deine E-Mails checkst. Wie oft schaust du auf deinem Smartphone nach, ob du Nachrichten erhalten hast? Ganz zu schweigen von der Panik, wenn wir das Handy mal verlegen, der Akku leer ist oder wir es aus Versehen zu Hause liegen gelassen haben. Wir alle sind davon nicht frei. Die Vorteile elektronischer Geräte wie Smartphones sind ja auch immens – ich glaube, da sind wir uns alle einig. Das Recherchieren von Informationen ist einfacher denn je, und man bekommt in wenigen Sekunden die Antwort auf viele Fragen, was uns enorm Zeit spart. Auch ist es einfacher, mit Freundinnen und Freunden in Kontakt zu bleiben und neue, wenn auch virtuelle, Bekanntschaften zu schließen. Natürlich ist auch Online-Shopping eine tolle und sehr bequeme Erfindung, die viel Zeit spart, wenn man bedenkt, dass man sich nicht mehr die Mühe machen muss, in die Stadt zu fahren und an der Kasse Schlange zu stehen.

Doch leider überschreiten viele die schmale Grenze der normalen Nutzung und sind schlichtweg süchtig nach Unterhaltung, vor allem nach sozialen Median. So einfach und schnell gleitet einem die kostbare Zeit aus den Händen. Besonders dann, wenn Menschen behaupten, sie hätten keine Zeit für etwas, werde ich hellhörig. Schaut man nämlich genauer hin, womit viele Menschen, die angeblich unter Zeitmangel leiden, ihre Zeit verbringen, sieht man deutlich, warum das so ist. Einige, die behaupten, sie hätten keine Zeit, verschwenden nämlich viel davon mit Aktivitäten, die vergleichsweise unwichtig sind. Dem momentanen Vergnügen wird Vorrang eingeräumt. Wichtige Angelegenheiten, die wirklich mehr Aufmerksamkeit verdienen, wie Lernen, neue Ziele oder körperliche Aktivität, werden vernachlässigt und aufgeschoben. Dies riecht geradezu nach fauler Ausrede. Viele vergessen, was im Leben wirklich zählt.

Denke kurz über deinen Tagesablauf nach! Wie verbringst du deine Freizeit? Vielleicht schaust du in deinem Lieblings-Webshop, ob es Sales-Angebote gibt, stalkst deinen Ex auf Facebook oder schaust Klatsch- und Tratsch-Nachrichten auf Instagram oder im Fernsehen. Fernsehen ist wirklich ein ernstes Problem für viele. Laut Arbeitsgemeinschaft Videoforschung sahen die Deutschen im Jahr 2018 durchschnittlich 217 min pro Tag fern. Das sind kostbare Minuten und Stunden, und hochgerechnet auf eine Woche oder einen Monat ist das viel verschenkte Zeit. Es ist mir zum Beispiel auch ein Rätsel, warum einige sich dafür interessieren, wo sich ihre Freundinnen und Freunde gerade aufhalten oder in welchem Restaurant sie was essen. Dies ist nicht nur Zeitverschwendung, sondern kann auch für depressive Stimmung oder Neidgefühle sorgen, wenn die anderen sich gerade ein Fünf-Gang-Menü gönnen oder sich am Strand sonnen, während du zu Hause an deinem belegten Brot knabberst (Appel et al. 2016). Muss das wirklich sein?

> **Tipp**
> Wenn es dir nach Trödeln ist, frage dich, ob es sich lohnt, dafür deine kostbare Lebenszeit zu opfern.

All diese Dinge sollst du dir natürlich nicht komplett verbieten, wenn sie dir Freude bereiten. Was zählt, ist, wie viel Zeit du dafür opferst. Es ist schon ein Riesenunterschied, ob du 30 min am Tag im Internet surfst oder ob du drei Stunden vor dem Fernseher sitzt. Ich kenne viele, die wöchentlich bis zu vier Serien verfolgen, die jeweils mindestens zwei Stunden dauern. Das macht acht Stunden in der Woche und 32 h im Monat. Auf genau diese Zeit kommt es an, wenn du etwas für dich Sinnvolles erreichen willst, sei es eine neue Sprache lernen, ein neues Projekt entwickeln oder an einer Fortbildung teilnehmen. Die Welt um uns herum ist voller unterhaltsamer Ablenkungen, die dich in diverse Richtungen ziehen und deine Aufmerksamkeit rauben. Lass dich nicht von dieser Art von leeren Beschäftigungen ablenken und nicht von anderen Mitmenschen beeinflussen, die eventuell die gleichen schlechten Gewohnheiten haben. Nur weil andere genau das Gleiche machen, heißt das noch lange nicht, dass es gut ist. Es gibt Millionen von Raucherinnen und Rauchern und Drogensüchtige. Das bedeutet nicht, dass dies gut ist, oder?

Konzentriere dich auf dein Leben und sieh zu, dass du deine schlechten Gewohnheiten loswirst. Wenn du im Alter von 80 Jahren zurückblicken würdest, was würde dich besonders glücklich und stolz machen? Was würdest du am meisten bereuen? Die Antworten auf diese und viele andere Fragen, die du dir später stellen wirst, liegen in deinem jetzigen und künftigen Handeln. Es hilft wirklich, sich auch einmal weit in die Zukunft zu versetzen und auf das eigene Leben zurückzublicken.

> **Tipp**
> Notiere dir deine täglichen Aktivitäten ganz genau! Wie viel Zeit verbringst du mit deinen Zielen und wie viel mit Unterhaltung? Was kannst du in Zukunft anders machen? Ein Feedback von vertrauenswürdigen Mitmenschen kann hier helfen. Sie beobachten manchmal etwas, das uns nicht auffällt, und erkennen, was wir den ganzen Tag so treiben!

Jeder hat die gleiche Anzahl von Stunden am Tag zur Verfügung. Was du aus diesen Stunden machst, bestimmt dein Leben und deine Zukunft. Gestalte daher deine Zeit sinnvoll, denn verlorene Zeit ist weg und für immer vergeudet. Ich weiß, es ist nicht „megacool", sich stundenlang hinzusetzen und sich durch trockene Themen zu quälen. Eines ist jedoch klar: Erfolg und große Ziele gehören zu den Dingen, die eben nicht durch kurzfristige Unterhaltung statt Arbeit erreicht werden. Wenn du das nächste Mal einen wichtigen Vortrag hältst oder eine Klausur schreibst, fang NICHT am Abend davor an zu lernen und räume bitte NICHT der momentanen Unterhaltung Vorrang ein, sondern genieße sie nur in den kurzen Pausen dazwischen.

Die genannten Anregungen beziehen sich nur auf Gewohnheiten, die dir bei deinen Zielen behilflich sein können. Daneben könnte ich noch Dutzende weitere auflisten, das wäre jedoch schon ein komplett neues und umfangreiches Buchthema. Identifiziere deine schlechten Gewohnheiten und ersetze sie durch bessere, damit sie dir bei deinen Zielen und im Leben helfen und nicht schaden. Hast du zum Beispiel ein Suchtproblem, dann wende dich an eine Hilfsinitiative oder Organisation, die Erfahrung damit hat und dir helfen kann. Geh auch auf andere zu, die in der gleichen oder einer ähnlichen Lage waren und die es geschafft haben, von ihrer schlechten Angewohnheit loszukommen. Sie können viele hilfreiche Tipps aus eigener Erfahrung geben, von denen du nur profitieren kannst. Es ist gar keine Frage, ob du es schaffen kannst. Wenn andere vor dir es geschafft haben, dann schaffst du es auch. Änderst du nichts, fängt der Tag so an wie immer, und dein Leben läuft so weiter wie immer, im Autopilot-Modus. Morgen wird es genauso wie heute, im nächsten Jahr genauso wie in diesem, und in zehn Jahren stehst du am gleichen Punkt wie jetzt auch.

Ich verstehe auch nicht, warum Wochenende für viele gleichbedeutend mit dem Wort „Faulenzen" ist, wenn am Montag vielleicht eine große Herausforderung wartet. Mit dieser Einstellung wird kein Traum wahr und rückt kein Ziel näher. Willst du dein Leben ändern, musst du bereit sein, deine Gewohnheiten in Bezug auf ihren Nutzen zu überprüfen. Sei ehrlich zu dir selbst und leugne deine schlechten Gewohnheiten nicht. Wo auch immer das Problem liegt, eine schlechte Gewohnheit zu ändern und damit dein Leben, liegt ganz in deinen Händen. Wie du jetzt weißt, ist unser Gehirn formbar und hat die Fähigkeit, sich zu verändern und sich ständig neu anzupassen. Alles, was du brauchst, um erfolgreicher zu werden und deine Ziele zu erreichen, sind dein Kopf, ein Repertoire an hilfreichen Gewohnheiten, Offenheit für Neues und natürlich Lernbereitschaft. Das sind alles Voraussetzungen, die gegeben sind oder gelernt werden können. Du weißt jetzt auch, dass es bei einer neuen Gewohnheit etwas dauern kann, also übe regelmäßig neue und hilfreiche Dinge, damit im Gehirn alles richtig gut sitzt.

Das nächste Mal …

wenn du den Wecker stellst, stelle ihn auf 30 min vor der gewohnten Zeit. Diese Zeit gehört dir. In dieser halben Stunde machst du das, wofür du dir bist jetzt nie Zeit genommen hattest, was du aber schon immer machen wolltest. Du wirst dich wundern, wie viel zufriedener du den Tag beginnst.

Die Herausforderung ...

Nimm deine Gewohnheiten genauer ins Visier. Da gibt es vielleicht welche, die dir mehr schaden als helfen. Jetzt ist die Gelegenheit, dich von negativen Gewohnheiten loszusagen und sie durch neue und bessere zu ersetzen. Was stört dich an dir am meisten? Lass es uns gemeinsam herausfinden.

Schritt 1: Schlechte Gewohnheit identifizieren
Ich werde aufhören zu _____.
Ich wünschte, ich wäre nicht so _____.
Es lenkt mich ab, wenn ich _____.

Schritt 2: Neue Gewohnheit einführen
Ich werde ab jetzt _____
_____, weil ich mir wichtig bin.
Ich nehme mir ab jetzt Zeit für_____,
weil ich es kann.

Fazit

Menschen hängen am gewohnten Leben und an der Routine. Sosehr wir auch an unseren Gewohnheiten festhalten, ist es nur ratsam, die alten durch bessere und effektivere zu ersetzen und neue Gepflogenheiten herzlich willkommen zu heißen. Sich Neues zu trauen bedeutet, über sich hinauszuwachsen und den Horizont zu erweitern. Entwickle eine Tagesroutine, die dich bei deinen Zielen unterstützt und nicht behindert. Der Morgen ist die beste Zeit zum Arbeiten, weil dann die Energiereserven ihren Höchststand haben und nicht durch belastende Ereignisse, andere Tätigkeiten und Entscheidungen aufgebraucht sind. Die Nachtruhe ist für unsere geistige Gesundheit, unsere Leistung und unser Gedächtnis äußerst wichtig. Wenn du an etwas Wichtigem arbeitest, vermeide Multitasking. Widme dich nur der einen Sache und schenke ihr deine höchste Aufmerksamkeit und Konzentration. Zu viele Entscheidungen können das Gehirn übermüden. Triff also wichtige Entscheidungen vor unwichtigen, um die Leistungsqualität nicht negativ zu beeinflussen. Im Hinblick auf dein Ziel dürfen deine Gewohnheiten nicht kontraproduktiv sein. Räumt man sich weniger Zeit für „Screen Time" und unwichtige Tätigkeiten ein, schafft dies Platz für wichtige Ziele im Leben. Und über Zeitmangel zu klagen ist höchstwahrscheinlich nichts anderes als eine Ausrede. Bleib optimistisch, auch wenn es mal bitter wird, denn zufriedene Menschen erbringen auf allen Lebensebenen bessere Leistungen als diejenigen, die das Glas immer als halb leer ansehen.

Literatur

Achor S (2018) The happiness advantage. Currency, New York
Appel H, Gerlach AL, Crusius J (2016) The interplay between Facebook use, social comparison, envy, and depression. Curr Opin Psychol 9:44–49. https://doi.org/10.1016/j.copsyc.2015.10.006
Arbeitsgemeinschaft Videoforschung (AGF). https://www.agf.de/daten/tvdaten/sehdauer/. Zugegriffen: 9. März 2019
Chennaoui M, Arnal PJ, Sauvet F, Leger D (2014) Sleep and exercise: a reciprocal issue? Sleep Med Rev 20:59–72. https://doi.org/10.1016/j.smrv.2014.06.008
Fuligni AJ, Gillen-O'Neel C, Huynh VW (2012) To study or to sleep? The academic costs of extra studying at the expense of sleep. Soc Res Child Dev 84(1):133–142. https://doi.org/10.1111/j.1467-8624.2012.01834.x
Johnson G (2013) Nursing study finds that breakfast, indeed, is the most important meal. Penn Today. https://penntoday.upenn.edu/2013-06-06/research/nursing-study-finds-breakfast-indeed-most-important-meal/. Zugegriffen: 25. Juni 2018
Kreutzman JC, Havekes R, Abel T, Meerlo P (2015) Sleep deprivation and hippocampal vulnerability: changes in neural plasticity, neurogenesis and cognitive function. Neuroscience 309:173–190. https://doi.org/10.1016/j.neuroscience.2015.04.053
Lally P, van Jaarsveld C, Potts H, Wardle J (2009) How are habits formed: modelling habit formation in the real world. Eur J Soc Psychol 40(6):998–1009. https://onlinelibrary.wiley.com/doi/abs/10.1002/ejsp.674. Zugegriffen: 18. März 2019
Lyubomirsky S, King L, Diener E (2005) The benefits of frequent positive affect: does happiness lead to success? Am Psychol Assoc 131(6):803–855. https://www.apa.org/pubs/journals/releases/bul-1316803.pdf. Zugegriffen: 3. April 2019
Meerlo P, Sgoifo A, Suchecki D (2008) Restricted and disrupted sleep: effects on autonomic function, neuroendocrine stress systems and stress responsivity. Sleep Med Rev 12(3):197–210. https://www.ncbi.nlm.nih.gov/pubmed/18222099
Monsell S (2003) Task switching. Trends Cogn Sci 7(3):134–140. https://doi.org/10.1016/S1364-6613(03)00028-7
Sampasa-Kanyinga H, Hamilton HA, Chaput JP (2018) Use of social media is associated with short sleep duration in a dose-response manner in students aged 11 to 20 years. Acta Paediatr 107(4):694–700. https://doi.org/10.1111/apa.14210

SkyHigh (2014) Why Mark Zuckerberg wears the same shirt every day. https://www.youtube.com/watch?v=u-P-zGodmkM. Zugegriffen: 24. Okt. 2018

Sutherland S (2013) Bright screens could delay bedtime. Scientific American. https://www.scientificamerican.com/article/bright-screens-could-delay-bedtime/. Zugegriffen: 20. Juni 2018

Vohs KD, Baumeister RF, Schmeichel BJ, Twenge JM, Nelson NM, Tice DM (2008) Making choices impairs subsequent self-control: a limited-resource account of decision making, self-regulation, and active initiative. J Pers Soc Psychol 94(5):883–898. https://doi.org/10.1037/0022-3514.94.5.883

Witbracht M, Keim LN, Forester S, Widaman A, Laugero K (2015) Female breakfast skippers display a disrupted cortisol rhythm and elevated blood pressure. Physiol Behav 140:215–221. https://doi.org/10.1016/j.physbeh.2014.12.044

Xie L, Kang H, Xu Q, Chen MJ, Liao Y, Thiyagarajan M, O'Donnell J, Christensenn DJ, Nicholson C, Iliff JJ, Takano T, Deane R, Nedergaard M (2013) Sleep drives metabolite clearance from the adult brain. Science 342(6156):373–377. http://science.sciencemag.org/content/342/6156/373. Zugegriffen: 18. März 2019

Zhang J, Zhu Y, Zhan G, Fenik P, Panossian L, Wang MM, Reid S, Lai D, Davis JG, Baur JA, Veasey S (2014) Extended wakefulness: compromised metabolics in and degeneration of locus ceruleus neurons. J Neurosci 34(12):4418–4431. https://www.ncbi.nlm.nih.gov/pmc/articles/PMC3960479/. Zugegriffen: 18. März 2019

15

Umgang mit Niederlagen und Schwierigkeiten

Inhaltsverzeichnis

Das nächste Mal 199
Die Herausforderung 199
Fazit 199
Literatur 200

> **In diesem Kapitel …**
>
> lernst du, mit Schwierigkeiten und Rückschlägen besser umzugehen. Dieses Kapitel bietet nützliche Tipps, wie du schwere Herausforderungen meistern und schwierige Phasen einfacher überbrücken kannst. Jeder wird irgendwann mit Problemen und Schwierigkeiten konfrontiert. Wie du damit umgehst, ist viel ausschlaggebender als das Problem an sich. Dein Umgang mit Problemen ist wie ein Härtetest, bei dem deine Stärke gefordert ist. Gehörst du zu den Menschen, die vor Problemen weglaufen? Siehst du eine Niederlage als einen permanenten Hemmschuh für die Zukunft? Du wirst lernen, dass Rückschläge zum täglichen Leben gehören, und erfahren, wie wir von Komödien und Filmen, einem künstlichen Lächeln und einer Vielfalt an Gefühlen profitieren können. Lass uns gemeinsam an unserer Widerstandskraft arbeiten und schauen, wie du Probleme in Zukunft konsequent und direkt angehen kannst.

Hast du auch schon einmal eine große Niederlage oder einen Rückschlag erlitten? Dann weißt du ganz genau, dass einem das so richtig auf den Magen schlagen kann. Eine Niederlage ist einfach ungut und schmerzhaft. Es ist wirklich nicht lustig, wenn man etwas nicht geschafft hat, das gebe ich zu. Wir alle machen von Zeit zu Zeit Fehler oder irren uns. Wir sind ja schließlich keine Maschinen (und selbst die haben mal einen Ausfall) mit übermenschlichen Fähigkeiten, die nur auf Gewinnen programmiert sind. Zunächst ist es wichtig zu wissen, dass das Leben im Ganzen nicht einfach ist und nicht immer alles glatt läuft. Wir leben nicht im Paradies, und das Leben ist keine glatt asphaltierte Straße. Egal, wie vorsichtig wir auch sind, wir können Turbulenzen nicht immer verhindern. Jeder Mensch stößt auf Schwierigkeiten, die ihm das Leben schwer machen und die Laune verderben. Fazit: So ist das Leben! Unerwartete Ereignisse, Schwindlerinnen und Schwindler oder anderes kommen uns manchmal in die Quere, und wer weiß, vielleicht lauert die nächste „Katastrophe" schon um die Ecke, um dir wieder so richtig eins auszuwischen. Jeder stößt irgendwann einmal auf Schwierigkeiten. Genau wie es nur eine Frage der Zeit ist, bis du wieder einmal in einen Hundehaufen trittst, egal wie vorsichtig du bist – irgendwann nimmst du eine Abkürzung über die Wiese, um den Bus noch zu erwischen, und schon ist es passiert. Das Leben besteht nun mal nicht nur aus Volltreffern, sondern kann auch bei Profis danebengehen, wie zum Beispiel geübte Dosenwerferinnen und -werfer auf dem Jahrmarkt auch mal danebenwerfen, Weltmeisterinnen und -meister auch irgendwann eine Niederlage erleben und selbst Profifußballerinnen und -fußballer mal ein Eigentor schießen.

Wir können es nicht leugnen: Es ist nicht einfach, ein negatives Erlebnis oder ein Trauma zu verarbeiten. Man ist gekränkt, verletzt und enttäuscht. Andere fangen an zu lästern oder freuen sich sogar und lachen hinter deinem Rücken. Lass sie nur lachen. Und freu dich! Während du dich etwas getraut und an Erfahrung gewonnen hast, sitzen die Kritikerinnen und Kritiker faul herum und lästern. Obwohl eine Niederlage keine schönen Gefühle hervorruft, ist sie durchaus wertvoll. Sie liefert Praxiswissen vom Feinsten, das dir kein Lehrbuch beibringen kann. Betrachte es als Geheimgang zu einem erfolgreichen Leben, wenn du aktiv bist und dich Sachen traust. Es ist mir ein Rätsel, warum viele sich wundern und enttäuscht sind, wenn einmal etwas nicht klappt. Im Grunde ist es ja nichts Ungewöhnliches, dass Probleme und Hindernisse auftauchen. Außer bei neu erworbenen elektronischen Geräten gibt es ja für nichts eine Garantie. Es gibt keine Schutzausrüstung, mit der du dich gegen alle Probleme wappnen kannst. Selbst die besten Versicherungspolicen haben, gerade wenn du sie brauchst, eine Lücke. Wir können uns nicht wie Schnecken in unsere Häuschen zurückziehen, nur weil wir Angst davor haben, von der Außenwelt angegriffen zu werden. Es wird vorkommen, und je eher du es akzeptierst, desto besser kannst du dich auf schwere Situationen vorbereiten und sie bewältigen.

Meistens ist das Problem oder der Fehler nicht der Knackpunkt an sich, sondern die Art und Weise, wie du mit der Situation umgehst. Lässt du den Ärger und die Enttäuschung an anderen aus? Siehst du ein Hindernis als das Ende deiner Ziele? Gehörst du zu den Menschen, die sich ständig beklagen und jammern? Und wenn ja – hat das an der Situation etwas geändert? Meistens lautet die Antwort darauf nein. Ein Problem ist wie ein Kaugummi. Du kannst noch so lange darauf herumkauen, es bleibt da. Hast du es mit einem Problem zu tun, ist das Beste, was du tun kannst, dich an die Arbeit zu machen, um es zu beseitigen. Steckst du in einer Krise, musst du Verantwortung übernehmen und einen Weg aus der Krise finden. Suche nach Lösungen und spucke den Kaugummi, sprich das Problem, aus. Wie genau du das anstellen willst, musst ganz allein du herausfinden. Es ist dir überlassen, die beste Lösung für dein Problem zu finden.

Du kannst dir gerne Ratschläge und andere Sichtweisen von Freundinnen und Freunden und Familienangehörigen einholen. Es tut uns sehr gut, ermutigende Worte von anderen zu hören. Auch können ihre Ratschläge uns vor großen Fehlern bewahren und uns helfen, wieder auf die Beine zu kommen. Doch ist es im Endeffekt deine Bemühung, die zählt. Erwarte nicht, dass andere und die Gesellschaft deine Probleme für dich lösen. Sie können dir helfen, aber sie sind nicht dazu verpflichtet. Um ehrlich zu sein, ist es vielen ziemlich egal, ob es dir schlecht geht und was du gerade durchmachst. Warte nicht auf einen Retter, weil der nicht kommen wird. Das Leben ist kein romantischer Hollywood-Film. Wenn es darum geht, Probleme und Sorgen zu bewältigen, stehst du letztlich ganz allein da.

Der Ratgeber, den du hier in der Hand hältst, kann dich vielleicht motivieren, das ist ja auch sein Ziel und Sinn. Letztendlich bist jedoch du der einzige Mensch, der die Tipps und Methoden umsetzen kann. Dein Erfolg und deine Zufriedenheit mit deinem Leben sind ganz allein deine Aufgabe, also übernimm die Verantwortung und gestalte dir deine Zukunft so, wie du sie haben möchtest. Bist du zum Beispiel seit Längerem nicht glücklich mit deiner Partnerin oder deinem Partner, dann weißt du eigentlich, was du tun musst – nein, nicht dich beklagen, sondern ihr oder ihm die Tür zeigen oder selbst deine Siebensachen packen und gehen. Bist du mit deinem Job unzufrieden, dann bewirb dich auf andere Stellen oder mach eine Umschulung zu einer Tätigkeit, bei der du nicht alle fünf Minuten auf die Uhr schauen musst. Vielleicht bist du auch in einer anderen Abteilung glücklicher, und wenn es gar nicht geht, wechsle die Arbeitsstelle, vorzugsweise erst, wenn du etwas Neues gefunden hast.

Was auch immer dich belastet, verschwende keine Zeit mit Bedauern oder Selbstmitleid, weil es ohnehin nicht hilft und du nur deine Zeit und Energie vergeudest. Diese Energie kannst du gut für deine Zukunftspläne oder für die Bewältigung deiner Sorgen gebrauchen. Gibt es ein Problem in deinem Leben, dann löse es, und das möglichst rasch. Mit Sätzen wie „Ich muss" oder „Es geht nicht anders" gibst du dir grünes Licht, dein Leid fortzusetzen, und das ist nicht akzeptabel. Was auch immer dich bedrückt, suche nach den richtigen Lösungen und Strategien, um das Unbehagen aus deinem Leben zu verabschieden. Von alleine lassen sich Sorgen leider nicht aus der Welt schaffen. Hast du einen Fehler gemacht, verzeih dir und finde heraus, woran es gelegen hat, damit es in Zukunft nicht noch einmal passiert. Ein Rückschlag ist, wie Erfolg auch, ein Prozess, der sich meistens schon im Voraus ankündigt. Bist du beispielsweise wegen mangelnder Vorbereitung in einer Klausur durchgefallen, dann hast du in den letzten Tagen oder Wochen auf dieses Ergebnis hingearbeitet. Ein Rückschlag heißt nicht, dass du nicht klug bist, sondern lediglich, dass du nicht die nötige Arbeit investiert hast. Sieh es als eine Lektion dafür, dich beim nächsten Mal rechtzeitig und besser vorzubereiten. Das Motto lautet: Schau nach vorn und nicht nach hinten. Es hat schon einen Grund, warum wir keine Augen im Hinterkopf haben. Betrachte deine Fehler als Gelegenheit zum Lernen und nicht als deinen Feind. Ziel ist nicht, in ein Loch zu fallen, sondern Kraft zu schöpfen. Welche Quellen dir auch immer diese Kraft geben, finde sie und nutze deine Ressourcen.

Hier sind einige Tipps, die dir helfen können, Kraft zu schöpfen und mit Problemen und Rückschlägen besser umzugehen:

- Familie und gute Freundinnen und Freunde schenken uns in schweren Zeiten Trost und eine Schulter zum Ausweinen und schützen uns davor, dass wir emotional verkümmern. Ein bisschen Ablenkung tut immer gut, und vielleicht kommst du ja mit deinen Liebsten gemeinsam auf die Lösung des Problems. Scheue dich nicht, Rückmeldung von anderen einzuholen. Manchmal sehen andere die Ursache und Lösung viel klarer als wir selbst.
- Nutze den sozialen Abwärtsvergleich (siehe Kap. 3) zu deinen Gunsten. Denke daran, dass andere eventuell mit viel schlimmeren Problemen zu kämpfen haben als du. In einigen Regionen der Welt kämpfen die Menschen um Grundbedürfnisse, die wir im Überfluss genießen. Würdest du deine Sorgen gegen ihre tauschen wollen? Sie umgekehrt schon.
- Finde die Ursache des Problems, indem du tief nachbohrst und dabei erkennst, woran es gelegen hat. Schmiede neue Pläne, wie du es das nächste Mal anders und besser machen wirst.
- Selbstgespräche haben einen enormen Effekt auf dein künftiges Handeln (siehe Kap. 12). Wähle Wörter und Sätze, die dich ermutigen und nicht noch mehr herunterziehen. Vermeide Gedanken wie „Ich bin ein Versager", sondern denke lieber „Es war ein Fehler". Denke nicht „Das nächste Mal wird's bestimmt genauso", sondern „Das nächste Mal wird's besser. Ich werde es euch allen zeigen".
- Deine Deutung und Interpretation kontrollieren deine Gefühle. Wenn du Hindernisse als normalen Bestandteil deines Wegs zum Ziel siehst, bist du auch nicht enttäuscht, wenn du darauf stößt.
- Um dich wieder zu erholen, nutze die Stressbewältigungsstrategien aus Kap. 11, wie zum Beispiel Sport oder etwas anderes, das dir in düsteren Tagen immer guttut. Bei mir hilft die typische „Frauen-Bewältigungsstrategie", das Shopping. Ein Paar neue Schuhe kann wirklich vieles wieder gutmachen!

Vieles im Leben ist mit gewissen Risiken verbunden. In gewissem Maße muss man dies immer mit einkalkulieren. Ich persönlich gehe lieber Risiken ein und lerne aus meinen Fehlern, statt mich mit 80 Jahren zu fragen, was hätte passieren können, wenn ich dies oder das noch gemacht hätte. Wenn du jetzt den Eindruck gewonnen hast, dass bei mir immer alles glatt läuft, dann irrst du dich gewaltig! Immer wenn ich der Meinung bin, dass mir nichts mehr passieren kann, kommt mir etwas ganz Neues in die Quere, woran ich noch gar nicht gedacht habe. Wenn du nur wüsstest, wie häufig ich immer noch falsche Entscheidungen treffe und mich irre. Und vor allem, wie oft ich in meinem bisherigen Leben Absagen einstecken musste. Es gibt bestimmt Menschen, die mehr Zusagen als Absagen bekommen. Bei mir war das immer umgekehrt. Ich habe mehr Absagen als Zusagen kassiert, aber die wenigen Zusagen haben mein Leben geformt, geprägt und ihm den Sinn verliehen, den es jetzt hat. Auch wenn du hundert Bewerbungen losschickst, eine einzige Zusage darunter ist manchmal alles, was du brauchst, um dein Leben so zu gestalten, dass es dich glücklich macht. Rückblickend bin ich froh, dass ich bei einigen Bewerbungen Absagen erhielt, weil sich mein Leben sonst anders entwickelt hätte und mit meinem jetzigen gar nicht zu vergleichen wäre. Nie darfst du dich vor Absagen und Rückschlägen scheuen und schon gar nicht aufgeben. Genau das macht uns doch stärker und weiser: nicht aufzugeben, obwohl es einem danach ist, das Handtuch zu werfen. Lass nichts unversucht und ziehe und zerre an allen Grenzen, die du dir gesetzt hast oder die andere dir vorgegeben haben. Ziel ist, als Person zu wachsen, auch wenn du dabei ab und zu mal hinfällst oder andere dir ein Bein stellen.

> **Tipp**
> Versprich dir Folgendes, und sage es dir laut vor: „Mit jeder Faser meines Körpers werde ich gegen Probleme ankämpfen und mein Ziel erneut in einer anderen Form verfolgen."

Sei und bleibe optimistisch und lerne von der Tapferkeit anderer, die sich trotz Hindernissen nicht geschlagen geben. Ich habe viel von anderen beispielhaften und erfolgreichen Menschen gelernt, wie Nelson Mandela, Martin Luther King, Michael Jordan und Mahatma Gandhi. Diese Menschen sind bekannt für ihre außerordentlichen Taten, doch was wir oft übersehen oder nicht wissen, ist die Tatsache, dass jeder von ihnen große Niederlagen erlitten, aber seine Schmerzen in Kraft umgesetzt hat. Ihre persönlichen Tragödien und Niederlagen haben diese Menschen nicht geschwächt und ihre Ziele nicht zunichtegemacht. Vielmehr haben sie ihre Tragödien teilweise zu

15 Umgang mit Niederlagen und Schwierigkeiten

ihren Gunsten genutzt, was sie letztendlich zu dem machte, wofür wir sie kennen. Nelson Mandela zum Beispiel wurde nach 27 Jahren in Haft der erste schwarze Präsident Südafrikas (Spiegel-Biographie 2018). Selbst isoliert im Gefängnis war er Inspiration und Idol für viele und tauschte nie seine Prinzipien in Bezug auf Menschenrechte und soziale Gerechtigkeit gegen seine Freiheit ein. Den Friedensnobelpreis und die „Medal of Freedom" sowie viele weitere Auszeichnungen hat er für seine einflussreichen Taten sicherlich verdient, insbesondere für seine führende Rolle bei der Beendigung der Apartheid in Südafrika. Auch Mahatma Gandhi hat viele Jahre in Südafrika und Indien in Haft verbracht, doch nie hat er seine Mission für die Freiheit und Unabhängigkeit seines Landes aus den Augen verloren. Am Ende hat er es doch geschafft, England in die Knie zu zwingen und seinem Land zur Freiheit zu verhelfen (Charles River Editors 2018). Von solchen Persönlichkeiten lernen wir, was ein einfacher Mensch mit Geduld und Entschlossenheit alles bewirken kann. Nimmt man Rückschläge nicht als Ende einer Mission hin, gibt es immer Hoffnung auf Erfolg.

Ein weiterer Mensch mit Inspirationskraft ist für mich die Basketballlegende Michael Jordan. Bevor er zu dem Basketballspieler wurde, den wir kennen, hatte auch er Rückschlage erlitten. Obwohl Jordan als Jugendlicher ein guter Spieler war, wurde er nicht in das High-School-Basketballteam aufgenommen. Er war mit 1,80 m nicht groß genug (Lazenby 2014). Dass sein Name nicht auf der Auswahlliste stand, war für ihn so verheerend, dass er sich in seinem Zimmer einschloss und vor Enttäuschung erst mal ausweinen musste. Trotz seiner großen Enttäuschung hat er nicht aufgegeben und sich nicht zurückgezogen. Allein die Vorstellung, seinen Namen schon wieder nicht auf der Liste zu sehen, war für ihn Grund genug und Antrieb für seine Motivation, noch härter zu trainieren. Ein Jahr nach seiner Niederlage wuchs er zum Glück noch einige Zentimeter, verbesserte seine Fähigkeiten und schaffte es letztendlich doch ins Team. Das war der Anfang seiner fantastischen Karriere. Hätte er aufgegeben, wäre er von seinem Traum weit entfernt und wären wir nicht in den Genuss seiner Spiele und auch nicht seiner coolen Sportschuhe gekommen. Seine Botschaft an uns: Eine Niederlage kann auch Anlass für einen Neubeginn sein, wenn du trotz Hindernissen deinem Traum weiterhin nachgehst! Auch die Autorin der Harry-Potter-Buchreihe J. K. Rowling, die ich schon in Kap. 3 erwähnt habe, hält eine wichtige Lektion für uns bereit. Schwer zu glauben, aber ihr Manuskript für das erste Buch der Reihe wurde von zwölf verschiedenen Verlagen abgelehnt, bis sie endlich eine Zusage erhielt (Smith 2001). Sie lehrt uns, einen Traum nicht aufzugeben, auch wenn er durch Ablehnung und Rückschläge extrem hoffnungslos erscheint!

Wenn du nun denkst, diese Berühmtheiten seien Ausnahmen, dann geh zum nächsten Döner-Laden oder zur nächsten Gründerin bzw. zum nächsten Gründer einer Firma, egal ob groß oder klein, und frage sie, wie sie es geschafft haben, sich selbstständig zu machen, gegen welche Ängste und Bedenken sie ankämpfen mussten, wie sie Hindernisse überwunden und den ersten Schritt gewagt haben. Es gibt genug Beispiele um uns herum. Eine Kündigung, die Schließung eines Geschäfts oder eine Scheidung sind nur einige Beispiele für Ereignisse, unter denen man am Anfang extrem leidet. Aber für viele ist es eine gute Gelegenheit, ein komplett neues Leben zu beginnen. Du brauchst noch nicht einmal lange zu suchen. Du musst nur durch eine belebte Straße gehen, und schon siehst du Läden und diverse Büros, die auch irgendwann einmal mit einer Vision und Idee eröffnet wurden. Wichtig ist, dass du die Hoffnung nicht verlierst und deinen Traum nicht aufgibst, auch wenn du mal stolperst. Überwinde die Frustphase, wenn es nicht gleich klappt, und bringe das, was du angefangen hast, auch zu Ende. Akzeptiere deine Rückschläge und nimm Rückmeldung und Kritik von anderen als Wegweiser an.

Fehler oder Misserfolge kann man in einigen Fällen wieder geradebiegen. Als Kind hat man doch auch mit Lego immer so lange gebaut, bis man es schließlich so hinbekommen hat, wie man es wollte. Zum Beispiel kann man eine nicht bestandene Prüfung wiederholen, sich bei zwischenmenschlichen Konflikten aussprechen, oder vielleicht ist ja eine Entschuldigung die beste Lösung, um wieder die Kurve zu kriegen. Eine zweite Chance ist keine Seltenheit. Vielleicht musst du kleine Änderungen vornehmen oder nach etwas Neuem suchen. Wichtig ist, dass du es dir, wenn es nicht geklappt hat, nicht für immer im Liegestuhl bequem machst, die Füße hochlegst und in Selbstmitleid versinkst. Rückschläge sind noch lange kein Freischein fürs Aufgeben und Nichtstun. Gibst du auf, bist du mit der Niederlage einverstanden, packst deine Träume in die Kiste und stellst sie für immer in den Abstellraum.

Eigentlich ist das Leben wie ein Ballon. Du entscheidest, wie viel Luft du reinpustest und wie groß er wird. Wenn du Angst hast, dass er platzt, verpasst du den ganzen Spaß. Es bleibt, wie es ist. Nicht aufgeblasen bleiben Potenzial und Schönheit unentdeckt! Manche Vorhaben können einfach auch mal wie ein Ballon platzen. Na und? Es gibt schließlich genügend Ballons. Hauptsache, du traust dich und wagst dich an neue Horizonte, auch wenn du ein Risiko eingehen musst. Eines ist sicher: Ohne Mut und ein bisschen Risikobereitschaft kommst du ganz bestimmt nicht weit. Hast du mit Entschlossenheit etwas lange genug probiert und dabei gesehen, dass es nichts bringt, sollest du dir vielleicht etwas Neues überlegen. Hier gibt es keine Faustregel, und die Frage nach dem „Wann" und „Wie" kann dir keiner beantworten außer dir selbst. Höre auf deinen Instinkt, dein Gespür und Bauchgefühl. Klappt etwas nicht, klopfe den Staub von dir ab und mache dann mit etwas Neuem weiter. Gib die Hoffnung auf künftige Gewinne und Erfolge nicht auf und lass nicht locker!

Egal, wie hoffnungslos die Situation auch erscheint, mit der Zeit verblassen auch die größten Probleme, die vorher noch so groß erschienen. Statt ständig an den Rückschlag zu denken, denke an die Erfahrungen, die du dabei gesammelt hast. Konzentriere dich auf deine Stärken und vermeide Wörter wie „immer" und „nie". Dass du immer alles falsch machst und nie Glück hast, ist nicht nur ein Irrtum, sondern auch niederschmetternd für dein Selbstbewusstsein und Selbstwertgefühl. Mit diesen Aussagen tust du dir nichts Gutes und du schlägst dir die Tür selbst ins Gesicht. Statt uns ständig mit Negativität zu bombardieren, hilft es, Sätze zu wiederholen wie „Das war eine interessante Erfahrung, ich habe viel gelernt", „Ich mache so lange weiter, bis es klappt", oder „Dieses Problem werde ich schon knacken". Genauso wie beim Stress ist es auch hier ausschlaggebend, wie du die Situation bewertest. Der Körper reagiert so, wie du es im Geiste interpretierst. Sätze wie „Es wird schon gut gehen", „Es gibt für alles eine Lösung" oder „Ich rege mich jetzt nicht auf" werden dich beruhigen, und die Angst und der Stress kommen so erst gar nicht an dich heran. Sollte doch etwas Unangenehmes passieren, keine Panik. Das ist normal, weil wir schließlich nicht jede Situation beeinflussen können. Manchmal liegt es an äußeren Umständen, oder andere haben das Sagen und verpassen uns eine Absage. Man schickt ja üblicherweise mehrere Bewerbungen los, bis man eine Zusage bekommt. Wir müssen eben weiterhin nach einer Lösung und Alternativen suchen. Und wenn es keine gibt? Dann ist es eben so. Hauptsache, du bist heil und gesund, und morgen scheint die Sonne wieder.

Ja, das Lachen wird dir in schlechten Tagen erst einmal vergehen, aber das muss nicht lange so bleiben. Mein Vorschlag: Einfach die Mundwinkel nach oben ziehen und dich zum Lächeln zwingen. Klassische Kommentare wie „Kopf hoch" oder „Komm, lach mal ein bisschen" sind im Grunde kluge und wissenschaftlich fundierte Vorschläge. Den Beweis liefert die Facial-Feedback-Hypothese, die besagt, dass unser Gesichtsausdruck und unsere Laune sich gegenseitig beeinflussen. Laut dieser Hypothese kann ein Lächeln, auch wenn es ein „gefälschtes" Lächeln ist, die Laune verbessern und den Stress mindern.

> **Beispiel**
>
> Zwei Psychologinnen der University of Kansas, Tara Kraft und Sarah Pressman, führten eine interessante Studie durch, um herauszufinden, wie sich verschiedene Arten von Lächeln auf Stress auswirken (2012). Dazu wurden die Teilnehmerinnen und Teilnehmer in drei Gruppen aufgeteilt und angewiesen, Essstäbchen zwischen den Zähnen zu halten – und zwar auf unterschiedliche Weise, so dass in der ersten Gruppe ein Duchenne-Lächeln (wobei sich Mund und Augenmuskulatur bewegen), in der zweiten Gruppe ein Standardlächeln und in der dritten Gruppe ein neutraler Gesichtsausdruck entstand. Die Hälfte der beiden lächelnden Gruppen bekam zusätzlich die konkrete Anweisung zu lächeln, während die andere Hälfte keine Anweisung erhielt und sich daher nicht bewusst war, dass sie bereits mit Hilfe der Stäbchen lächelten. Gleichzeitig wurden die Teilnehmerinnen und Teilnehmer absichtlich in zwei stressige Situationen verwickelt. Danach wurde die Herzfrequenz der Probandinnen und Probanden erfasst. Das Ergebnis: Alle lächelnden Testpersonen, egal ob sie sich dessen bewusst waren oder nicht, hatten eine niedrigere Herzfrequenz und weniger Stress als die Gruppe mit neutralem Gesichtsaustruck, die weder die Muskulatur um den Mund noch um die Augen bewegte.

Das Lächeln scheint wohl eine Rückmeldung ans Gehirn zu senden, das die Nachricht „alles Bestens" empfängt und Glückshormone ausschüttet. Warum also nicht gleich den Stift quer zwischen den Lippen halten, wenn es uns schlecht geht?

Was auch in trüben Tagen hilft, sind lustige Filme oder Videos. Dass sie die Laune gleich anheben, ist eigentlich schon vorprogrammiert. Lachen ist eine tolle Stressbewältigungsmethode und hat tatsächlich heilende Eigenschaften. Ganz klar: Die Probleme gehen vom Lachen nicht weg. Trotzdem fühlt man sich nach einem Lach-Flash wohler, und der Kummer scheint nicht mehr ganz so groß und ernst zu sein. Es muss aber nicht immer lustig zugehen. Wenn der Inhalt des Films der eigenen Lebensgeschichte und den eigenen Problemen ähnelt, kann es heilend wirken, wenn man sich mit den Protagonistinnen und Protagonisten identifiziert. Genau aus diesem Grund werden Patientinnen und Patienten als Therapieform manchmal auch Hollywood-Filme empfohlen, in denen die Hauptdarstellerin bzw. der Hauptdarsteller mit Trauer, Ablehnung, Leid und Elend zurechtkommen muss (Dahlke und Dahlke 2018). Das gibt wohl den Leidenden Hoffnung und das Gefühl, mit Problemen nicht alleine dazustehen. Dies kann sie dazu motivieren, die Situation zu bewältigen und aus der trüben Stimmung herauszukommen, ein Happy End also, wie es in „Hollywood-Dramen" oft üblich ist. Hier solltest du darauf achten, dass der Film tatsächlich ein einigermaßen gutes Ende hat. Wir wollen ja nicht, dass es dir hinterher noch schlechter geht als davor. Und selbst wenn der Film kein glückliches Ende hat, kannst du dein eigenes Ende so beeinflussen, dass es glücklich ist.

Ob lustig oder dramatisch als Mittel gegen Probleme: Hier zählen dein Geschmack und deine Vorlieben. Es gibt keine konkrete Bedienungsanleitung, wie man ein Problem löst, aber hier liegt der Trick: Fixiere dich NICHT auf das Problem, sondern auf dessen Lösung, und lass dich von anderen Menschen inspirieren. Da ist es egal, ob der andere eine Filmfigur ist oder sich nebenan befindet. Frage dich nicht, ob, sondern WIE du das Problem lösen kannst. Gib nicht auf, wenn es brenzlig wird, denn genau an dieser Stelle kommt deine Stärke zur Geltung. Du kannst nicht sagen: „Ich hab's ja versucht, es geht nicht." Dein Versuch war dann eben nicht gut genug, und du musst erneut starten. Wir können uns viel von Kleinkindern abgucken, die das Gehen lernen. Sie fallen immer wieder hin, tun sich weh, stehen aber immer wieder auf. Ich kenne kein Kind, das sich weigert, das Gehen zu lernen. Wie wir alle wissen, besteht das Leben nicht nur aus klarem Himmel und Sonnenschein, sondern auch aus gelegentlichen Unwettern. Und vielleicht fängst du im Leben aufgrund deiner Familie, eines Traumas, deiner Lebensumstände oder Lebensgeschichte etc. im Minusbereich an. In einigen Fällen kann genau dieser Minusbereich vorteilhaft sein, weil Menschen dadurch die Fähigkeit entwickeln, mit Problemen klarzukommen. In diesen Fällen sind der Hunger, der Wille und der Wunsch nach einem Lebensumbruch sehr groß und dienen als Gerüst für die Ziele. Wir ärgern uns wirklich oft über belanglose und alltäglich Dinge, die bald wieder vergessen sind. Es ist daher hilfreich, sich zu fragen, ob das, was uns auch immer Kummer bereitet, in einem Jahr noch relevant sein wird. Wer erinnert sich schon an alte Probleme? Es kommen doch ständig neue dazu, da sind die alten meist schon verjährt und längst vergessen. Eigentlich ist ein wenig Unglück im Leben zwar unschön, aber nicht unbedingt schlimm. Dadurch lernen Menschen, mit Widrigkeiten klarzukommen, und können künftige Probleme besser und einfacher bewältigen, weil sie durch das Unglück ja ein wenig abgehärtet oder abgestumpft sind. Anderen, die noch nie mit Unglück und Problemen zu kämpfen hatten, mangelt es auch an Erfahrung, mit Hindernissen und Leid umzugehen. Ich habe das nicht frei erfunden.

> **Beispiel**
>
> Eine Gruppe von Wissenschaftlerinnen und Wissenschaftlern um Mark Seery von der University of Buffalo führte zwei Studien durch – eine, um herauszufinden, ob es einen Zusammenhang zwischen negativen Lebensereignissen und der eigenen Schmerztoleranz gibt, und eine zweite, um zu ermitteln, wie unterschiedliche Menschen seelisch und körperlich auf einen wichtigen Test reagieren (2013). Im Gegensatz zu Menschen ohne Vorbelastung und denjenigen mit hohen seelischen Belastungen konnten die Teilnehmerinnen und Teilnehmer mit mittelmäßiger Belastung mit Schmerzen nicht nur besser umgehen, sondern zeigten auch eine positivere psychophysiologische Reaktion während des Tests. Dieses Phänomen trägt den Namen „posttraumatisches Wachstum" und besagt, dass Menschen durch ihr Leid an Stärke und Widerstandskraft gewinnen und als Person wachsen.

Ein wenig Kummer ist also besser als gar keiner. Du sollst dich jetzt nicht absichtlich in Schwierigkeiten bringen, nur um an geistiger Stärke zu gewinnen. Natürlich wäre es schön, wenn man nie Probleme hätte, aber stößt du auf welche, betrachte sie als Gelegenheit, um daraus eine Lehre zu ziehen und zu wachsen, ganz nach dem Motto „Was nicht tötet, härtet ab". Das Leben ist bunt und nicht nur schwarz-weiß.

Unsere Gefühle gehen nicht nur in die positive Richtung, sondern in alle Himmelsrichtungen. Glück, Trauer, Enttäuschung, Stolz, Frust und Freude sind alles Gefühle, die wir alle von Zeit zu Zeit verspüren. Wenn du denkst, dass negative Gefühle wie Wut und Trauer schlecht für dich sind, liegst du richtig und zugleich falsch. Sie sind dann nicht gut, wenn deine Welt nur aus negativen Emotionen besteht. Auf der anderen Seite ist es gut, wenn diese negativen Gefühle Teil einer großen Mischung aus verschiedenen Gefühlen sind. Laut Forscherinnen und Forschern um Quoidbach ist es im Grunde eine gute Sache und viel besser, als wenn man nur wenige und einseitige Emotionen empfindet. Dieser Vielfalt an Gefühlen haben die Forscherinnen und Forscher den Namen „Emodiversity" gegeben. Eine Vielfalt von Gefühlen – gute, schlechte und alles, was dazwischen liegt – ist ein Prädiktor für die körperliche und geistige Gesundheit und macht zum Beispiel weniger Arztbesuche und Depressionen wahrscheinlich (2014).

Akzeptiere daher deine Misserfolge und laufe nicht vor den negativen Gefühlen, die das Leben mit sich bringt, davon, sondern nutze sie als Wegweiser: wie einen Navigator, der dir zeigt, dass du auf der falschen Spur bist. Wenn du einmal in die falsche Straße einbiegst, dann fährst du auch nicht wieder zurück nach Hause. Fahre so lange, bis du deinen Weg gefunden hast, und gib deine Träume nie auf. Finde deine Kraft und hole sie aus dir heraus. Sie ist mit Sicherheit da. Nutze jede Gelegenheit, die dir geboten wird, wie zum Beispiel eine Therapie oder Selbsthilfegruppe, und schaffe dir selbst Gelegenheiten, um auf die Beine zu kommen und dich wieder auf deine Ziele zu konzentrieren. Die alten Herausforderungen bieten später Stoff für Geschichten, die man gerne weitererzählt. Wie heißt es so schön: „Bad decisions make good stories". Man hat ja schließlich die schwere Zeit überstanden, viel gelernt und nun eine interessante Geschichte für die Enkelinnen und Enkel parat. Meine Botschaft: Setze dich mit Problemen und Hindernissen auseinander und geh trotzdem deinen Weg mit fester Entschlossenheit und mit Blick nach vorne. Dein Traum steht auf dem Spiel.

Das nächste Mal …

wenn du kurz vor der Entscheidung stehst aufzugeben, überlege dir, wie es wohl wäre, wenn du doch weitermachst. Fülle die Lücken aus:
Wenn ich jetzt aufhöre, wird mein Leben _____.
Wenn ich trotz Schwierigkeiten weitermache, wird mein Leben _____.

Die Herausforderung …

Die Herausforderung, die dir dieses Kapitel stellt, ist ganz simpel. Blicke einfach ein bisschen zurück und schreibe zehn Dinge auf, am liebsten untereinander, die in letzter Zeit schiefgegangen sind. (Das kann von wichtigen Terminen über eine falsche Haarfarbe bis hin zu Bastel-Misserfolgen alles sein.) Danach schreibst du neben jeden einzelnen Misserfolg in deiner Liste das, was du daraus gelernt hast und was du hättest besser machen können. Vergiss nicht: Bei Problemen dreht es sich hauptsächlich darum, aus den Fehlern zu lernen, um es in Zukunft besser zu machen. Das nennt man Wachstum. Und genau darum geht es!

Fazit

Im Leben läuft nicht immer alles nach Plan. Wir alle haben von Zeit zu Zeit mit unglücklichen und hoffnungslosen Situationen zu kämpfen. Wenn du mit deinem Handeln nicht den gewünschten Erfolg erreicht hast, steck nicht gleich den Kopf in den Sand! Niederlagen und Zurückweisungen gehören zum normalen Leben und sollten nicht zur Bremse für die Zukunft werden.

Eine Niederlage ist keine dauerhafte Blockierung deines Ziels und noch lange nicht das Ende. Betrachte die kleinen Niederlagen als normalen Lernprozess und nicht als Endstation. Konzentriere dich anstelle des Problems auf deine Ziele und entwickle die Fähigkeit, Probleme jeder Art und Form zu lösen. Der Sinn dabei besteht darin, aus eigenen Fehlern zu lernen und dadurch weiser und stärker zu werden. Du kannst noch so vorsichtig sein, Bücher lesen, Seminare und Kurse belegen. Manchmal ist die eigene Erfahrung nicht planbar und viel wertvoller als das theoretische Wissen. Es liegt an dir, ob du ein Sack voller Niederlagen und Rückschlägen dein Leben lang auf dem Rücken trägst oder ob du einfach eine Nacht darüber schläfst, wohl wissend, dass am nächsten Tag das Leben neu beginnt. Wichtig ist, dass du nicht aufgibst und dich immer wieder aufrappelst und es erneut versuchst. Auch an schlechten Tagen darfst du die Hoffnung auf bessere Tage nicht verlieren. Aufgeben steht nicht zur Debatte. Jeder neue Tag ist eine Chance, um es noch einmal zu versuchen! Eine Vielfalt von Gefühlen, auch negative, muss erlebt und wahrgenommen werden. Somit lernen wir, mit verschiedenen Situationen umzugehen und die Gefühle unserer Mitmenschen zu verstehen. Trotz aller Schwierigkeiten: Halte an deiner Lebensfreude fest und vergiss nicht zu lächeln, auch wenn du dich manchmal dazu zwingen musst.

Literatur

Charles River Editors (Hrsg) (2018) Mahatma Gandhi: the life and legacy of the father of india. CreateSpace Independence Publishing Platform, Kentucky

Dahlke R, Dahlke M (2018) Die Hollywood-Therapie: Was Filme über uns verraten. Heilkundeinstitut Dahlke, Hitzendorf

Kraft T, Pressman S (2012) Grin and bear it: the influence of manipulated positive facial expression on the stress response. Psychol Sci 23(11):1372–1378. http://journals.sagepub.com/doi/pdf/10.1177/0956797612445312. Zugegriffen: 18. März 2019

Lazenby R (2014) Michael Jordon: the life. Back Bay Books, New York

Quoidbach J, Mikolajczak M, Kotsou I, Gruber J, Kogan A, Norton MI (2014) Emodiversity and the emotional ecosystem. J Exp Psychol Gen 143(6):2057–2066. https://doi.org/10.1037/a0038025

Seery MD, Leo RJ, Lupien SP, Kondrak CL, Almonde JL (2013) An upside to adversity? Moderate cumulative lifetime adversity is associated with resilient responses in the face of controlled stressors. Psychol Sci 24(7):1181–1189. https://doi.org/10.1177/0956797612469210

Smith S (2001) J. K. Rowling: a biography. Michael O'Mara Books Limited, London

Spiegel Biographie (2018) Ein Leben für die Freiheit: Nelson Mandela. Spiegel, Hamburg

16

Aufschieben … Jetzt und nicht später!

Inhaltsverzeichnis

Das nächste Mal 208
Die Herausforderung 209
Fazit 209
Literatur 210

> **In diesem Kapitel …**
>
> lernst du, dass Aufschübe und Verzögerungen nichts anderes als eine Bremse für deine Ziele sind. Menschen neigen dazu, Dinge aufzuschieben, die sie eigentlich erledigen sollten, aber zu denen sie gerade keine Lust haben. Man redet sich oft ein, dass ausgerechnet jetzt nicht der richtige Zeitpunkt für etwas ist. Du willst etwas Neues anfangen und schiebst es immer vor dir her? Hattest bis jetzt angeblich nicht die Gelegenheit dazu oder die Zeit dafür? Oder sind einfach Angst und mangelnder Mut der Grund für die Verzögerung? Du wirst in diesem Kapitel lernen, Verzögerungen in deinem Alltag zu erkennen, und erfahren, was dein künftiges Ich mit einer oder einem Fremden gemeinsam hat. Es ist an der Zeit, das „Soll-ich-jetzt-oder-soll-ich-später-Dilemma" endlich aus deinem Leben zu verabschieden.

Was ist Aufschieben überhaupt? Es ist die ständige Verzögerung von Tätigkeiten, die du dir vorgenommen hast. Aufgaben, die du eigentlich heute schon erledigen wolltest oder müsstest, werden verschoben. An klassischen Aussagen wie „Ach, ich mach das später", „Ich kümmere mich später drum" oder „Ich bin zu müde, zu gestresst, ich mache das nicht heute, irgendwann, ich sollte, ich müsste eigentlich" etc. kann man die „Aufschieberin" bzw. den „Aufschieber" erkennen. Mal sind es kleine Tätigkeiten wie Bilder einrahmen, mal auch große wie endlich mit einem Projekt anfangen. Dieses Phänomen hat den hübschen Namen „Prokrastination", umgangssprachlich auch oft als „Aufschieberitis" bezeichnet. Menschen, die sich das Aufschieben zur Gewohnheit gemacht haben, zögern und warten ewig, anstatt sich ins Zeug zu legen und anzufangen. Aus welchem Grund auch immer: Für einige scheint „später" immer die beste Option zu sein. Durch das Aufschieben vertagen viele nicht nur die Arbeit auf morgen, sondern auch ihre Ziele und Träume. Sie hindern sich selbst daran, die Zeit, die sie jetzt haben, für wichtige und sinnvolle Arbeiten zu nutzen. Durch das ständige Verzögern kommt es manchmal leider nie zu diesem imaginären perfekten Zeitpunkt. Immer wieder reden wir uns ein, dass gerade heute nicht der geeignete Tag ist. Wir alle können uns davon von Zeit zu Zeit nicht freisprechen.

Hat man einen triftigen Grund, kann es natürlich vorkommen, dass dieses oder jenes tatsächlich verschoben werden muss. Das ist noch lange kein Grund zur Sorge. Hier geht es vielmehr um eine Gewohnheit, zu der manche Menschen das Aufschieben gemacht haben. Regelmäßiges Aufschieben kann viele Ursachen haben. Solltest du dazu neigen, Aufgaben zu vertagen, solltest du genau analysieren, warum du immer alles vor dir herschiebst. Nur so kannst du dieses Problem bewusst angehen und lösen. Ist es Angst, Unsicherheit oder fehlt dir der Kontakt zu Gleichgesinnten? Kann es vielleicht daran liegen, dass du täglich drei Filme schaust und keine Zeit für die Arbeit bleibt? Oder fallen dir tausend andere Sachen ein, gerade dann, wenn du anfangen willst, die unbedingt schnell noch erledigt werden müssen? Ist die Sache langweilig, oder erfordert sie viel Energie? Steht viel auf dem Spiel, oder ist eine unangenehme Situation vielleicht der Grund, wie zum Beispiel die Forderung einer Gehaltserhöhung gegenüber der Arbeitgeberin oder dem Arbeitgeber oder die peinliche Beichte eines Fehlers, der einem unterlaufen ist? Und was machen wir in solchen Situationen? Wir lassen es ganz sein oder verschieben es bequemerweise auf später. Problem gelöst? Ganz sicher nicht, denn wenn dieses „Später" kommt, dann merken viele, dass auch dann die Zeit unpassend ist, und das Ganze wird erneut in die Zukunft verschoben.

> **Tipp**
> Halte dir ständig vor Augen, dass die Zeit dahinströmt und dass früher oder später die Zukunft auch zum Heute und Jetzt wird. Die Arbeit wird sich nicht in Luft auflösen, und später wird man genauso wenig Lust dazu haben. Und vor allem wird die Aufgabe auch nicht einfacher sein als heute.

Ganz im Gegenteil: Verzögerung ist nicht nur Zeitverlust, sondern auch eine Ursache von Stress. Wenn du immer alles vor dir herschiebst und der Stapel auf deinem Schreibtisch immer höher wird oder die Deadline immer näher rückt, gerätst du irgendwann unter Zeitdruck. Irgendwann wächst dir die Arbeit, die in kurzer Zeit schwer oder unmöglich zu bewältigen ist, nämlich über den Kopf. Während man die Dinge hinausschiebt, denkt man ständig an all das, was noch gemacht werden muss, und dies dringt immer wieder ins Bewusstsein. Beim Aufschieben bleibt nicht nur die Sache liegen, es kann auch noch viele negative Folgen haben wie Depressionen, Angstgefühle und Stress und die Zufriedenheit auf vielen Ebenen des Lebens verringern (Beutel et al. 2016). Ist das Aufschieben eine Gewohnheit von dir, dann weißt du vielleicht, woher der Stress und die Unzufriedenheit kommen.

> **Beispiel**
> Eine Studie hat die Folgen von Aufschub untersucht und beleuchtet, wie sich dieser auf Studentinnen und Studenten auswirkt, die ihn praktizieren. Aufschieber-Studentinnen und -Studenten schnitten gegen Ende des Semesters, wenn Prüfungen und Hausarbeiten in der Regel auf Hochtouren laufen, in allen Arbeiten schlechter ab als Nicht-Aufschieberinnen und -Aufschieber (Tice und Baumeister 1997). Die Aufschieberinnen und Aufschieber waren zu Beginn des Semesters vergleichsweise gelassen. Da genossen sie noch die Vorteile ihrer Unbekümmertheit und waren weniger gestresst und weniger krank. Die Termine lagen ja noch in ferner Zukunft. Die Nachteile ließen jedoch nicht lange auf sich warten. Später, gegen Ende des Semesters, waren die Aufschieberinnen und Aufschieber zusätzlich zu den schlechten Leistungen auch noch gestresster und allgemein kränker als die Nicht-Aufschieberinnen und -Aufschieber.

Kein Wunder, dass Zeitdruck die Leistung beeinträchtigt und eventuell eine Kettenreaktion auslösen kann. Im Gegensatz zu chronischem Stress ist kurzfristiger Stress nicht immer schlecht (siehe Kap. 11), sondern kann manchmal auch helfen, damit man sich ins Zeug legt. Leider kann die Leistung trotzdem unter Eile und Zeitdruck leiden.

Wenn am Ende die Arbeit schnell erledigt werden muss, kann dies zu mehr Fehlern führen, oder wichtige Punkte werden vielleicht einfach vergessen. Deine schwache Leistung in der Schule oder bei der Arbeit wird höchstwahrscheinlich zu einem schlechten Ergebnis oder einer entsprechenden Bewertung führen, was wiederum für deine Noten, dein Gehalt oder deine Beförderungsträume wenig förderlich ist. Betrachten wir die Folgen einmal von der privaten Seite: Vernachlässigst du deine Verantwortung gegenüber deiner Partnerin oder deinem Partner, weil du deine Verpflichtungen aufgeschoben hast, kann dies zu Streitigkeiten führen. Streit kann, wie wir ja alle wissen, schlechte Laune verursachen und uns somit daran hindern, uns auf unsere Arbeit zu konzentrieren. Schon ist ein Tag, den du produktiv und zufrieden verbringen könntest, verloren. Wenn du dir die Konsequenzen deiner Handlung oder versäumten Handlung ständig vor Augen hältst, können solche Folgen oft vermieden werden.

Einige verschieben Angelegenheiten auch nur, weil sie nicht wissen, wie und wo sie anfangen sollen. Statt sich darum zu kümmern und eine Antwort auf ihre Fragen zu finden, machen sie lieber gar nichts. Dazu ein Beispiel: Man will sich an einer Abendschule anmelden, um den Abschluss nachzuholen. Man weiß ungefähr, was man will, aber unternimmt keine Recherchen, weil man keine Ahnung hat, wo und wie genau vorzugehen ist.

Man nimmt sich vor, sich später darum zu kümmern, und nicht selten kommt es nie oder vielleicht erst nach einer langen und unnötigen Verzögerung dazu. Das ist keine sinnvolle Strategie. Mit Aufschieben wirst du nie das erhoffte Ergebnis erzielen und dir nie ein optimales Leben aufbauen. Dein Ziel muss im Mittelpunkt deines Lebens stehen, und das jeden Tag aufs Neue. Willst du später nicht bereuen, dass du dich nicht mehr und eher bemüht hast, musst du dein Leben für deinen Seelenfrieden noch heute in die Richtung steuern, die dir Zufriedenheit und Sinn verspricht. Gestalte deinen Tag besser, sinnvoller und effektiver und verschiebe nichts auf später.

Wie wir ja schon gelernt haben, können Gewohnheiten und Denkmuster dank unseres anpassungsfähigen Gehirns durch Bemühung geändert werden. Hier sind einige Tipps, die dir helfen können, das Aufschieben in Zukunft an den Nagel zu hängen:

- Identifiziere, was dich am besten motiviert, wenn du ein Ziel verfolgst, und nutze es, um endlich anzufangen.
- Setze dir Anreize als Hilfsmittel. Beispielsweise kannst du dich jedes Mal mit Kleinigkeiten belohnen, wenn du ein Zwischenziel erreicht hast. Du kannst den Spieß auch umdrehen und stattdessen Konsequenzen als eine Art „Schubs-Strategie" nutzen, zum Beispiel, indem du deine Lieblingsshow erst angucken darfst, wenn du das, was du dir vorgenommen hast, erledigt hast. Oder du entziehst dir als Strafe diese Belohnung, damit du dir das Aufschieben in Zukunft zweimal überlegst.
- Schreibe die Aufgabenliste für dein Ziel detailliert auf und orientiere dich daran. Nimm dir nicht mehr vor, als du schaffen kannst. Sonst ist das Verschieben vorprogrammiert.
- Teile deine Zeit sinnvoll ein und reserviere dir täglich ausreichend Zeit für die wichtigsten Tätigkeiten. Und vor allem: Lass dich nicht von anderen, nebensächlichen Tätigkeiten ablenken. Dies ist meist die Ursache dafür, dass man überhaupt nicht dazu kommt, endlich anzufangen.
- Falls du dein Ziel gleich heute in die Wege leiten kannst, dann fang an, ohne auf ein willkürliches Datum wie Neujahr oder Geburtstag zu warten.
- Denke an das positive Gefühl, das dich erwartet, wenn du dein Ziel erreicht hast, wie zum Beispiel Stolz, Freude, Anerkennung oder Selbstbewusstsein.
- Teile große Ziele in kleine Etappen auf, damit der Weg nicht so weit und unerreichbar erscheint. Sonst können große Ziele erschreckend wirken, und das wollen wir ja verhindern!

- Halte dich in einer optimalen Arbeitsumgebung auf und gestalte dein Arbeitsumfeld gemütlich, damit es Lust und Tatendrang fördert (mehr dazu in Kap. 17).
- Tu dich mit Menschen zusammen, die deine Interessen teilen. So bieten zum Beispiel Vereine oder Verbände fantastische Möglichkeiten, sich mit anderen auszutauschen, von ihnen zu lernen und Kontakte zu knüpfen. Das nimmt Unsicherheit, motiviert und gibt dir zugleich den Ansporn, endlich tätig zu werden.

Ist dir dein großes Ziel wichtig, dann schaffst du dafür Gelegenheiten, Zeit und einen großen Platz in deinem Leben und minimierst einen Teil deiner Freizeitaktivitäten bzw. schiebst ihn erst einmal zur Seite. Stelle dir dein Leben wie ein Riesenpuzzle vor, bei dem jedes einzelne Teil ein Tag deines Lebens ist. Was du jeden Tag machst, wird später das ganze Bild ergeben, es ist eine Abbildung dessen, was du täglich geleistet hast oder NICHT geleistet hast. Arbeite täglich an deinem Puzzle, damit das endgültige Bild schließlich so aussieht, wie du es dir im Geiste vorgestellt hast. Oder, um es noch anders auszudrücken: Jeder Tag ist ein nagelneuer Moment und wie ein sauberes Blatt Papier. Mit deinem Machen und Tun entscheidest du, was am Ende des Tages darauf stehen wird. Die einzelnen Blätter werden in späteren Jahren ein dickes Buch mit deiner Lebensgeschichte ergeben. Ohne Aktion kommst du deinem Wunschziel sicher nicht näher, weil ein Ziel nie aus heiterem Himmel auf dich zukommen wird. Du musst aktiv etwas dafür tun und dich in Richtung Ziel bewegen.

Schwierig ist dies für Menschen, die lange Zeit nichts gemacht haben und durch langfristiges Parken des Körpers auf dem Sofa Wurzeln geschlagen haben. Die Zukunft ist ihnen ziemlich egal, und das hat womöglich einen Grund: Laut Studien betrachten wir unser Zukunfts-Ich so, als würde es um einen Fremden gehen (Pronin et al. 2008). Deine Vorstellung von deinem Zukunfts-Ich ist also nicht viel anders als deine Vorstellung von jemandem, den du gar nicht kennst. Das könnte erklären, warum einige Menschen Schwierigkeiten damit haben, auf etwas hinzuarbeiten, und ständig Aufgaben vor sich herschieben, die in weiter Zukunft liegen. Das könnte auch der Grund dafür sein, dass Menschen nicht an die langfristigen Konsequenzen von schlechten Gewohnheiten und schlechtem Verhalten denken. Der Konsum von Zigaretten und Alkohol zum Beispiel zeigt seine Wirkung auf die Gesundheit erst viele Jahre später, und das dauert dem jetzigen Ich einfach zu lange, um auf das heutige Vergnügen und den momentanen Genuss zu verzichten. Das erklärt auch, warum viele Menschen Schwierigkeiten haben zu sparen. Das Gehirn denkt wohl: „Warum für einen Fremden sparen? Dann lieber das Geld jetzt für mich selbst ausgeben!" Was wohl zählt, ist das Jetzt, und die Zukunft ist ziemlich unwichtig und unbedeutend. Auch wenn sich das unsinnig anhört – so verrückt ist es gar nicht, wenn man bedenkt, dass wir unser Zukunfts-Ich ja nicht kennen. Aber sich mit einer oder einem Fremden gleichstellen? Das geht zu weit, und das gilt es offensichtlich zu vermeiden.

Mit folgender Methode kannst du dich diesem Glauben widersetzen: Du kannst dich jetzt im Geiste in ferner Zukunft vorstellen und überlegen, wie du dann aussehen wirst und wie deine Lebensumstände sein werden. Auch ist es durchaus hilfreich, sich bildlich die Belohnung oder Strafe vorzustellen, die später möglicherweise auf einen wartet. Würden Kriminelle sich zum Beispiel in die Zukunft versetzen oder, besser noch, sich bildlich ihr künftiges Zuhause, eine kleine Haftzelle, vorstellen, dann würde es sich der eine oder andere vielleicht doch anders überlegen, bevor er seine Mitmenschen betrügt, einbricht, Autos, Fahrräder oder Wertgegenstände von anderen stiehlt, und das alles nur, weil er seine Wünsche oder Bedürfnisse sofort erfüllen möchte. Viele Kriminelle denken wohl, wie zahlreiche andere auch, dass die Polizei ihnen nicht auf die Schliche kommen wird. Auch sie haben ein Potenzial, das sie mit sich herumtragen – nur lenken sie ihre Energie in die falsche Richtung.

Letztlich sind wir alle sterbliche Wesen und haben nicht unendlich Zeit für unsere Lebensträume. Ich sage das nicht, um dir Angst zu machen, sondern damit du, solange du noch jung und gesund bist, nichts auf später verschiebst. Ich lebe nach dem Sprichwort „Was du heute kannst besorgen, das verschiebe nicht auf morgen". Ich bin eine sehr ungeduldige Person und führe mein Leben regelrecht nach diesem Sprichwort. Alles muss jetzt und sofort passieren, und auf etwas zu warten ist wie eine Qual. Ich denke mir: „Morgen werde ich vielleicht krank oder hab etwas Neues auf dem Tisch … dann lieber jetzt und heute." Anstatt unnötig zu warten und auf das Beste zu hoffen, tu Folgendes: Nimm all deinen Mut zusammen, geh zu deinem Ziel und klopfe dort an die Tür. Geht sie nicht auf, dann klopfst du weiter. Geht sie immer noch nicht auf, reißt du sie auf und sagst, „Ich warte dann mal hier", und NICHT „Ich komme später wieder". Sei kein Schaf, sondern ein Pitbull, wenn es um deinen Lebenstraum geht, weil ein Pitbull sich nämlich nicht scheuen und schon gar nicht den Angriff auf später verschieben würde, wenn er zubeißen will. Genau mit dieser Einstellung musst du mit einer gewissen Besessenheit deine Ziele verfolgen, denn dann kann dir keiner im Weg stehen.

Damit meine ich natürlich nicht, dass du schummeln oder ins Haus deiner Lehrerin oder deines Lehrers einbrechen sollst, um die Klausurfragen zu stehlen. Solange du aber die Gesetze nicht brichst, dich innerhalb der sozialen Werte und Normen bewegst, Mitmenschen nicht überrennst, Ehrlichkeit und Freundlichkeit bewahrst, ist so ziemlich alles erlaubt. Es schadet nicht, etwas unkonventionell zu sein. Du musst nicht immer das machen, was alle anderen machen. Vielleicht hast du eine verblüffende und originelle Idee, worauf noch keiner gekommen ist. Lass mich noch eines klarstellen: Etwas aufzuschieben ist nicht zu verwechseln mit einer geplanten und absichtlichen Verzögerung. Willst du ein Auto kaufen oder dich selbstständig machen, kannst du natürlich nicht sofort damit anfangen, sondern du wartest auf geplanten Zeitpunkt oder auf das notwendige Budget. Vielleicht willst du einfach nur warten, bis die Chefin, der Chef, die Lehrerin oder der Lehrer wieder gute Laune haben, bevor du dein Anliegen vorträgst. Das ist völlig in Ordnung, und auch über eine wichtige Entscheidung zu schlafen ist ratsam! Unser Unterbewusstsein beschäftigt sich mit dem Anliegen, während wir schlafen, und am Morgen fällt uns die Entscheidung viel einfacher als noch am Vortag.

Nicht in Ordnung ist es, einen Lebenstraum oder das nächste Ziel ohne guten Grund zu verschieben, wenn es gestern oder heute noch umgesetzt oder wenigstens in die Wege geleitet werden könnte. In Kap. 1 haben wir über die Lebenswunschliste (die Bucket List) gesprochen. Du hast dir hoffentlich schon ein Gefäß gebastelt und es mit vielen Wünschen gefüllt. Also kannst du dich jetzt an die Arbeit machen, dir ohne Verzögerung einen nach dem anderen herausfischen und dir Herzenswünsche erfüllen, die nicht warten sollten. Wünsche, Ziele und Träume sind ja schließlich dazu da, verwirklicht zu werden.

Das nächste Mal …

wenn du ein Ziel verfolgst, nimm dir Zeit und lege unverzüglich den Grundstein dafür. Heute fängst du an, und morgen machst du weiter. Es gibt immer etwas, das du jetzt sofort machen kannst, denn morgen hast du vielleicht keine Lust mehr. Kleine Erfolge werden sich mit der Zeit zu großen addieren, Hauptsache, du bleibst konsequent am Thema.

Die Herausforderung ...

Mach es dir zur Gewohnheit, Aufgaben rasch zu erledigen und nichts zu verschieben. Du kannst hier gleich alles notieren, was du schon seit langem vor dir herschiebst, sei es Briefe sortieren, den Schrank aufräumen oder dich endlich für den Malkurs anmelden. Nimm täglich eine Sache in Angriff und streiche sie aus deiner Liste und somit auch aus deinem Gedächtnis.

Dinge, die ich jetzt erledigen werde und die schon lange auf mich warten:
_____
_____
_____
_____.

Fazit

Tätigkeiten aufzuschieben ist eine schlechte und ineffektive Angewohnheit. Menschen zögern vieles aus diversen Gründen hinaus, wie aus Angst oder Mangel an Disziplin und Lust – Zeit ist meist nicht das Problem. Das Aufschieben kann jedoch verheerende Folgen haben wie Stress, Krankheit oder schlechte Leistungen durch den Zeitdruck, der durch die Verzögerung entsteht. Träume zu verschieben ist so, als ob du gegen deine Ziele bis auf weiteres eine Freiheitsstrafe verhängst. Motiviere dich, indem du dir die positiven und negativen Konsequenzen deiner Handlung – oder in diesem Fall deiner Nichthandlung – bildlich vorstellst, wie zum Beispiel Zeitverlust, Stress, nicht bestandene Prüfung, Kündigung, gesundheitliche Probleme etc. Wenn du dir abgewöhnst, Dinge ständig zu verzögern, wirst du zu einer Macherin oder einem Macher und nicht zu einer Träumerin oder einem Träumer. Die Verzögerung von Träumen und wichtigen Zielen lohnt sich nie, denn manchmal kommt es im Leben nie zum „Später". Es ist an der Zeit, dein Leben zu erobern und dich zu entfalten. Ganz egal ob privat oder beruflich, nimm dir vor, nichts ohne triftigen Grund zu verzögern, und ändere dein „Ich werde später" in ein „Ich werde jetzt". Es gibt nie das perfekte Timing – außer das Jetzt und Heute.

Literatur

Beutel ME, Klein EM, Aufenanger S, Brähler E, Dreier M, Müller KW, Quiring O, Reinecke L, Schmutzer G, Stark B, Wölfling K (2016) Procrastination, distress and life satisfaction across the age range – a german representative community study. PLoS One 11:e0148054. https://doi.org/10.1371/journal.pone.0148054

Pronin E, Olivola CY, Kennedy KA (2008) Doing unto future selves as you would do unto others: psychological distance and decision making. Soc Pers Soc Psychol 34(2):224–236. https://doi.org/10.1177/0146167207310023

Tice DM, Baumeister RF (1997) Longitudinal study of procrastination, performance, stress, and health: the costs and benefits of dawdling. Psychol Sci 8(6):454–458. https://doi.org/10.1111/j.1467-9280.1997.tb00460.x

17

Planung und Umsetzung für den großen Tag … und die Reise beginnt!

Inhaltsverzeichnis

Das nächste Mal 224
Die Herausforderung 224
Fazit 224
Literatur 225

> **In diesem Kapitel ...**
>
> erhältst du viele hilfreiche Ideen und Tipps dazu, was du bei der Planung und Umsetzung deiner Ziele beachten musst. Endlich ist es an der Zeit, einen gut durchdachten Plan zu erstellen, einzuhalten und umzusetzen. Eine gute Vorbereitung ist wichtig und wird dir nicht nur die Ausführung erleichtern, sondern auch deine Erfolgschancen erhöhen. Stell dir vor, du setzt dich mit besten Absichten hin, um konzentriert zu arbeiten, und schon lockt die nächste Ablenkung und Versuchung und verlangt deine Aufmerksamkeit. Was machst du in solchen und ähnlichen Situationen? Was machst du, wenn die Gedanken lieber woanders sein wollen? Wir werden diese Fragen gleich beantworten und schauen, wie man potenzielle Störfaktoren am besten ausschalten kann, um ein optimales Arbeitsumfeld zu schaffen. Willst du wissen, wie man Schritt für Schritt einen Probe-Wochenplan zusammenstellt und was man beachten muss, um einen guten ersten Eindruck zu hinterlassen? Lies einfach weiter, und ich zeige es dir!

In diesem Kapitel geht es eigentlich vor allem darum, die Ärmel hochzukrempeln und sich an die Arbeit zu machen. Die Planungsphase kann sehr aufregend sein, denn das bedeutet, du hast dich aus vielen Optionen für etwas Bestimmtes entschieden und weißt ganz genau, was du machen willst, und das ist spannend. Jetzt beginnt die Phase, in der du einen guten Plan erstellst und dich optimal vorbereitest, um schrittweise zum Ziel zu gelangen. Ganz egal, wofür du dich entschieden hast, es erfordert deine höchste Priorität und Aufmerksamkeit. Es ist auch zweitrangig, wie schnell du vorwärtskommst. Hauptsache, du bewegst dich in Richtung deiner Ziele. Sei also stolz auf jeden Fortschritt, sogar die kleinen Erfolge sind äußerst wertvoll. Mini-Schritte addieren sich langfristig zu großen und bringen dich allmählich dahin, wo du hinmöchtest. Drei kleine Schritte pro Tag summieren sich auf 21 Schritte in der Woche. In drei Monaten bist du mehr als 250 und in einem Jahr mehr als 1000 Schritte näher an deinem Ziel! Du kannst das Ganze auch so sehen: Auf der Mikroebene stehen einzelne Vokabeln nebeneinander, und am Ende entsteht eine neue Sprache; ein Fuß vor den anderen gesetzt ergibt einen Langlauf oder Marathon und eine Seite nach der anderen ein dickes Buch.

Der Trick besteht darin, die Initiative zu ergreifen und anzufangen, egal wie weit der Weg zum Ziel ist. Ist der erste Schritt getan, fällt das Weitermachen nach einer gewissen Zeit einfacher. Dies ist vergleichbar mit einem Tretboot, bei dem es viel Kraft erfordert, in Schwung zu kommen, bei dem es dann aber einfacher wird, wenn man im Gange ist. Hast du erst einmal angefangen, weißt du, dass du irgendwann ankommen wirst, und das ist schon ein Grund zur Freude. Gehe deine Liste täglich durch, um sicherzustellen, dass du auf der richtigen Spur bist und am Ball bleibst. Wir lieben es, erledigte Aufgaben wegzustreichen, also sorge dafür, dass du am Ende des Tages alle Punkte auf deiner Aufgabenliste abgehakt hast. Ich selbst mache es so, dass ich meine Aufgabenliste schon vor dem Erledigen abhake. Somit lege ich schon fest, was getan werden muss, und entziehe mir den Spielraum, es doch nicht zu tun. Jetzt, wo du ein Ziel vor Augen hast, musst du für den Start aktiv Maßnahmen ergreifen.

Folgende Punkte können dir dabei helfen, einen Aktionsplan zu erstellen. Gehe sie im Geiste durch und mach dir für jeden Punkt Notizen zu den Aspekten, die auf dich zutreffen und die unbedingt gemacht werden müssen.

- **Zeitplan:** Da du nicht unendlich viel Zeit hast, musst du einen Zeitplan erstellen. Somit weißt du, welche Mini-Schritte du täglich oder wöchentlich durchführen musst, und kannst dich danach richten (zum Beispiel „täglich joggen" als Vorbereitung für einen Marathon, „täglich lernen" für eine große Prüfung etc.).
- **Die „Wie"-Frage:** Wie willst du es zeitlich, finanziell, familiär einrichten? Diese Frage musst du detailliert beantworten. Bereite einen Aktionsplan vor und vermerke darin, WIE genau du vorgehen wirst. Dieser soll unkompliziert und einfach durchführbar sein.
- **Recherchen:** Dank Suchmaschinen finden wir einfach und schnell Antworten auf Fragen. Gehe online oder frage kompetente Mitmenschen mit Know-how und erhalte so durch deine Recherchen Auskünfte, Tipps, Ideen und Anregungen. Schreibe alle deine Fragen auf und finde die Antworten, die dir bei deinem Vorhaben helfen werden.
- **Bildung:** Welches Fachwissen, welche Weiterbildung oder welche Kurse sind für dein Ziel erforderlich? Erfüllst du alle Voraussetzungen oder Kriterien? Welche Lücken müssen gefüllt werden? Gleich recherchieren, Fachbücher besorgen und eventuell für eine Fortbildung oder einen Kurs anmelden (ohne Verzögerung)!
- **Richtig einschätzen und realistisch sein:** Unrealistische Pläne bringen Enttäuschung mit sich und demotivieren beim künftigen Handeln. Du musst sicherstellen, dass dein Plan in jeder Hinsicht realistisch und umsetzbar ist.

- **Notizen machen:** Schreibe deine Pläne und Fortschritte alle detailliert auf. Schaue täglich darauf, um sicherzugehen, dass du auf dem richtigen Weg bist.
- **Rückwärts denken:** Manchmal ist es hilfreich, rückwärts zu denken. Wenn dein Ziel lautet, in neun Monaten nach Australien zu reisen, und du dafür 8000 EUR sparen musst, kannst du dir ausrechnen, wie viel du davon hast und wie viel du noch brauchst. So siehst du, wie viel Geld du pro Monat zurücklegen musst. Oder hast du 14 Kapitel zu lernen und zwei Wochen Zeit dafür, dann musst du täglich mindestens ein Kapitel in Angriff nehmen.
- **Die Schritte müssen messbar sein:** Du musst deine Fortschritte ganz konkret beobachten können. Somit hast du Gewissheit und keine Unsicherheit. Auch die kleinen Erfolge müssen gemessen und vermerkt werden, weil sie als Ansporn und Motivation dienen und wichtig sind, um weiterzumachen. Dadurch siehst du auch jede Abweichung vom Plan und kannst sofort eingreifen und Versäumtes nachholen.
- **Den Plan ständig überarbeiten:** Du musst dein Ziel ständig im Auge behalten und deinen Plan bei neuen Informationen und neuem Wissen aktualisieren, anpassen und somit optimieren. Man lernt ja schließlich vieles erst, wenn man etwas angefangen hat. Das heißt, du musst deine Schritte in Richtung Ziel ständig den neuen Umständen anpassen und entsprechende Änderungen vornehmen.
- **Wenn es sein muss, sich einen „Was ist, wenn"-Plan überlegen:** Überlege dir, wenn Plan A nicht funktioniert, wie dein Plan B aussehen wird. Eigentlich mag ich überhaupt keinen Plan B, weil man sich damit einen kleinen Spielraum lässt, den man gleich nutzen kann, wenn Plan A ein wenig holprig wird. Ein Plan B sollte erst dann in Erwägung gezogen werden, wenn alles Erdenkliche für Plan A erfolglos ausgeschöpft wurde.

Mit einer guten Vorbereitung schaffst du dir die besten Bedingungen und Voraussetzungen. Hier musst du darauf achten, dass du dich nicht in Details verlierst und so nie dazu kommst, endlich anzufangen. Es muss und wird nicht gleich alles nach Plan laufen, also mach dich unterwegs auf kleine und große Pannen gefasst.

Jetzt, wo du alles schön geplant und recherchiert hast, kannst du wie im Beispiel unten ein Konzept erstellen, wie du alles genau umsetzen möchtest. Diesen Wochenplan kannst du als Muster für deine eigenen Ziele nutzen, wie zum Beispiel für ein Projekt, eine Prüfung, eine Reise etc.

> **Fallbeispiel: Sprachreise – Aktionsplan für meinen Traum/mein Ziel**
>
> **Diese Woche im Überblick** Online recherchieren, Informationen über Kosten und diverse Organisationen finden.
> **Montag** Recherchen anstellen und eine Liste von Organisationen zusammenstellen, die Sprachreisen anbieten.
> **Dienstag** Bewertungen von ehemaligen Schülerinnen und Schülern oder Beraterinnen und Beratern auf diesem Gebiet lesen, eventuell Kontakt aufnehmen, um nähere Informationen zu erhalten und um Fragen zu stellen.
> **Mittwoch** Telefonate mit diversen Organisationen führen, Ansprechpartnerinnen oder -partner finden, Optionen, Angebote und Länder vergleichen.
> **Donnerstag** Kosten und Qualität von Organisationen vergleichen und überlegen, wie weit du die Kosten decken kannst und wie viel du noch an Mitteln brauchst.
> **Freitag** Sparplan erstellen, zum Beispiel jeden Monat 200 EUR zur Seite legen. Überlegen, ob ein Nebenjob notwendig ist, um die Kosten und den Taschengeldbedarf zu decken.
> **Samstag** Joggen, einkaufen, putzen, erholen, Kino (am besten zuerst die Arbeit, dann die verdiente Belohnung!).
> **Sonntag** Zeit mit Freundinnen und Freunden und der Familie verbringen, erholen, verwöhnen lassen, genaue Aufgabenliste für die kommende Woche erstellen.
> **Sonstiges für die Woche** Geschenk besorgen, Schlüssel nachmachen lassen, Pulli umtauschen, Arzttermine etc.
> **Nächste Woche** Angeforderte Unterlagen zusammenstellen und Bewerbungen losschicken.

Wenn Schwierigkeiten auftauchen, wie zum Beispiel fehlende finanzielle Mittel, dann kannst du dir Alternativstrategien wie beispielsweise Work 'n' Travel überlegen, die es dir doch noch ermöglichen, dein Ziel „Sprachenlernen" zu erreichen – nur auf anderem Wege, nämlich in Kombination mit Arbeit. Du kannst deinen Plan noch erweitern, indem du die genaue Zeitspanne und Tageszeit mit einplanst. Wenn möglich, plane Wochen oder Monate im Voraus, um einen groben Überblick zu haben.

Beschäftige dich konsequent mit dem Thema, um dich damit vertraut zu machen und vor allem, um ein Know-how auf dem Gebiet zu entwickeln. Konsequent bedeutet nicht einmal die Woche oder manchmal. Nein, konsequent bedeutet täglich, und das mehr als nur fünf Minuten am Stück! Fängst du erst einmal an, hier und da einen Tag auszulassen, ohne dir mit Vorarbeit die freien Tage zu verdienen, dann können die Pausen schnell zur Gewohnheit werden, und das Ziel kann dir leicht aus den Händen gleiten. Wenn dir das Anfangen schwerfällt, dann nimm dir erst einmal vor, nur zehn Minuten daran zu sitzen. Das ist ein mentaler Trick, den ich oft einsetze. Meistens schafft man es dann doch viel länger als vorgenommen. Wenn du erst einmal in Gang kommst, denkst du: „Ja, wenn ich schon mal dabei bin, kann ich das ja noch zu Ende machen." Von dieser Denkweise profitieren wir auch in unserem täglichen Leben. Man nimmt sich vor, das Wohnzimmer zu saugen, und schon hat man das ganze Haus gesaugt mit eben dieser „Wenn ich schon mal dabei bin …"-Einstellung.

Jeder auch noch so kleine Fortschritt ist wertvoll. Wenn du siehst, dass du Fortschritte machst, hast du auch Lust, weiterzumachen und größere Schritte zu wagen. Du kannst deinen Erfolg gerne auch mit deinen Liebsten teilen, denn wer mag kein positives Feedback und Lob? Wir alle lieben es, umschmeichelt zu werden. Es macht uns stolz, glücklich und motiviert uns, weiterhin hart an unserem Ziel zu arbeiten. Aber denke daran: Teile deinen Traum und dein Ziel nur mit Menschen, bei denen du ganz genau weißt, dass sie dich auf deinem Weg unterstützen und sich für dich freuen.

Während du hart für deine Ziele, Projekte oder Träume arbeitest, musst du nicht auf alles verzichten, was dir Spaß macht und nichts mit Arbeit und deinem Ziel zu tun hat. Du kannst weiterhin deine Lieblingsshow im Fernsehen anschauen oder in der Stadt shoppen gehen. Ich mache das auch, aber erst NACHDEM die Arbeit für den Tag geleistet ist oder in den kurzen Verschnaufpausen dazwischen. Ich bin ein großer Fan des Sprichworts: „Erst die Arbeit, dann das Vergnügen." Du verdienst dir sozusagen eine Pause oder Belohnung und verknüpfst die Auszeit direkt mit der Arbeit, was eine Art Belohnungsaufschub darstellt. Sich zehn Stunden ununterbrochen hinzusetzen und tief ins Thema einzutauchen ist sowieso unmöglich, weil man sich so lange am Stück nicht konzentrieren kann. Unser Gehirn muss auch mal kurz abschalten, sich entspannen und den Dampf und Druck ablassen. Dein Gehirn muss die ganze Informationsflut auch erst einmal verdauen, und das funktioniert prima in den Pausen. Wenn dein Magen voll ist, legst du doch auch eine Pause ein bis zur nächsten Mahlzeit. Du kannst und solltest dir sogar unbedingt kurze Pausen gönnen und dich ausruhen, damit deine Konzentration wieder auf Hochtouren läuft. Außerdem merkt man, dass man nach einer langen Lernphase nichts mehr aufnehmen kann und mit den Gedanken abschweift.

> **Beispiel**
> In einer Studie der Universität Illinois schnitten die Versuchspersonen, die keine Pausen einlegten, schwächer ab als diejenigen, die zwischendurch kurze Pausen machten (Ariga und Lleras 2011). Die Begründung der Wissenschaftlerinnen und Wissenschaftler: Unser Gehirn reagiert auf neue Reize. Wenn du lange an etwas sitzt, dann tritt Gewöhnung ein, und das Gehirn denkt wohl, dass es nichts Wichtiges ist, und hört auf, sich dies zu merken.

Also brauchst du bei kurzen Pausen kein schlechtes Gewissen zu haben, solange sie auch kurz bleiben und du dich danach wieder an die Arbeit machst. Zum Beispiel kannst du nach ca. 45 min Konzentration eine 15-minütige Pause einlegen, dann wieder 45 min arbeiten und danach wieder 15 min Pause machen, bis du dein Tagesziel erreicht hast. In deinen wohlverdienten Pausen kannst du mit den Gedanken dahin gehen, wo du möchtest, oder dir einen kleinen Obstteller zubereiten, damit das Weiterarbeiten angenehmer wird. Wenn es dir Freude macht, kannst du auch Make-up-Tutorials oder Videos auf YouTube gucken, damit du gutgelaunt weiterarbeiten kannst.

Aber Vorsicht: Pausen sind nicht mit Ablenkungen zu verwechseln. Pausen sind bewusst eingesetzte kurze Auszeiten, während **Ablenkung** ungeplant ist und dich nur von deiner Arbeit abhält. Den Weltmeistertitel unter allen Störfaktoren hält unser Lieblingsspielzeug, das Smartphone. Wenn du jedes Mal, sobald das Handy einen Laut von sich gibt, darauf reagierst und auf jede Nachricht rasch antworten musst, ist das ein typischer Fall von Ablenkung, bei dem du anderen erlaubst, deine Konzentration und deine ins Thema vertieften Gedanken zu unterbrechen. Das Mobiltelefon vereinfacht unser Leben immens, doch leider macht es das konzentrierte Arbeiten überhaupt nicht einfacher. Es lenkt ab, weil man sich verpflichtet fühlt, sofort zu reagieren, denn eine rasche Antwort wird ja vermeintlich immer verlangt.

> **Beispiel**
>
> Ein Forschungsteam hat 300 Studienteilnehmerinnen und -teilnehmer unter die Lupe genommen, um zu sehen, wie sich Ablenkung auf ihre Arbeit auswirkte. Das Ergebnis: Eine Ablenkung von nur drei Sekunden kann die Fehlerquote verdoppeln (Altman et al. 2013).

Du kannst aber Folgendes tun: Stelle dein Handy auf Flugzeugmodus, um Ablenkungen durch E-Mails, Textnachrichten und soziale Medien wie Facebook, Instagram und Twitter zu vermeiden. Es gibt nämlich Belege dafür, dass Smartphones die Leistung auch dann negativ beeinflussen, wenn man gar nicht rangeht (Stothart et al. 2015). Alleine dass das Handy vor sich hinbrummt und der Bildschirm bei WhatsApp-Nachrichten aufleuchtet, ist wohl schlimm genug und ausreichend, um deine Gedanken zu zerstreuen und dich vom Thema abzulenken. Wenn du trotzdem die Finger nicht von deinem Smartphone lassen kannst, leg es in ein anderes Zimmer oder nutze Apps, die die Funktion haben, den Nutzer zu sperren, und dich so dazu zwingen, Ablenkungen zu vermeiden. Weitere Ablenkungen können auch rein optisch sein, wenn beispielsweise der Fernseher angeschaltet, aber lautlos ist. Auch eine tickende Uhr kann die Aufmerksamkeit stören. Stelle in diesem Fall die Uhr in ein anderes Zimmer oder nimm einfach die Batterien heraus. Mit ein bisschen Übung kannst du lernen, bewusst dem Drang, dich diversen Störfaktoren hinzugeben, zu widerstehen, und so ideale Voraussetzungen schaffen, damit du ungestört und konzentriert arbeiten kannst. Und vergiss nicht: Widme dich zuerst wichtigen Aufgaben, bevor du Sonstiges und unwichtige Dinge erledigst.

Ablenkungen sind lästig, doch **Unterbrechungen** sind es auch. Mitmenschen wie Familienmitglieder, Mitbewohnerinnen und -bewohner, Kinder oder Partnerinnen und Partner können uns leider beim Arbeiten ganz schön stören. Nichts ist schlimmer, als voll konzentriert bei der Sache (also im „Flow") zu sein und dann von anderen unterbrochen zu werden. Schließlich ist so ein Flow wirklich eine sehr wertvolle Phase, in der man die Zeit vergisst. Er führt meist zu guten Leistungen, Ideen und Ergebnissen. Umso ärgerlicher ist es, wenn er von der Außenwelt, die man so schön ausgeblendet hatte, unterbrochen wird. Bitte deine Mitmenschen um Rücksicht, damit sie keinen Lärm verursachen. Du kannst auch ein Schild an deine Zimmertür hängen, auf dem „Bitte nicht stören" steht. Vielleicht musst du einfach einen Zeitpunkt oder Ort wählen, an dem du ungestört arbeiten kannst, wie ganz früh oder spät am Abend oder in einer Bibliothek.

Und was ist, wenn zwar das ideale Arbeitsumfeld gegeben ist, aber dein Geist nicht so ganz bei der Sache bleiben will? Außer Ablenkungen und Unterbrechungen gibt es einen weiteren Aspekt, der die Leistung beeinträchtigen kann und gar nicht so einfach zu kontrollieren ist: das ständige und ungewollte Gedankenreisen, das uns vom eigentlichen Thema abdriften lässt (auch **„Mind-wandering"** genannt). Nichts ist schlimmer, als wenn man sich konzentrieren will (oder muss), aber mit den Gedanken ständig abschweift. Wer weiß, woran du nebenbei denkst, während du diese Zeilen liest. Die innere Stimme flüstert dir die ganze Zeit irgendwelche Dinge zu, zum Beispiel, was du noch alles erledigen musst, oder erinnert dich an deine Probleme. Es hat meistens eine direkte Ursache, wenn man mit der Arbeit langsam vorankommt, denn die Konzentration wird unmöglich oder erschwert, wenn die innere Stimme ständig dazwischenfunkt.

Jeder von uns kennt das Problem: Man liest mehrmals die gleiche Seite, weil man mit den Gedanken woanders ist und nichts kapiert hat. Oder man unterhält sich mit jemandem und denkt währenddessen an etwas anderes, was oft auch dann der Fall ist, wenn die Lehrerin oder der Lehrer etwas erklärt. Passiert es dir auch, dass du deiner Gesprächspartnerin oder deinem Gesprächspartner direkt in die Augen schaust und nichts mitbekommst von dem, was sie bzw. er erzählt, weil du gerade mit den Gedanken ganz woanders bist? Mir passiert das zum Beispiel auch, wenn ich einen Film gucke. Meine Augen sind auf den Film gerichtet, aber die Gedanken schweifen ab, und das unbewusst. Bis die Aufmerksamkeit wieder zurückkommt, habe ich eine ganze Szene verpasst. Kein Wunder, dass keiner mit mir einen Film gucken mag, weil ich dann ständig nachfragen muss und andere damit nerve. Ich bin eben auch nur ein Mensch, für den der Status „work in progress" gilt.

Dieses Problem ist weiter verbreitet als gedacht.

> **Beispiel**
>
> Laut einer Studie von Killingsworth und Gilbert (2010), Psychologen der Harvard University, denken Menschen fast 47 % der Zeit an etwas ganz anderes, was gar nichts mit dem, was sie gerade tun, gemein hat. Die Ergebnisse dieses Forschungsprojekts wurden mithilfe der iPhone-App „Track your Happiness" ermittelt, welche an 2250 App-Nutzerinnen und -Nutzer mehrmals pro Tag eine Benachrichtigung schickte und Fragen zu ihren Gedanken, Handlungen und Gefühlen stellte (auch du kannst mit dieser App an der Forschung teilnehmen, weil durch sie weiterhin Informationen gesammelt werden).

Wir sind also fast die Hälfte der Zeit mit den Gedanken ganz woanders, und das ist gar kein schönes Gefühl. So wird es unmöglich, im Hier und Jetzt zu sein, den Moment zu genießen und sich nur auf eine Sache zu konzentrieren. Wir denken oft an Dinge, die in der Vergangenheit oder in der Zukunft liegen. Da kommt der gegenwärtige Augenblick wirklich zu kurz, und das ist schade. Laut den Forschungsergebnissen von Killingsworth und Gilbert waren Menschen, die mit den Gedanken woanders waren, unglücklicher als diejenigen, die gedanklich anwesend waren. Wie können wir unsere Gedanken bändigen, damit unsere Aufmerksamkeit beim Thema und im Jetzt bleibt? Die beste Lösung: viel Üben, denn es ist wirklich nicht einfach, die Gedanken zu kontrollieren!

Mit folgenden Mini-Übungen kannst du dein Gehirn trainieren, bei der Sache zu bleiben, und so deine Konzentration erhöhen (denke daran, dass eine neue Gewohnheit sich erst mit der Zeit festigt, also sei geduldig und lass nicht nach):

- Wenn du eine Tätigkeit ausübst und deine Gedanken und deinen Geist beim Wandern ertappst, hole sie wieder zum Thema oder zur Tätigkeit zurück.
- Lege während der Arbeit kleine Pausen ein und lass in dieser Zeit deinen Gedanken freien Lauf. Kommen dir kreative und tolle Ideen in den Sinn, schreibe sie gleich auf, sonst sind sie in wenigen Sekunden vergessen!
- Achtsamkeit bedeutet: Du bist mit den Gedanken im Hier und Jetzt. Schenke dir zehn Minuten am Tag in einer ruhigen und bequemen Umgebung, in denen du einfach an gar nichts denkst und deinen Fokus auf den Moment richtest. In dieser Zeit lässt du die innere Stimme verstummen und versuchst, deine Gedanken loszulassen. Konzentriere dich auf das Ein- und Ausatmen und blende alles andere in deiner Umgebung aus. Das entspannt den Geist und hilft, die Gedanken zu ordnen.
- Alles, was du isst und trinkst, sollst du bewusst zu dir nehmen. Konzentriere dich völlig auf das Essen und nicht auf das, was du heute oder morgen noch alles machen musst. Du kannst das Essen besser genießen, wenn du den Geschmack bewusst erlebst.
- Bist du unterwegs, nimm deine Umwelt bewusst wahr, ohne an etwas anderes zu denken, egal ob du per Auto, Bus oder Bahn reist. Schau dich um und beobachte einfach Natur und Mensch.
- Betreibe kein Multitasking! Wie schon in Kap. 14 erwähnt, ist dies kontraproduktiv. Widme dich jeweils nur einer Sache, wenn du gute Arbeit leisten möchtest. Gerade wenn etwas besonders wichtig ist, ist deine volle Aufmerksamkeit gefordert und darf nicht geteilt werden.

- Wenn du dich mit jemandem unterhältst, konzentriere dich auf die Person und bleibe mit den Gedanken anwesend. Sollten die Gedanken doch auf Reise gehen, hole die Aufmerksamkeit wieder zurück!

Wenn wir schon beim Thema Störfaktoren sind, dann können wir einen Aspekt nicht unerwähnt lassen: deine Umgebung. Ein unaufgeräumtes Zimmer, Büro oder eine unordentliche Wohnung können die Konzentration erheblich beeinträchtigen. Siehst du nichts als Unordnung, konzentrierst du dich nicht auf deine Arbeit, sondern eher auf die Tatsache, dass du wieder aufräumen musst. Ein **sauberes und organisiertes Arbeitsumfeld** gibt innere Ruhe, und das Arbeiten macht mehr Spaß, wenn da keine Socken, kein Müll und keine Riesenberge von dreckigem Geschirr oder Pfandflaschen herumliegen. Unordnung auf einem Gebiet kann sich sehr schnell auf weitere Bereiche des Lebens ausweiten, weil man sich daran gewöhnt, Aufgaben vor sich herzuschieben. Wenn wir gerade dabei sind: Vielleicht möchtest du ja gleich deine ganze Wohnung oder dein Zimmer entrümpeln und säubern. Sich von überflüssigen Dingen zu befreien hilft nicht nur dabei, ein sauberes und entspanntes Lebensumfeld zu schaffen, sondern klärt auch den Geist. Also raus mit den hässlichen Geschenken, den alten Klamotten und dem kaputten Toaster! Du kannst deine Sachen auch auf dem Flohmarkt verhökern, auf eBay verkaufen oder einfach in den Container für die Altkleidersammlung werfen – Hauptsache, du entsorgst Unnützes und Störendes regelmäßig und nicht erst dann, wenn sich ein Gast anmeldet. Mit dem Erlös aus den verkauften Dingen kannst du dir dann Bücher zur persönlichen Weiterentwicklung, eine schicke Arbeitstasche, coole Ordner oder Stifte oder auch hübsche Deko-Artikel für deinen Schreibtisch besorgen.

Mach dir das Lernen oder Arbeiten so schmackhaft und verlockend wie möglich. Es hat schon einen Grund, warum Menschen ihren Arbeitsplatz mit Fotos und anderen Gegenständen dekorieren. Das löst positive Gefühle aus, und das Arbeiten wird damit erfreulicher und manchmal auch erträglicher. Mir ist aufgefallen, dass mir das Arbeiten mehr Spaß macht, wenn ich frische Blumen und Kerzen mit Vanilleduft auf meinem Schreibtisch habe. Ich besorge mir deshalb des Öfteren einen kleinen Strauß und zünde mir eine Kerze an, weil der Anblick und der Duft bei mir Glücksgefühle und Freude auslösen und meine Stimmung anheben. Mein Arbeitszimmer ist mein Reich, und ich sorge dafür, dass es frei von jeglicher Unordnung und überflüssigen Dingen ist. Das garantiert ein entspanntes und angenehmes Arbeitsklima.

Ist dein Arbeitsumfeld alles andere als friedlich und ruhig, kann die nächste Bibliothek die Lösung sein. Im Grunde genommen würde ich eine Bibliothek selbst dann empfehlen, wenn es bei dir zu Hause schön gemütlich und ruhig ist. Dort kannst du praktisch ungestört lernen und arbeiten und dich von anderen, die genauso arbeiten wie du, zum Lernen motivieren lassen. Du kannst in einer Bibliothek nicht mal schnell den Geschirrspüler ausräumen, kurz den Müll rausbringen oder fernsehen. Die Atmosphäre ist einfach magisch und regt automatisch Geist und Seele an. Jedes Buch im Regal schreit danach, eine Geschichte zu erzählen oder uns etwas zu lehren. In einer Umgebung, die Bildung auf diese Weise anregt, kann man nichts anderes tun als arbeiten. In der Tat befinde ich mich in diesem Moment, wo ich diese Zeilen schreibe, in Hamburg und sitze auf einem unbequemen Holzstuhl in der „Bücherhalle" im Einkaufzentrum Altona-Mercado. Es ist ruhig und friedlich hier und die Leute um mich herum tun genau dasselbe wie ich – sie erledigen das, was sie sich für den Tag vorgenommen haben. Einige nehmen sich einfach die Zeit, sich mit Büchern und Zeitschriften geistig zu bereichern. Also suche keine Ausreden wie „Ich konnte nicht", „Es war zu laut", „Wir hatten Besuch" etc. Es geht hier um dein Ziel und um deinen Traum, deshalb gibt es kein Wenn und Aber.

Nehmen wir an, du bist jetzt in Topform, und der große Tag ist gekommen – der Tag, auf den du dich so lange vorbereitet hast, zum Beispiel ein wichtiger Termin bei der Bank, ein Vorstellungsgespräch, eine Prüfung, ein Kundengespräch oder Ähnliches. Wir haben es immer und überall mit Menschen zu tun, die uns beurteilen und von denen unser Erfolg abhängt. Daher ist es ausschlaggebend, wie wir uns präsentieren. Gerade der erste Eindruck muss ein Volltreffer sein, da man selten eine zweite Gelegenheit bekommt, einen vermasselten Start wieder gutzumachen. Hier sind meine zehn Lieblingsregeln dafür, wie du einen guten und selbstbewussten Eindruck machen und andere von dir überzeugen kannst:

- **Augenkontakt:** Schaue nicht auf den Boden oder die Füße, sondern halte Augenkontakt. Das strahlt Selbstbewusstsein aus und beweist dein Interesse an der Person gegenüber.
- **Selbstbewusste Stimme:** Achte auf einen selbstbewussten Ton in deiner Stimme. Unterbrich nicht deine Gesprächspartnerin oder deinen Gesprächspartner und schieße die Worte nicht wie aus der Pistole heraus. Achte auch darauf, dass du nicht zu viele Füllwörter benutzt wie „äh", „also", „hm", „und", „ich meine" etc.
- **Fester Händedruck und mit Namen ansprechen:** Nichts ist schlimmer als ein butterweicher und schwacher Händedruck, der allzu zerbrechlich wirkt. Ebenso ist es nicht angebracht, den Namen deiner Gesprächspartnerin oder

deines Gesprächspartners zu vergessen. Kannst du ihn dir nicht merken, notiere ihn einfach auf deiner Handfläche.
- **Ehrlichkeit:** Sei ehrlich und authentisch! Wenn du etwas nicht kannst, dann sage einfach: „Das kann ich nicht, aber ich lerne schnell." Versprich nichts, das du nicht halten kannst. Du kannst deine Stärken zur Sprache bringen, aber Vorsicht: Zu viel Eigenlob kann stinken!
- **Sich kultiviert ausdrücken:** Slang und Umgangssprache haben in wichtigen und formellen Gesprächen nichts zu suchen. Wähle deine Worte sorgfältig und dem Anlass angemessen.
- **Kompetenz ausstrahlen:** Sorge dafür, dass du auf das Thema und potenzielle Fragen (auch unangenehme) bestens vorbereitet bist. Auch wenn man die genauen Fragen vorher nicht kennt, kann man sich mental auf mögliche Fragen vorbereiten, sich in gewisser Weise geistig aufwärmen und an die Situation gewöhnen.
- **Pünktlichkeit:** Erscheine zu wichtigen Terminen und Gesprächen überpünktlich! Mit einer Verspätung beginnst du, selbst wenn du einen triftigen Grund hast, schon im Minus, weil dies Unzuverlässigkeit signalisiert.
- **Freundlich, jedoch nicht witzig sein:** Ein bisschen Schmeichelei ist in Ordnung, aber bitte mach keine übertriebenen Komplimente! Sei freundlich, um bei anderen Sympathie zu erwecken. Und versuche nicht, witzig zu sein. Nicht alle finden die Witze, die du lustig findest, zum Lachen!
- **Körperhaltung:** Dein Auftreten sagt viel über dich aus. Achte auf eine gerade Körperhaltung, weil du dich dadurch selbstbewusster fühlen und auch so auf andere wirken wirst.
- **Äußeres Erscheinungsbild** (mehr zu Körperhaltung und Erscheinungsbild im nächsten Kapitel): Trage deine Lieblingsklamotten. Man fühlt sich gleich wohler und selbstbewusster, wenn man sich mit den Stücken kleidet, die man gerne trägt! (Und vergiss nicht dein Lieblingsparfüm!) Nur musst du darauf achten, dass deine Kleidung zum Anlass passt. Ratsam ist auch, Zungenpiercings oder Ähnliches zu Hause zu lassen. Das weckt sonst unnötig Vorurteile und kann einem guten ersten Eindruck im Weg stehen.

Es gibt keine Geheimformel, die dir die Lern- und Vorbereitungsphase vereinfachen kann. Nur deine Disziplin und dein Fleiß zählen. Du bekommst als Ergebnis das, was du dir mit deiner Vorbereitung verdient hast. Scheue dich nicht vor harter Arbeit und lass keinen Spielraum für Faulenzerei und zögerliches Verhalten. Jetzt heißt es nur ackern! Nutze die dir angebotenen Chancen und schaffe dir, wenn irgendwie möglich, deine eigenen Gelegenheiten. Rückzieher sind nicht zulässig und nicht akzeptabel. Wenn du hart und fleißig an deinem Ziel arbeitest, hast du beste Chancen, es auch zu erreichen. So, jetzt aber viel Glück und gutes Gelingen!

Das nächste Mal …

wenn du ein Ziel verfolgst, erstelle rechtzeitig einen Arbeits- oder Lernplan. Wichtig ist, dass du Extrazeit als Puffer einplanst, für den Fall, dass etwas dazwischenkommt, wie Krankheiten, Unfälle oder Sonstiges. Somit hast du die Gelegenheit, verlorene Arbeitszeit wieder aufzuholen und trotzdem gute Leistungen zu erbringen. Hast du gut vorgearbeitet, darfst du dich auf einen freien Tag freuen.

Die Herausforderung …

Unterteile dein großes Ziel oder deinen Traum in viele kleine erreichbare Ziele. Stell dir ein Haus mit einzelnen Bausteinen vor. Das Haus ist das große Ziel, und die einzelnen Bausteine stehen für die Mini-Ziele, die dich zum Endergebnis führen werden. Schreibe alles ganz genau auf und mache dir täglich eine Liste mit den kleinen Zielen, die zum großen Ziel führen werden:

Großes Ziel: _____
Mini-Ziel 1:_____ Mini-Ziel 2:_____ Mini-Ziel 3:_____
Wenn ich mein Ziel erreicht habe, werde ich unbedingt _____ (machen/kaufen).

Fazit

Jetzt wird es ernst! Endlich hast du dich entschieden zu handeln. Wie ein Flugzeug vor dem Start musst du deine Route vorbereiten, ausrechnen und kontrollieren, bevor du loslegen kannst. Fang rechtzeitig an und beschäftige dich täglich mit deinem Ziel, damit Gewohnheit und Vertrautheit eintreten. Plane Tage, Wochen, wenn nicht gar Monate für dein Ziel ein und halte dich an deinen Tagesplan. Ein detaillierter und durchdachter Plan gibt dir das Gefühl, dass du es ernst meinst und dich auf dem richtigen Weg befindest. Damit du dein Ziel auch erreichst, musst du arbeiten, und das geht am besten ungestört und ohne Unterbrechung. Es ist wichtig, alle Störfaktoren auszuschalten, denn diese schaden der Konzentration und lenken von der entscheidenden Arbeit ab. Verschnaufpausen sind trotzdem erlaubt, solange sie sich nicht allzu lange ausdehnen. Eine gute Vorbereitung auf den großen Tag wird deine Erfolgschancen vergrößern. Was die Chancen ebenso erhöht, sind der erste Eindruck und die Art, wie du dich der Außenwelt präsentierst. Ein kultiviertes Erscheinungsbild und Auftreten kommen nie aus der Mode. Vergiss dabei nicht, du selbst zu sein, und vertraue deinen Fähigkeiten. Jetzt musst du nur noch dafür sorgen, dass andere dies auch so wahrnehmen.

Literatur

Altman E, Henion A, McGlashen A (2013) Brief interruptions spawn errors. Michigan State University. https://msutoday.msu.edu/news/2013/brief-interruptions-spawn-errors/. Zugegriffen: 18. März 2019

Ariga A, Lleras A (2011) Brief and rare mental "breaks" keep you focused: deactivation and reactivation of task goals preempt vigilance decrements. J Cogn 118(3):439–443. https://doi.org/10.1016/j.cognition.2010.12.007

Killingsworth MA, Gilbert DT (2010). A wandering mind is an unhappy mind. Science 330:932. http://www.danielgilbert.com/KILLINGSWORTH%20&%20GILBERT%20(2010).pdf. Zugegriffen: 3. Juni 2018

Stothart C, Mitchum A, Yehnert C (2015) The attentional cost of receiving a cell phone notification. J Exp Psychol Human Percept Perform 41:893–897. https://www.researchgate.net/publication/279457726_The_Attentional_Cost_of_Receiving_a_Cell_Phone_Notification. Zugegriffen: 18. März 2019

18

Mehr Erfolg mit mehr Selbstbewusstsein und Kompetenz

Inhaltsverzeichnis

Das nächste Mal 233
Die Herausforderung 233
Fazit 234
Literatur 234

> **In diesem Kapitel…**
>
> findest du einfache Erfolgsregeln, die eine große Wirkung haben. Du erhältst interessante Einblicke und Tipps, wie du dein Selbstbewusstsein und deine Kompetenz fördern kannst. Diese Eigenschaften sind nicht nur für uns persönlich wichtig, sondern auch für unsere Erfolgschancen bei anderen. Unser Erfolg hängt nämlich oft von anderen ab und davon, wie sie uns beurteilen. Um den ersten Kontakt mit anderen mit Bravour zu meistern, müssen wir einige Regeln beachten, und dies betrifft auch unser äußeres Erscheinungsbild und unsere Körperhaltung. Wie du gleich erfahren wirst, haben beide nicht nur einen Einfluss darauf, wie andere uns bewerten, sondern bewirken auch Wunder im Gehirn. Sogar ein Arztkittel und ein Malerkittel finden in diesem Kapitel Platz. Der Unterschied zwischen den beiden ist nämlich enorm und macht sich sogar in den grauen Zellen bemerkbar. Wie? Einfach weiterlesen!

Bevor wir uns der Bedeutung unseres Erscheinungsbildes widmen, beginnen wir zunächst mit dem Dachgeschoss, unserem Gehirn – genauer gesagt mit dem, was sich darin befindet. Wissen ist im wahrsten Sinne des Wortes Macht und gleichzeitig Kompetenz. Wenn du etwas ausgezeichnet beherrschst, wirst du von anderen nicht einfach ignoriert, sondern du fällst durch deine Fähigkeiten, dein Wissen oder deine Begabung auf. Bist du auf einem Gebiet sehr gut, werden beispielsweise Arbeitgeberinnen oder Arbeitgeber, Mentorinnen oder Mentoren, Lehrkräfte, Professorinnen oder Professoren auf dich aufmerksam und eröffnen dir Gelegenheiten und Chancen, die auf deinem Weg zum Ziel förderlich sind. Mehr Wissen durch Bildung und neue Fähigkeiten bedeuten, dass du an Kompetenz gewinnst, und das wiederum wird sich auf dein Selbstbewusstsein und Selbstvertrauen auswirken. Eines darfst du dabei nicht vergessen: Um selbstbewusst zu sein, musst du nicht gleich große Erfolge erzielen. Hast du erst einmal mit etwas angefangen, das dir viel bedeutet, werden sogar die kleinsten Erfolge dein Selbstbewusstsein und Selbstvertrauen erheblich steigern. Das wiederum wird dich noch mehr dazu motivieren, dich weiterhin für deine Ziele anzustrengen.

Nun kannst du mit deinem Wissen zwar Kompetenz ausstrahlen, doch letztlich muss das ganze Paket stimmen – und dazu gehört auch dein Äußeres. Dein Erscheinungsbild, deine Körpersprache und dein Auftreten spielen ebenfalls eine große Rolle, gerade wenn du neue Menschen kennenlernst,

18 Mehr Erfolg mit mehr Selbstbewusstsein und Kompetenz

die innerhalb weniger Sekunden ein Urteil über dich fällen. Bevor du auch nur den Mund aufmachst, haben andere schon eine Vorstellung von deiner Persönlichkeit; ob diese richtig oder falsch ist, spielt keine Rolle. Also muss der erste Eindruck bei einem Treffen schon gleich positiv ausfallen. An dieser Stelle würde ich am liebsten das komplette Buch von Jack Nasher mit dem Titel *Überzeugt!* hier einfügen – es eignet sich optimal für jeden, der lernen möchte, wie man Kompetenz ausstrahlen kann. Laut Nasher (2017) ist die Kompetenz, die andere wahrnehmen, viel bedeutender für den Erfolg als die tatsächliche Kompetenz, die jemand hat. Zum kompetenten Erscheinungsbild gehört auch die Bekleidung. Gut und professionell gekleidete Menschen mit gepflegtem Erscheinungsbild werden einfach besser behandelt und haben somit bessere Erfolgschancen, so unfair das auch klingen mag. Zum Glück stehen wir nicht hilflos da, wenn wir bei anderen punkten möchten. Selbstbewusste Menschen erkennt man schon aus der Ferne. Wir können uns durch Beobachten ein Bild davon machen, wie diese sich verhalten, kleiden und geben. Sie zeigen ihr Selbstbewusstsein mit ihrer Körpersprache, ohne auch nur ein einziges Wort von sich zu geben. Sie schauen nicht auf den Boden, und ihr Gang ist so aufrecht, als hätten sie einen Korb auf dem Kopf, den sie dort halten möchten. Selbstbewusstsein ist wirklich sehr wichtig, denn andere spüren, wie viel du davon hast, und behandeln dich folglich ganz anders ... besser eben. Du signalisiert quasi, wie man dich zu behandeln hat, und das wirkt sich auf das Verhalten anderer dir gegenüber aus.

Ein Aspekt kann hier besonders im Wege stehen: Schüchternheit. Es ist nicht schlimm, schüchtern zu sein. Ich bin es auch. Geht es denn, dass man gleichzeitig schüchtern und selbstbewusst ist? Klar geht das. Nicht jeder ist gesprächig und hat Spaß daran, auf Menschen zuzugehen. Mit deinem Auftreten kannst du trotzdem Selbstbewusstsein ausstrahlen. Das geht zum Beispiel wunderbar mit deiner Kleidung. Kleidung ist mehr als nur Körperbedeckung und Mode. Wie du dich kleidest, hat großen Einfluss auf dein Befinden und dein Verhalten und darauf, wie andere dich behandeln werden. Strahlst du mit deiner Kleidung Selbstbewusstsein, Kompetenz und Wichtigkeit aus, dann fühlst du dich auch entsprechend, und das wird von anderen bemerkt. Hier kommt es natürlich darauf an, welche Ziele du verfolgst. Möchtest du ein Rockstar werden, interessiert es keinen, ob du eine zerfetzte Hose trägst. Hier entstünde vermutlich sogar ein eher komischer Eindruck, wenn du mit Krawatte zur Probeaufführung auf die Bühne kämst. Denn es gilt die Regel: Passe dich dem an, was für deine Ziele angemessen und wichtig ist. Dies gilt natürlich nicht für deine Freizeit. In deinem Privatleben kannst du selbstverständlich deine Identität durch schräge Mode unterstreichen. Geht es jedoch ums Geschäft und stehen deine Ziele und deine Zukunft auf dem Spiel, dann ist Vorsicht geboten. Dass Kleidung einen

Unterschied macht, hast du bestimmt schon am eigenen Leib gespürt. Wenn du schon einmal einen Anzug, eine Krawatte oder Pumps als Business-Kleidung getragen hast, weißt du ganz genau, was hier gemeint ist. Du fühlst dich besser und verhältst dich anders. Du bist dann überzeugter von dir selbst und wirst auch von Mitmenschen so wahrgenommen und behandelt.

> **Beispiel**
>
> Was wir anhaben, hat einen viel größeren Einfluss auf uns, als wir denken. Es beeinflusst nicht nur unsere Gefühlslage, sondern hat eine direkte Wirkung auf unsere kognitiven Fähigkeiten. Belege dafür liefert eine interessante Studie, bei der alle Probandinnen und Probanden die gleichen weißen Kittel anziehen mussten. Der einzige Unterschied bestand darin, dass die einen den Kittel für einen Arztkittel, die anderen ihn für einen Malerkittel hielten. Wie erwartet, zeigten die Testpersonen, die davon ausgingen, einen Arztkittel zu tragen, eine länger anhaltende Aufmerksamkeit als diejenigen, die annahmen, dass sie einen Malerkittel anhätten (Adam und Galinski 2012). Dafür hatten die Forscherinnen und Forscher zwei logische Erklärungen: erstens die symbolische Bedeutung des Arztkittels, weil beide Berufe einen unterschiedlichen Status genießen; zweitens die eigene Wahrnehmung des Kittels auf dem Körper, das heißt, welche Gefühle dieser in einem hervorruft. Ein Arztkittel hat ja einen symbolisch höheren Status als ein Malerkittel und stellt automatisch Anforderungen wie Kompetenz, Intelligenz und Aufmerksamkeit. Somit ist auch nachvollziehbar, dass man sich in einem Arztkittel schlauer und wichtiger fühlt und dies auch bei kognitiven Tests unter Beweis stellt.

Diese Studie verdeutlicht, welche Macht die Kleidung auf unsere Leistungen und Gefühle haben kann und, nicht zu vergessen, wie andere uns aufgrund unserer Kleidung beurteilen. Trägst du zusätzlich zu deiner Kleidung noch das *Handelsblatt* oder die *New York Times* unterm Arm oder liest sie im Zug, verdienst du dir noch eine Extraportion Respekt und Achtung von deinen Sitznachbarinnen und -nachbarn. Ich bin mir sicher, dass du dich durch renommierte Zeitungen und Magazine ähnlich wie beim Arztkittel schlauer fühlen wirst. Eine Studie über den Zusammenhang von Zeitungen und kognitiven Fähigkeiten ist mir nicht bekannt, doch das wird sicherlich noch kommen. Renommierte Zeitungen und Magazine strahlen nämlich pure Kompetenz aus, und das wiederum wird sich in deinen Gefühlen und Leistungen widerspiegeln. Teste es an dir selbst. Schnapp dir gleich morgen ein *Handelsblatt* (auch wenn du kein Wort verstehst) und achte darauf, wie du dich damit fühlst und wie andere dich im Zug beäugen. Du wirst sicher einen Unterschied bemerken. Aber auch aus einem weiteren Grund solltest du regelmäßig Fachzeitschriften und Zeitungen lesen, die dir bei deinen beruflichen Zielen weiterhelfen können: Du kannst daraus nicht nur viel

18 Mehr Erfolg mit mehr Selbstbewusstsein und Kompetenz

Neues lernen, sondern dich im Vorfeld schon mit deinem Ziel identifizieren und mit praktischen Themen vertraut machen. Das gibt dir Sicherheit, und die Arbeit für dein Ziel fällt dir damit wesentlich leichter.

Was ist, wenn man sich unsicher fühlt und nur so tut, als wäre man der selbstbewussteste Mensch weit und breit? Genau dieser Frage ging die Harvard-Professorin Amy Cuddy (2016), Autorin von *Dein Körper spricht für dich: Von innen wirken, überzeugen, ausstrahlen*, auf den Grund. Bei ihrer Forschung zur Körperhaltung und deren Wirkung auf die Gefühle hat sie Folgendes festgestellt: Eine aufrechte und offene Körperhaltung signalisiert dem Gehirn Selbstbewusstsein, was sich wiederum in den Gefühlen widerspiegelt. Fühlen wir uns zum Beispiel unsicher und klein, richten aber unseren Körper auf und platzieren die Hände so, dass wir eine gewisse Macht ausstrahlen, wechseln die Gefühle von Unsicherheit zu Selbstbewusstsein. Fazit: Man fühlt sich mächtiger und selbstbewusster, wenn man seinen Körper ein wenig streckt. Sicherlich spielt hier auch unsere Erwartung eine Rolle, wie dies beim Placebo-Effekt der Fall ist. Und wie schon in Kap. 13 erwähnt, können die Erwartungen auch die Körperchemie verändern.

> **Beispiel**
>
> Die positive Wirkung einer aufrechten Körperhaltung, die von Cuddy auch als „Machtpose" (engl. „power pose") bezeichnet wird, ist nicht nur reine Einbildung oder Täuschung. Forscherinnen und Forscher haben dieses Phänomen experimentell überprüft und dabei herausgefunden, dass sich die Körperhaltung auch auf die Hormonproduktion des Körpers auswirken kann. Eine bestimmte Haltung war für die Forschenden besonders interessant: die Kobra-Haltung (auch „Bhujangasana" genannt). Dabei handelt es sich um eine beliebte Yoga-Übung, bei der man auf dem Bauch liegt und den Kopf und Oberkörper stark anhebt, gestützt durch die Arme. Im Rahmen einer Studie wurde acht Probandinnen und Probanden die Kobra-Haltung beigebracht, welche diese zwei bis drei Minuten beibehalten mussten. Jeweils vor und unmittelbar nach der Übung wurden Blutproben entnommen. Und siehe da: Das Stresshormon Cortisol sank bei allen Probandinnen und Probanden um 11 %, während der Testosteronwert (wichtig für Selbstbewusstsein und Dominanz) um 16 % anstieg (Minvaleev et al. 2004). Eine ähnliche Studie führte Amy Cuddy mit ihren Kolleginnen und Kollegen durch (2010). Dabei wurden 42 Testpersonen in zwei Gruppen aufgeteilt. Eine Gruppe sollte mit ihrer Körperhaltung Macht und Dominanz demonstrieren, die andere Gruppe Schwäche und Machtlosigkeit. Vor und nach dem Experiment wurde eine Speichelprobe entnommen. Wie bei Minvaleev und Kollegen wiesen die Versuchspersonen bei der Demonstration extremer Machtposen erhöhte Testosteron- (+19 %) und verringerte Cortisolwerte (−25 %) auf. Bei einer schwachen Körperhaltung (zum Beispiel wenn die Probandinnen und Probanden mit den Haaren spielten oder die Hände zwischen die Beine legten) wurde genau das Gegenteil festgestellt, nämlich ein Anstieg des Cortisol- (+17 %) und ein Rückgang des Testosteronwertes (−10 %). Infolgedessen waren die Probandinnen und Probanden, die Machtposen demonstrierten, selbstbewusster und risikofreudiger.

Diese Ergebnisse zeigen uns, dass unser Geist auf unsere Körperhaltung reagiert. Selbstbewusstsein dringt somit auch von außen nach innen und kommt nicht allein von innen heraus. Also Kopf hoch, und achte auf deine Körperhaltung wie einen geraden Rücken und eine gestreckte Brust, auch wenn dir vor Aufregung ganz flau ist und die Beine schwach werden. Versteh mich nicht falsch: Du sollst anderen Menschen nichts vormachen, sondern deine Stärken nach außen kehren, die sich nur aus Angst und Unsicherheit verstecken. Bist du von dir überzeugt, sind es andere auch, und deine Erfolgschancen werden steigen. Unser Körper spricht nämlich seine eigene Sprache, nur eben auf nonverbaler Ebene. Beispielsweise vermittelt deine Körpersprache der Person, die dir gegenübersteht, eine Vorstellung von deiner Stimmung und Energie, aber auch von deinem Selbstvertrauen und deiner Kompetenz.

Wie ganz viele andere Fähigkeiten kann auch eine kompetente Körperhaltung geübt werden. Zur Einübung einer Machtpose empfehlt die Autorin Cuddy zum Beispiel Folgendes: Vor wichtigen Ereignissen, zum Beispiel vor Bewerbungsgesprächen oder Geschäftstreffen, einfach die Hände auf die Hüften legen und für ein paar Minuten den Körper breit machen, statt vor Nervosität in sich zusammenzusinken. Das kannst du hervorragend vor einem Badezimmerspiegel oder irgendwo üben, wo dich keiner schräg anschaut. Sonst wird es möglicherweise peinlich und verursacht Schamgefühle, und das ist ja genau die Art von Gefühlen, die du vermeiden möchtest. Ich habe gelernt, bewusst auf meine Körperhaltung zu achten, und nutze diese Methode häufiger. Oft ertappe ich mich mit verschränkten Armen oder dabei, wie ich an meinen Armen und Beinen kratze: alles Anzeichen von Unsicherheit. Durch Cuddys Forschungen und mithilfe ihres Buches habe ich gelernt, die machtlos wirkende Körperhaltung zu identifizieren, zu stoppen und zu verändern, und dies verleiht mir immer wieder einen enormen Schub. Probiere es unbedingt aus.

Ich komme an dieser Stelle nicht umhin zu erwähnen, dass niemand immer hundertprozentig von sich überzeugt und selbstsicher ist. Es ist auch ganz normal, auch mal frustriert zu sein, weil vieles am Anfang schwer erscheint. Wenn du auch von Zeit zu Zeit an dir zweifelst: nur keine Panik. Jeder von uns hat ab und zu Selbstzweifel und fühlt sich in bestimmten Situationen unsicher und klein. Nimm diese Gefühle einfach wahr und lass sie wieder los, ohne dich daran festzuklammern. Du darfst allerdings nie zulassen, dass Selbstzweifel dich an der Verwirklichung deiner Ziele und Träume hindern. Gibst du auf, wenn es schwer wird, ändert sich nichts in deinem Leben, und alles bleibt wie gewohnt. Deine Waffe im Kampf gegen den Selbstzweifel ist es, dir ständig dein Wunschziel und die Belohnung, die auf dich warten, vor Augen zu halten. Es zählt jetzt nur, aktiv zu werden und zu handeln!

> **Tipp**
> Sei hartnäckig und gib nicht auf. Feiere deine Triumphe, auch wenn sie noch so klein sind, und betrachte Niederlagen nicht als das Ende, egal wie groß sie sind.

Akzeptiere kein „Nein" als Antwort! Betrachte es manchmal als Test und Gelegenheit, bei der du unter Beweis stellen kannst, wie sehr und dringend du etwas willst. Ansonsten musst du mit deinen Bemühungen stets fortfahren und eventuell nach kreativen Wegen suchen, um Hindernisse aus dem Weg zu räumen und so dein Ziel über Umwege zu erreichen. Wird beispielsweise deine Bewerbung für einen Arbeitsplatz oder eine Ausbildung abgelehnt, kannst du vielleicht zunächst als Praktikantin oder Praktikant anfangen und in dieser Zeit deine Stärken demonstrieren.

Eines ist Selbstbewusstsein jedoch nicht: ein Freischein für Hochmut, Arroganz und Angeberei. Mehr Bildung und mehr Wissen sind keine Einladung zu Hochnäsigkeit, die meistens dazu führt, dass andere Abneigung gegen dich empfinden und sich vielleicht von dir distanzieren. Doch eine gesunde Dosis an Selbstvertrauen mit einer geraden Körperhaltung kommt immer gut an, solange du die Nase nach vorn richtest und nicht nach oben. Sei aber auch nicht schüchtern und hab keine Hemmungen, deine Wünsche zu äußern. Denn letztlich hast du nichts zu verlieren, aber viel zu gewinnen.

Das nächste Mal ...

wenn du ein wichtiges Meeting hast, übe kurz davor eine Machtpose vor dem Spiegel. Mach deinen Körper breit und strecke die Arme weit aus. Somit können sich dein Körper und dein Geist auf den Selbstbewusstseinsmodus umstellen.

Die Herausforderung ...

Setze dich an eine belebte Straße und beobachte die Menschen, die an dir vorbeigehen. Versuche zu unterscheiden, wer dir selbstbewusst erscheint und wer nicht. Wie heben sich die Menschen durch ihre Kleidung und Körperhaltung voneinander ab? Welche dieser Eigenschaften gefallen dir, und welche kannst du in dein eigenes Leben einbinden?

Fazit

Fachkenntnisse und ein großes Maß an Wissen können einen starken Einfluss auf das erhoffe Ergebnis haben. Verfügst du über ein umfassendes Wissen, hebst du dich von anderen ab. Es verleiht dir nicht nur Kompetenz, sondern weckt auch positive Gefühle in dir, was du dann nach außen hin ausstrahlst. Auch das Erscheinungsbild ist ein entscheidender Faktor: Wir beeindrucken andere zu allererst mit unserem Aussehen. Daher ist dies ein wichtiger Aspekt, der stimmen muss. Um deine Erfolgschancen zu erhöhen, solltest du unbedingt auf ein aufrechtes und gepflegtes Erscheinungsbild sowie kompetente und professionelle Kleidung achten. Deine Kleidung gibt der Außenwelt Informationen über dich, und durch gute und deinen Zielen angemessene Kleidung kannst du deinen Wert unterstreichen. Aufgrund des Wechselspiels zwischen Körper und Geist wirkt sich deine Körperhaltung entscheidend auf dein Selbstbewusstsein aus. Strotzen deine Körperhaltung und dein Aussehen nur so vor Selbstbewusstsein und Kompetenz, wirst du von anderen entsprechend behandelt. Dies wiederum sichert dir bessere Erfolgschancen.

Literatur

Adam H, Galinsky AD (2012) Enclothed cognition. J Exp Soc Psychol 48(4):918–925. http://utstat.utoronto.ca/reid/sta2201s/2012/labcoatarticle.pdf. Zugegriffen: 18. März 2019

Caddy A (2016) Dein Körper spricht für dich: Von innen wirken, überzeugen, ausstrahlen. Mosaik, München

Cuddy AJ, Carney DR, Yap AJ (2010) Power posing: brief nonverbal displays affect neuroendocrine levels and risk tolerance. Psychol Sci 21(10):1363–1368. http://datacolada.org/wp-content/uploads/2015/05/Carney-Cuddy-Yap-2010.pdf. Zugegriffen: 18. März 2019

Minvaleev RS, Nozdrachev AD, Kir'yanova VV, Ivanov AI (2004) Postural influence on the hormone level of healthy subjects: I. The cobra posture and steroid hormone. Human Psychol 30(4):452–456. https://www.researchgate.net/publication/227203482_Postural_Influences_on_the_Hormone_Level_in_Healthy_Subjects_I_The_Cobra_Posture_and_Steroid_Hormones. Zugegriffen: 18. März 2019

Nasher J (2017) Überzeugt! Campus, Frankfurt

19

Geschafft … und jetzt?

Inhaltsverzeichnis
Literatur 243

> **In diesem Kapitel …**
> hast du es geschafft oder stehst vielleicht schon kurz vor deinem Ziel. Ich kann dir nur gratulieren, weil du bis zum Schluss dabeigeblieben bist. Das zeigt, dass du Durchhaltevermögen hast und auch noch das letzte bisschen Wissen mitnehmen möchtest. Nun geht es darum, was du nach Erreichen deines Ziels alles machen kannst. Die Zufriedenheit, die du nach Umsetzung deines Ziels empfindest, ist vermutlich unbeschreiblich. Damit werden Glücksgefühle, ein Gefühl von Erfüllung und nicht zuletzt sehr viel Stolz erzeugt. Und das ist alles wohlverdient! Dass du am Ziel angekommen bist, zeigt außerdem, dass es dir an Willenskraft, Ausdauer und Selbstdisziplin nicht mangelt – und dass du auch andere, vielleicht noch viel größere Ziele erreichen kannst. Aber stopp: Dies ist kein Grund, dich jetzt zurückzulehnen. Warum nicht gleich nach dem nächsten Ziel greifen? Warum nicht andere von deinen guten und schlechten Erfahrungen profitieren lassen? Und was verspricht die Gehirnforschung? In diesem letzten Kapitel werden wir gemeinsam schauen, wie es am besten weitergehen kann. Eines ist klar: Du bist noch lange nicht fertig!

Hast du dir einen Lebenstraum erfüllt oder einen wichtigen Meilenstein erreicht, dann kannst du stolz auf dich sein, denn dass du angekommen bist, sagt viel mehr über dich aus, als am Anfang des Weges klar war. Jeder Mensch kann mit irgendetwas anfangen, doch nicht jeder kommt auch am Ziel an. Sonst würde keiner seine Vorsätze aufgeben, die Schule abbrechen oder nach einem Suchtentzug wieder rückfällig werden. Menschen, die am Ziel angekommen sind und sich einen Lebenstraum erfüllt haben, haben hart dafür gearbeitet, trainiert oder geübt, während andere immer noch über ihren Traum nachdenken, den sie nie erreichen werden. Das Leben ist ein Marathon. Jeder kann sich an die Startlinie stellen, doch nicht jeder kommt auch ans Ziel. Du musst dich immer wieder selbst motivieren und dich zum Weitermachen aufraffen. Es gibt immer Menschen, die auf dem Weg zum Ziel ermüden und vorschnell aufgeben, und auch solche, die erst gar nicht anfangen. Zu dieser Gruppe gehörst du nicht! Schließlich weißt du jetzt viel zu viel, als dass du dein Können ignorieren könntest. Jetzt hast du die Möglichkeit, das Wissen aus diesem Buch dauerhaft zu erproben, und zwar mit fester Entschlossenheit und festem Glauben. Wage den nächsten Schritt. Du bist es dir schuldig. Die Reise zu deinem Lebensziel wird dich vieles lehren und dich im positiven Sinne verändern. Du wirst zufriedener, selbstbewusster und wirst noch mehr Wissen anhäufen. Kein Langfinger kann dir dein Wissen und deine Erfahrungen aus dem Kopf stehlen. Mit einer starken Arbeitsmoral kannst du jedes Ziel erreichen, das du dir vorgenommen hast.

Kommen wir nochmals auf die Frage in der Kapitelüberschrift zurück: Was machst du, wenn du die Ziellinie erreicht hast und die ganze Arbeit hinter dir liegt? Wie geht es jetzt weiter? Meine Empfehlung: Feiere deinen Triumph erst einmal richtig, mache Luftsprünge und gönne dir eine kurze Verschnaufpause. Danach setzt du dir einfach neue Ziele oder nimmst dir deine Lebenswunschliste zur Hand, um dir den nächsten Herzenswunsch zu erfüllen. Was genau das sein wird, kann ich dir nicht sagen. Das musst du schon selbst herausfinden. Gar nichts zu tun kommt nicht infrage. Die euphorischen Glücksgefühle, die man erlebt, wenn man ein bedeutendes Ziel erreicht hat, werden mit der Zeit nachlassen, und deine Gefühlslage – ob gut oder schlecht – wird sich letztlich wieder bei einem Normalzustand einpendeln, ein Vorgang, den man auch als „hedonistisches Laufband" oder „hedonistische Anpassung" bezeichnet (Brickman und Campbell 1971). Natürlich solltest du dankbar und stolz auf deine Erfolge sein. Du wirst dich jedoch trotzdem an die neuen Umstände gewöhnen, was uns zeigt, dass wir uns ständig neue Ziele setzen müssen, auf die wir uns freuen und hinarbeiten können. Warum denn eigentlich nicht? Wenn du schon in Fahrt bist, ergibt es sowieso keinen Sinn, abrupt nichts mehr zu tun. Denn warum sollten wird die Gehirnmaschine, wenn sie schon warm und so gut am Laufen ist, lahmlegen?

Das letzte Sprichwort in diesem Ratgeber lautet: „Wer rastet, der rostet", und dies trifft es auf den Punkt. Nichts mehr zu haben, worauf du hinarbeiten oder dich freuen kannst, ist langweilig und kann deprimierend sein. Dagegen kannst du Folgendes tun: Entweder suchst du dir ein neues Ziel, oder du versuchst, an deinem erreichten Ziel weiterzuarbeiten und es weiterzuentwickeln. Hast du dich selbstständig gemacht, kannst du versuchen, deinen Gewinn zu steigern, dir neue Strategien ausdenken oder aber dein Geschäft vergrößern, neue Filialen eröffnen und neue Produkte ins Angebot aufnehmen. Bist du Abiturientin bzw. Abiturient oder Schülerin bzw. Schüler, gibt es noch so viele Möglichkeiten, dein Wissen zu erweitern, wie zum Beispiel durch eine Ausbildung oder ein Studium. Lautete dein Ziel, 20 Kilo abzunehmen, dann musst du trotzdem weiterarbeiten, nachdem du das Ziel erreicht hast, um dein neues Gewicht zu halten. War dein Ziel klein, warum dann nicht ein etwas größeres Ziel setzen? Warum nicht nach den Sternen greifen? Egal, was du geschafft hast: Es gibt immer Möglichkeiten, dein Ziel zu erweitern, und Bereiche, in denen wir uns verbessern oder die wir neu erlernen können.

Sobald ich dieses Buch fertig geschrieben habe, gibt es Dutzende andere Dinge, auf die ich mich freue. Meine Lebenswunschliste ist nämlich voll von Zielen, die ich noch erreichen möchte. Da ich nicht weiß, wie lange ich noch zu leben habe, werde ich auch nicht lange warten und schon gar nicht zögern. Eines meiner Ziele ist es, die französische Sprache ein zweites Mal zu lernen. Aber dieses Mal sorge ich dafür, dass sie auch oben haften bleibt, wo sie hingehört. Ich stelle mir jetzt schon bildlich vor, wie ich mich in Paris mit der Taxifahrerin oder dem Taxifahrer unterhalte und mein Essen auf Französisch bestelle. Die ersten Sprachlernbücher warten schon geduldig auf meinem Schreibtisch. Ob ich es schaffe, steht nicht zur Debatte. Ich werde ganz bestimmt einen heftigen Akzent haben und in jeden Satz unzählige Fehler einbauen. Ich werde aber dafür sorgen, dass man mich versteht, auch wenn ich dafür Hände und Füße zu Hilfe nehmen muss. Sich selbst zu fördern und ständig weiterzubilden – damit sollte man bis zum letzten Atemzug nicht aufhören, weil die Reise zum eigenen Potenzial endlos ist.

Tu es nicht nur für dich selbst, sondern lass auch dein Umfeld von deiner Vision, deinen Talenten und Beiträgen profitieren. Du hast die Kraft und die Fähigkeit, dein Leben in den Griff zu bekommen und zu ändern, und du hast Einfluss auf das Leben von allen, die dich als Vorbild betrachten. Bist du erfolgreich, hast du sicherlich auch genug Wissen gesammelt, um im Leben anderer etwas zu bewirken, beispielsweise indem du als Mentorin oder Mentor auftrittst. Lass andere von deinen Stärken, gesammelten Weisheiten und Fehlern profitieren. Du kannst als Inspiration dienen, damit auch andere das Beste aus sich herausholen und ihr Potenzial erreichen. Scheue dich nicht davor, deine Energie in einer immer hektischeren Welt auch mal in andere zu investieren. Es gibt viele Gelegenheiten, um ein Lächeln auf die Gesichter unserer Mitmenschen zu zaubern. Vielleicht tust du etwas, das du vorher noch nie getan hast, wie zum Beispiel Fremden ohne Gegenleistung zu helfen. Vielleicht hast du ältere oder behinderte Menschen in der Nachbarschaft, denen du etwas Zeit und Aufmerksamkeit schenken kannst. Nimm sie mit auf einen Spaziergang, frag sie, ob sie etwas brauchen, erzähle eine Geschichte oder führe ihren Hund aus.

Eine Wirkung auf das Leben anderer zu haben ist ein tolles Gefühl. Indem wir anderen helfen, tun wir auch Gutes für uns. Wir fühlen uns dadurch nicht nur als gute, nützliche und hilfreiche Menschen, sondern wir wachsen als Person. Einen ganz wichtigen Vorteil hat es zudem: Menschen, die helfen, leben länger! Das hat wohl damit zu tun, dass es gesundheitliche Vorteile bringt, anderen zu helfen, wie zum Beispiel Stressminderung (wie schon in Kap. 11 erwähnt).

> **Beispiel**
>
> In einer Studie wurden 846 Seniorinnen und Senioren über belastende Ereignisse des Vorjahres befragt, und ihnen wurde die Frage gestellt, ob sie in jener Zeit anderen konkrete Hilfe geleistet hätten. In den nächsten fünf Jahren wurde die Mortalität der Teilnehmerinnen und Teilnehmer beobachtet. Das Ergebnis: Im Gegensatz zu den Testpersonen, die keine Hilfe leisteten, konnte Stress das Sterberisiko derjenigen, die Hilfe leisteten, nicht erhöhen (Poulin et al. 2013).

Helfen erzeugt sozusagen eine Win-win-Situation, bei der beide Beteiligten, die Geberin bzw. der Geber und die Empfängerin bzw. der Empfänger zugleich, von der Hilfeleistung profitieren. Verleihe deinem Leben Bedeutung und Sinn, weil du der einzige Mensch bist, dem dies möglich ist.

Wenn Hunderte von Mitmenschen den gleichen Traum anstreben wie du, was machst du anders und besser? Wenn du außerordentliche Ergebnisse erzielen möchtest, ist auch außerordentlich viel Zeit und Energie erforderlich. Was auch immer du machen möchtest, sei es in deinem Privatleben, im Beruf oder in der Schule: Wenn du immer ein Stück mehr lieferst als erforderlich, dann bist du auf dem richtigen Weg. Jeder kann das Nötigste schaffen und leisten. Willst du dich von anderen abheben und die Konkurrenz schlagen, musst du bessere Arbeit erbringen als der Rest. Willst du unter 100 Mitarbeiterinnen und Mitarbeitern, Schülerinnen und Schülern, Studentinnen und Studenten oder Auszubildenden zu den zehn Besten gehören, musst du fleißiger sein als mindestens 90 andere. Gut ist nicht gut genug. Ausgezeichnete und überdurchschnittliche Leistungen sind das Ziel, weil die Abteilung der Mittelmäßigen überfüllt ist. Ich will dir keine falschen Gefühle vermitteln und nicht den Eindruck erwecken, dass es einfach ist. Was ist schon einfach im Leben? Es ist nicht einfach, einen Wettkampf zu gewinnen, nicht einfach, in Karate einen schwarzen Gürtel zu erlangen, und sicherlich nicht einfach, in einem fremden Land ein neues Leben zu beginnen und die Karriereleiter hochzuklettern, und es ist sehr schwer, ein Studium zu beenden. Doch der Schwierigkeitsgrad sollte nie der Grund sein, etwas nicht zu tun. Wäre Erfolg einfach, dann wäre jeder erfolgreich, könnte sich problemlos seinen Traum erfüllen und wäre wunschlos glücklich. Es geht hier um deinen Traum und deine Ziele, also lass dich von niemandem aufhalten!

Ich habe dir mein ganzes Wissen und meine Erfahrungen als Werkzeugkasten zur Verfügung gestellt. Die einzelnen Werkzeuge haben mir sehr geholfen, und ich bin mir sicher, dass einige Methoden auch für dich hilfreich sein können, damit du dich in die Person verwandelst, die du im Spiegel sehen möchtest. Nun liegt es an dir, diese Werkzeuge in die Hand zu nehmen und an deinen Zukunftsträumen und Zielen zu basteln. Vielleicht sind nicht all meine Tipps und Methoden auch für dich geeignet. Du kannst sie natürlich abändern und so deinen eigenen Bedürfnissen und Umständen anpassen, oder du kannst die für dich nützlichen Werkzeuge aufgreifen und den Rest einfach liegen lassen. Ich bin kein Genie, und mein Leben ist keinesfalls wie aus dem Bilderbuch. Auch ich habe einen steinigen Weg hinter mir mit vielen Fehlern, Hürden und Herausforderungen. Dank der Neurowissenschaft habe ich gelernt, dass das Gehirn plastisch und flexibel ist, also sich verändern und neue Verknüpfungen herstellen kann. Ich habe auch gelernt, dass wir es aktiv beeinflussen können, und das gab mir Mut und Selbstvertrauen. Die Forschungsergebnisse über unser Gehirn haben mir buchstäblich die Augen geöffnet. Es ist so, als wäre die Löwin in mir erwacht, die sich ein halbes Leben lang für eine schwache Gazelle hielt. Dadurch wurde meine „Ich-kann-nicht"- in eine „Ich-kann"-Mentalität umgewandelt.

Hauptziel dieses Ratgebers ist es, auch dir die Augen zu öffnen und dir deine Stärken bewusst zu machen. Ich freue mich, dass ich dich auf dem Weg zu deinem Traumziel ein Stückchen begleiten durfte. Jetzt weißt du, dass dein Gehirn in der Lage ist, viel mehr zu leisten, als du denkst. Unser Wissen über das menschliche Gehirn ist unvollständig und wird es auch immer bleiben. Wenn man den Zeitraum von wissenschaftlichen Experimenten mit der Existenz der Menschheit vergleicht, dann steckt die Forschung über unser Gehirn und unseren Geist noch ganz am Anfang. Die Hirnforschung gewinnt zum Glück zunehmend an Popularität, und die Wissenschaft beschäftigt sich im Allgemeinen mehr denn je mit dem Gehirn. Ich brenne schon darauf zu erfahren, welche Kenntnisse künftige Studien über das menschliche Gehirn noch enthüllen werden. Wir wissen noch lange nicht alles, aber es bleibt spannend. Unser derzeitiger Kenntnisstand reicht vorerst aus, um unseren Körper und Geist zu optimieren und zu unseren Gunsten zu beeinflussen.

Wer weiß, wie viele engagierte Wissenschaftlerinnen und Wissenschaftler weltweit im Moment Experimente in Labors durchführen und damit in Zukunft neue Spielregeln für bessere Leistungen und Lebensqualität vorgeben? Neue Kenntnisse werden die Wissenslücken füllen und neue Studien die alten Ergebnisse ergänzen oder gar ablösen. Statt ständig an deine Ziele zu denken und deine Zeit mit Nichtstun zu verschwenden, starte mithilfe der Ratschläge und Methoden in diesem Buch den perfekten Angriff auf deinen Erfolg. Du fragst dich, ob du das Zeug dazu hast, erfolgreich zu werden und deine Träume zu verwirklichen? Natürlich hast du das! Jeder hat das, nur wissen es leider nicht alle. Ständig führen Menschen absurde Gründe für ihr Nichtstun an.

Für die Zukunft wünsche ich mir, dass jede einzelne Schülerin und jeder einzelne Schüler schon sehr früh mit den wissenschaftlichen Erkenntnissen über das Gehirn vertraut gemacht wird. Dieses Thema gehört einfach in den Lehrplan. Ich bin mir sicher, dass es jungen Menschen, insbesondere denen, die an sich und ihrem Können zweifeln, helfen würde zu wissen, wozu das menschliche Gehirn fähig ist und wie auch sie hervorragende Leistungen erbringen können. Bevor wir die leistungsstarken Schülerinnen und Schüler von den vermeintlich leistungsschwachen selektieren und sie in verschiedene Schubladen einordnen, sollten wir ihnen allen schon sehr früh beibringen, wie sie die Werkzeuge von Mutter Natur nutzen können – nämlich die Milliarden von Gehirnzellen, die nur darauf warten, stimuliert zu werden. Genauso wichtig ist es, ihnen hilfreiche Gewohnheiten beizubringen, um die Umsetzung von Zielen und Erfolge zu gewährleisten. Gewohnheiten wie Selbstdisziplin, Durchhaltevermögen und Lernbereitschaft sind keine angeborenen Fähigkeiten und müssen unbedingt gefördert werden.

Die in diesem Ratgeber behandelten Themen könnte man unterschiedlichsten Fachgebieten zuordnen, darunter Biologie, Naturwissenschaften, Psychologie und auch Sport. Eine Schulstudie der DAK-Gesundheit und des Instituts für Therapie- und Gesundheitsforschung (IFT-Nord), die mit fast 7000 Schülerinnen und Schülern der 5. bis 10. Klasse in sechs deutschen Bundesländern durchgeführt wurde, zeigte, dass nur 17 % der Schülerinnen und Schüler sich ausreichend bewegten (2017). Von Stressbewältigung bis hin zum Ernährungsverhalten – der Aufklärungsbedarf zu gesunder Lebensweise und zu Möglichkeiten zur Leistungssteigerung ist groß. Da Gewohnheiten schon sehr früh erlernt werden, sind alle Themen in diesem Ratgeber für Heranwachsende relevant und von besonderer Bedeutung. Kaum eine Schülerin oder ein Schüler kennt zum Beispiel die Vorteile von Bewegung für die geistige Gesundheit und Leistung, und die Vermittlung entsprechender Kenntnisse könnte man mithilfe engagierter Lehrkräfte und Wissenschaftlerinnen und Wissenschaftler in Angriff nehmen.

Zurück zu dir: Lass dich nicht in eine Schublade einsortieren, in die du nicht gehörst. Du suchst dir deine Schublade selbst aus und sorgst mit aller Macht und Kraft dafür, dass du auch dahinkommst. Verfolge aktuelle und künftige wissenschaftliche Studien und lies Bücher, die dein Leben und deine Leistung positiv beeinflussen können. Verstehst du das, was in deinem Gehirn abläuft, verstehst du auch dich. Investiere in dich selbst, in deine Bildung und in deine Weiterentwicklung und mach Fortschritte, damit du heute besser bist als gestern und morgen zufriedener als heute. Jede Sekunde und jeder Cent, die du in deine Bildung investierst, sei es in Form von Büchern, Seminaren, Kursen oder Reisen, zahlen sich tausendfach aus.

Bildung bedeutet Wachstum und hat neben deinen damit erzielten Erfolgen Auswirkungen auf viele weitere Bereiche deines Lebens, wie zum Beispiel auf deine Weltsicht, deine Einstellung zum Leben, deine geistige Gesundheit, deinen Charakter und dein Selbstbewusstsein. Eigeninitiative ist alles und genießt oberste Priorität. Das erfordert Aktion von dir. Dir selbst muss es wichtig sein, dein Potenzial voll auszuschöpfen.

> **Tipp**
> Jetzt, da du einiges über Ausreden gelernt hast, kannst du ja eine Beerdigung für deine Ausreden veranstalten, indem du sie alle aufschreibst und irgendwo vergräbst.

Wenn du auf den richtigen Zeitpunkt wartest, kannst du ewig warten. Ohne Taten sind deine Ideen nichts wert und ganz schön nutzlos. Es gibt keinen idealen Zeitpunkt. Jetzt ist der perfekte Moment. Was immer du vorhast, egal wie alt du bist, welches Geschlecht du hast, welcher Nationalität oder sozialen Schicht du angehörst, zögere nicht, sondern leite deine Pläne heute noch in die Wege. Solange wir leben, ist es nie zu spät für einen Neuanfang und nie zu spät für einen Traum. Etwas wollen und wünschen ist nicht genug. Lenke dein Leben in die Richtung, in die du gehen möchtest, und nicht in die Richtung, die andere dir vorgeben. Vielleicht hast du einen längeren Weg vor dir als andere, aber es gibt immer einen Weg. Finde ihn! Von Aufgeben war hier nie die Rede. Das wäre schließlich so, als ob du einen Marathon läufst und kurz vor dem Ziel, bei Kilometer 41, keine Lust mehr hast, weil es angefangen hat zu regnen. Meine Botschaft ist klar: Es liegt an DIR, dein Leben in den Plusbereich zu bringen, damit es glücklich und erfüllt ist. Solange der Wille stärker ist als die Hindernisse, ist nichts unmöglich. Hab keine Angst vor Fehlern und Fehlschüssen, sondern aktiviere deine Gehirnzellen und lass ihren Zauber wirken. Es ist höchste Zeit, einen Neuanfang zu wagen und deinem Leben eine Bedeutung zu geben. Ich bin der lebende Beweis dafür, dass sich auch ein kleines schüchternes Mädchen seine großen Träume erfüllen kann, wenn es nur will. Dieses Buch erfüllt für mich einen weiteren Traum. Auch wenn dieser Ratgeber hier endet, beginnt die Reise für dich erst jetzt. Jetzt bist nämlich du an der Reihe! Willst du dir nicht auch deinen Traum erfüllen? Dann nichts wie los!

Literatur

Brickman P, Campbell DT (1971) Hedonistic relativism and planning the good society. In: Appley MH (Hrsg) Adaptation level theory: a symposium. Academic, New York

DAK-Gesundheit, Institute für Therapie- und Gesundheitsforschung (2017) Kinder- und Jugendgesundheit in Schulen. https://www.dak.de/dak/bundes-themen/fast-jeder-zweite-schueler-leidet-unter-stress-1936264.html. Zugegriffen: 17. März 2019

Poulin MJ, Brown SL, Dillard AJ, Smith DM (2013) Giving to others and the association between stress and mortality. Am J Public Health 103(9):1649–1655. https://doi.org/10.2105/AJPH.2012.300876

GPSR Compliance

The European Union's (EU) General Product Safety Regulation (GPSR) is a set of rules that requires consumer products to be safe and our obligations to ensure this.

If you have any concerns about our products, you can contact us on

ProductSafety@springernature.com

In case Publisher is established outside the EU, the EU authorized representative is:

Springer Nature Customer Service Center GmbH
Europaplatz 3
69115 Heidelberg, Germany

www.ingramcontent.com/pod-product-compliance
Lightning Source LLC
LaVergne TN
LVHW020328260326
834688LV00037B/924